Beck'sche Reihe
BsR 191

Die Forschung der letzten Jahre hat verstärkt ins Bewußtsein gerufen, daß der deutsche Widerstand gegen Hitler mehr umfaßte als das Attentat vom 20. Juli 1944 oder die Aktionen der ‚Weißen Rose'. Ger van Roon gibt in seinem Buch einen knappen, aber differenzierten Überblick über das ganze Spektrum des Widerstandes, seine vielfältigen Gruppen, Strömungen und Motive. Für diese Neuauflage hat der Autor das Buch vollständig überarbeitet und unter Berücksichtigung neuester – auch eigener – Forschungsergebnisse ergänzt und revidiert.

Ger van Roon ist Professor für Neueste Geschichte an der Freien Universität Amsterdam. Er hat mehrere grundlegende Arbeiten zum deutschen Widerstand veröffentlicht.

GER VAN ROON

Widerstand im Dritten Reich

Ein Überblick

Sechste, überarbeitete Auflage

VERLAG C.H.BECK MÜNCHEN

Aus dem Niederländischen übertragen von Marga E. Baumer-Thierfelder
Der Übersetzung liegt eine vom Autor
neubearbeitete Fassung der folgenden Originalausgabe zugrunde:
Het Duitse verzet tegen Hitler
Utrecht/Antwerpen: A. W. Bruna & Zoon 1968

Die Deutsche Bibliothek – CIP-Einheitsaufnahme

Roon, Ger van:
Widerstand im Dritten Reich : ein Überblick / Ger van Roon.
[Aus dem Niederländ. übertr. von Marga E. Baumer-Thierfelder]. – 6., überarb. Aufl. – München : Beck, 1994.
(Beck'sche Reihe ; 191)
Einheitssacht.: Het Duitse verzet tegen Hitler <dt.>
ISBN 3 406 38215 0
NE: GT

ISBN 3 406 38215 0

6., überarbeitete Auflage. 1994
Einbandentwurf von Uwe Göbel, München
Umschlagbild: Unbekannter Widerstandskämpfer des 20. Juli 1944
vor dem Volksgerichtshof (Südd. Verlag)
Für die deutsche Ausgabe:

Gesamtherstellung: C. H. Beck'sche Buchdruckerei, Nördlingen
Gedruckt auf säurefreiem,
aus chlorfrei gebleichtem Zellstoff hergestelltem Papier
Printed in Germany

„Wer an die Zukunft glaubt, glaubt an die Jugend. Wer an die Jugend glaubt, glaubt an die Erziehung. Wer an die Erziehung glaubt, glaubt an Sinn und Wert der Vorbilder."

Erich Kästner, Von der Vergeßlichkeit

Inhalt

Vorwort 9

1. Stufen und Formen des Widerstandes 11
2. Humanitärer Widerstand 30
3. Der Widerstand der Jugend 38
4. Der kommunistische Widerstand 52
5. Der sozialdemokratische Widerstand 66
6. Die Bekennende Kirche 79
7. Der katholische Widerstand 101
8. Die Goerdeler-Gruppe 123
9. Der Kreisauer Kreis 141
10. Der militärische Widerstand 159
11. Der 20. Juli 1944 178
12. Exil und Ausland 198

Nachwort 216

Anmerkungen 219

Personenregister 248

Vorwort

1994 und 1995 sind Gedenkjahre. 1994 ist es fünfzig Jahre her, daß in Deutschland Attentat und Staatsstreich gegen die Hitler-Diktatur versucht wurden. Wenn sie gelungen wären, hätten sie den Krieg verkürzen können. Jetzt sind sie ein Beweis dafür, daß es auch in Deutschland eine Widerstandsbewegung gegeben hat. 1995 liegt es fünfzig Jahre zurück, daß Hitlers Drittes Reich und der von ihm entfesselte Zweite Weltkrieg ein Ende nahmen. In Deutschland und in den besetzten Ländern war der Widerstand eine Antwort auf den ganz Europa bedrohenden Nationalsozialismus.[1]

Angesichts der Vielzahl von Schriften und Büchern über den deutschen Widerstand[2] ist es sinnvoll, einen Überblick zu geben über die bisherigen Forschungsergebnisse zu dieser Thematik. Es läßt sich heute ein breiteres und differenzierteres Bild entwerfen, als dies in früheren Gesamtdarstellungen möglich war. Das ist auch das Ergebnis einer Reihe von Untersuchungen aus den letzten Jahrzehnten auf regionaler und lokaler Ebene.[3] Unter einer Vielfalt von Verhaltungsweisen im Alltagsleben des Dritten Reiches sind dort auch Beispiele von Opposition, Protest und Widerstand dokumentiert. Aus den vorliegenden Forschungsergebnissen geht hervor, daß der Widerstand in seinem vollen Umfang vom nonkonformistischen Protest bis zum aktiven Widerstand doch in breitere Schichten reicht, als bisher angenommen wurde.

Jede Darstellung des Widerstandes hat zwei Voraussetzungen zu berücksichtigen: Was lag im Gesichtskreis des Widerstandes und welche Möglichkeiten standen damals zur Wahl? Dabei läßt sich nie ein richtiges Bild vom deutschen Widerstand vermitteln, wenn man nicht den ständigen Druck von Zwangsherrschaft und Terror durch Überwachung und Verfolgung in Rechnung stellt.

Dieses für ein breiteres Publikum geschriebene Buch,[4] dargestellt aus der Perspektive eines ausländischen Historikers, der das Terrorbombardement auf Rotterdam im Mai 1940 und die Schrecken der Besatzung aus eigener Erfahrung erlebt hat, handelt von einer Minderheit des deutschen Volkes. Im ersten Kapitel, das auch auf die besonderen Schwierigkeiten des deutschen Widerstandes Bezug nimmt,[5] werden die unterschiedlichen Formen und Stufen dieses Widerstandes erörtert. In den darauffolgenden Kapiteln werden einzelne Gruppen und Personen vorgestellt. Das Schlußkapitel ist den Kontakten mit dem Exil und dem Ausland gewidmet.

Beim Lesen dieses Buches sollte nicht vergessen werden, daß der deutsche Widerstand, der im europäischen Rahmen als deutsche Freiheits- und Protestbewegung und als Phase in der Geschichte der Menschenrechte gelten kann, nicht nur ein Forschungs-, sondern auch ein Vermittlungsproblem ist.[6]

Amsterdam, den 14. November 1993 — Ger van Roon

1. Stufen und Formen des Widerstandes

Daß sich gegen den Nationalsozialismus[1] in Deutschland Widerstand erhoben hat, ist nicht so erstaunlich. Die nationalsozialistische Partei war zwar 1932 zur größten Partei geworden, dennoch ist es ihr niemals gelungen, die absolute Mehrheit zu erreichen. Als der Tiefpunkt der Weltwirtschaftskrise 1932 erreicht schien, ging ihre Wählerschaft schon zurück. Selbst bei den letzten Wahlen, im März 1933, als Hitler bereits an der Macht war und der Terror bereits viele Opfer gefordert hatte, errangen die Nationalsozialisten diese Mehrheit nicht. Das war für sie vor allem deshalb so enttäuschend, weil Hitler mit diesen Wahlen beweisen wollte, daß das deutsche Volk geschlossen hinter ihm stehe. Trotz der Verfolgungen und Manipulationen, denen die anderen Parteien ausgesetzt waren, stimmten 7 Millionen Wähler für die sozialdemokratische Partei, an die 5 Millionen für die kommunistische Partei, 4 Millionen für die katholische Zentrumspartei und 2 Millionen für kleinere demokratische Parteien. Dieses Ergebnis war in gewisser Hinsicht bereits ein Akt des Widerstandes, denn es war unter den Augen der in den Wahllokalen anwesenden SA zustandegekommen. Es waren die letzten Reichstagswahlen, welche die Nationalsozialisten abzuhalten wagten. Die im März und April durchgeführten Betriebsratswahlen zeigten das Widerstandspotential der Arbeiterschaft. Es war doch nicht richtig gewesen, Deutschland mit dem Nationalsozialismus gleichzusetzen. Alle diese Menschen würden sich doch nicht kritiklos mit einer Niederlage der Demokratie und einem Sieg des Terrors abfinden?

Andererseits gibt es vielfältige Gründe für die Niederlage der Demokratie. Die Kommunisten hatten den Weimarer Staat und insbesondere den ‚Sozialfaschismus' der SPD bis zuletzt bekämpft. Neben dieser Zerklüftung der Arbeiterbewegung hat Uneinigkeit unter den Regierungsparteien, ein wachsender Gegensatz zwischen Sozialdemokraten und Zentrum, zum Zerfall der Republik beigetragen. Große Teile des Protestantismus und Katholizismus waren der Republik fremd und nationalkonservativen Ansichten verhaftet geblieben. Ältere Protestanten dachten noch mit Wehmut an den monarchischen Obrigkeitsstaat zurück, der von der Republik durch die Revolution beseitigt worden war. Viele Jüngere verachteten den ‚Parteienstaat', der Uneinigkeit und Schwäche gebracht hatte; sie sehnten sich nach einer echten Volksgemeinschaft und berauschten sich an Worten wie Volk, Nation, Reich und Führer. Die Weltwirtschaftskrise hatte zu einer Hochkonjunktur des Nationalismus und zu einer Wiederbelebung nationalistischer Gefühle geführt. Als weiteres Argument wurde ins Feld geführt, daß schließlich die Republik den verhaßten Versailler Vertrag akzeptiert hatte.

Das bestehende politische System wurde von der ‚nationalen Opposition' immer mehr untergraben. Die Lage der Landbevölkerung hatte sich bereits während der zwanziger Jahre erheblich verschlechtert. Daher hatten viele Bauern den Anhang der Opposition verstärkt. Diese Entwicklung wurde noch verstärkt durch die von der Weltwirtschaftskrise ausgelöste Furcht vor einer sozialen Revolution und durch den demoralisierenden Einfluß der jahrelangen Arbeitslosigkeit, die Millionen von Deutschen an den Rand der Verzweiflung getrieben hatte. In wirtschaftlicher und politischer Hinsicht herrschte Krisenstimmung.

Der steile Anstieg der NSDAP-Wählerschaft ab 1930 in den Städten und auf dem Lande hatte breite Kreise auf diese Partei aufmerksam gemacht. Der Gedanke der Volksgemeinschaft und der militante Antibolschewismus zogen viele Nicht-Nationalsozialisten an. Viele Christen begrüßten die Machtübernahme Hitlers als eine gottgewollte Wendung in der deutschen Geschichte. In den evangelischen Landeskirchen erklärten sich nicht nur die sogenannten ‚Deutschen Christen', die die Kirche mit dem Staat gleichschalten wollten, mit der ‚nationalen Erhebung' solidarisch. Auf katholischer Seite war man erleichtert, daß die befürchtete kommunistische Revolution ausgeblieben war. Die Zentrumspartei stimmte für Hitlers Ermächtigungsgesetz. Das Episkopat hob das bestehende Verbot einer Mitgliedschaft für Katholiken in der NSDAP wieder auf. Es überwog die Bereitschaft, sich für die neue Obrigkeit einzusetzen. Offizielle Vertreter beider Kirchen überboten sich in ausführlichen Loyalitätserklärungen,[2] ohne daß dies von ihnen verlangt worden wäre. Katholiken, unter dem Kaiserreich noch Bürger zweiter Klasse, wollten doch auch als gute und echte Deutsche gelten, und viele Protestanten fanden, daß sie erst jetzt wieder auf ihr Deutschsein stolz sein konnten. Andere betrachteten Hitler und seine ‚völkische Bewegung' als willfähriges Instrument für ihre eigenen Pläne, bis sie merkten, daß die Rollenverteilung genau umgekehrt ausgefallen war. Es waren Teile der Eliten, die schließlich wie in einer Palastrevolution Hitler zur Macht verhalfen. Namen wie die des Pressekönigs Hugenberg, des Industriellen Thyssen, des Politikers von Papen und des ehemaligen Kronprinzen sind hier an erster Stelle zu erwähnen.

Der Sieg der Nationalsozialisten geht zu einem gewissen Teil auf das Konto mancher Politiker, die der komplexen Situation nicht gewachsen waren, die Gefahren nicht durchschauten oder ihre Eigeninteressen zu sehr in den Vordergrund stellten. Wenn ihm schon seine Führer mit Ergebenheitsadressen an das neue Regime vorangingen, was hätte dann das deutsche Volk für einen Grund gehabt, abseits zu stehen?

Hinzu kam, daß der Nationalsozialismus zwar sicher nicht als eine logische Entwicklung der Geschichte Preußens und des deutschen Reiches gelten konnte, daß er aber dennoch einen Nährboden fand, auf dem er üppig gedeihen konnte. Die universalistische Staatsidee und der Gedanke des Obrigkeitsstaates als einer über den gesellschaftlichen Gegensätzen stehenden Instanz hat Hitlers totalem Staate den Weg bereitet. Pflicht, Vaterlandsliebe, Ordnung und Gehorsam hatten sich zu typisch ‚deutschen' Tugenden entwickelt. Nationalkonservative Auffassungen von Staat und Gesellschaft übten noch einen starken Einfluß aus. Als die katholischen Bischöfe ihre Loyalitätserklärungen abgaben und ein Konkordat mit dem neuen Regime schlossen, ließ der Vatikan durch das Sprachrohr österreichischer Bischöfe verlauten, man dürfe nicht meinen, alle Einwände gegen den Nationalsozialismus seien plötzlich weggefallen, vielmehr seien die Veränderungen auf die Tatsache zurückzuführen, daß der Nationalsozialismus nun zur Obrigkeit geworden sei.[3]

Weiten Teilen des in nationalkonservativem Denken befangenen Protestantismus war Widerstand ein völlig fremder Begriff. Zwar wurde die Pflicht des Christen betont, Gott mehr zu gehorchen als den Menschen, falls der Staat eine Entscheidung gegen das Gewissen fordere. In diesem Fall war es jedoch nicht erlaubt, aktiven Widerstand zu leisten, sondern man hatte für die eigene Überzeugung zu leiden.[4] Noch 1941 bekundete der evangelische Theologe Brunstäd, daß der Staat von Gott einen eigenen Wert erhalten habe und daß derjenige, der sich gegen den Staat auflehne, nun gegen Gottes Ordnung rebelliere.

Dennoch hatte bereits Luther gesagt, ein irrsinniger Fürst dürfe von seinen Untertanen abgesetzt werden und Gott erlege den Menschen in bestimmten Perioden auf, eine unrechtmäßige und tyrannische Obrigkeit zu bekämpfen. Solche Vorstellungen waren jedoch in den Hintergrund gerückt, weil die Fürsten jahrhundertelang in den Kirchen die Stellung des ersten Gemeindegliedes *(praecipuum membrum ecclesiae)* eingenommen und einen großen Einfluß auf den Gang der Dinge ausgeübt hatten. Seltsamerweise – aber ohne Beziehung zum Nationalsozialismus – wird im ‚Altonaer Bekenntnis' von Ende 1932 noch von der Möglichkeit eines Widerstandes gesprochen.[5]

Daß man in der Bekennenden Kirche unter dem Eindruck der veränderten Situation zu anderen Auffassungen gelangte, ging vor allem auf den Einfluß des schweizerischen Theologen Karl Barth zurück.[6] Dieser wies z. B. darauf hin, daß die schottischen Kalvinisten bereits 1560 das Widerstandsrecht nicht zuletzt auf der Nächstenliebe begründet hatten. Selbst in der Bekennenden Kirche schreckten aber viele vor dieser Konsequenz zurück. Man klammerte sich weiterhin krampfhaft an die Fiktion eines Unterschiedes zwischen dem Staat als Obrigkeit und der nationalsozialistischen Ideologie.

Auch bei den Katholiken war das Widerstandsrecht weithin unbekannt. Es lag keine kirchliche Entscheidung vor, die dieses

Recht sanktionierte. In den üblichen Handbüchern der Morallehre wurde darüber nichts erwähnt. Die Lehre vom Naturrecht, den unveräußerlichen Rechten des einzelnen, war in Vergessenheit geraten. Ein Mitglied des Kreisauer Kreises mußte von einem Weihbischof ausdrücklich darauf hingewiesen werden, daß katholische Moraltheologen wie Busenbaum und Mausbach unter bestimmten Verhältnissen einen aktiven Widerstand erlaubten. Auch der katholische Volkskatechismus von Spirago wies auf die Möglichkeit von Notwehr und Verteidigung aus Nächstenliebe als Motiv für einen erlaubten Widerstand hin.[7] Obgleich einige Präzedenzfälle vorlagen, die eine kirchliche Unterstützung des Widerstandes ermöglicht hätten, lehnten die Bischöfe eine Betätigung im aktiven Widerstand ab. Noch 1943 untersagte Kardinal Faulhaber den Geistlichen seiner Diözese die Teilnahme an illegalen politischen Besprechungen.[8]

Bei dem Wort ‚Widerstand' dürfen wir uns keine Organisationen vorstellen, die mit ihrem Apparat alle Mitarbeiter in Gefahr gebracht hätten. Der Widerstand in Deutschland bestand vorwiegend aus kleinen Gruppen und Einzelpersonen, die als Teile einer illegalen ‚Subkultur' jedes Risiko zu vermeiden hatten und deswegen in starker Isolierung arbeiteten. Denn sobald Gruppen miteinander Kontakt aufnahmen und zusammenarbeiten wollten, wuchs die Gefahr, daß die Gestapo ihnen auf die Spur kam und sie aufrollte. Es war dann einfacher, Spitzel in diese Gruppen einzuschleusen. Allein schon aus diesem Grund arbeitete man in kleinen Gruppen weiter und nahm nur selten über Mittelsmänner Verbindung miteinander auf. Eine solche Kontaktperson durfte dann von anderen Gruppen nur einen, höchstens zwei Mitarbeiter kennen. „Kannst Du Dir vorstellen, was es bedeutet, als Gruppe zu arbeiten", schrieb jemand an einen Bekannten in England, „wenn man das Telefon nicht benutzen kann, wenn Du die Namen Deiner nächsten Freunde anderen Freunden nicht nennen darfst aus Angst, daß einer von ihnen erwischt werden und die Namen unter Druck preisgeben könnte [...]?"[9]

Dieser Isolierungscharakter war für den deutschen Widerstand bezeichnend – weit mehr als für den Widerstand in den besetzten Gebieten, der sich durch große Gruppen der Bevölkerung getragen fühlte. In Deutschland konnte jeder Volksgenosse, ob Nazi oder nicht, ein Spitzel sein, und es war viel weniger wahrscheinlich, daß man auf Unterstützung zählen konnte. Damit sind wir zugleich bei den Merkmalen des deutschen Widerstandes, der ein Widerstand gegen die eigene Regierung oder – richtiger – gegen die Regierung des eigenen Landes war.

Später im Krieg mußte man für die Beseitigung des Regimes die Niederlage des eigenen Landes und zuletzt auch die Besetzung als Notwendigkeiten akzeptieren. Im April 1941 notierte Helmuth von Moltke, daß nur die deutsche Niederlage eine echte Lösung bringe. Das geschah zu einem Zeitpunkt, als Deutschland noch unbesiegt nahezu ganz Europa kontrollierte. Von Dietrich Bonhoeffer ist eine ähnliche Äußerung überliefert.[10] Den meisten jedoch war dieser Schritt zu schwierig. Nur jene, die spürten, daß es nicht mehr um einen nationalen Krieg im Sinne des 19. Jahrhunderts ging, sondern daß hier Lebensanschauungen aufeinanderstießen und im Namen von Freiheit und Menschlichkeit die Unmenschlichkeit überall und mit allen Mitteln bekämpft werden mußte, wußten – manchmal intuitiv –, wie sie zu handeln hatten. Für manchen aus dem bürgerlichen Lager war es ein langer Weg, ehe er sich an Opposition und Widerstand beteiligte.

Beim bürgerlichen Widerstand müssen wir außerdem unterscheiden zwischen liberalen Gruppen und Personen,[11] welche die Weimarer Republik mitgetragen hatten, und nationalen Gruppen, die das Ende der Republik nicht bedauert und zunächst nichts dagegen einzuwenden gehabt hatten, dem Hitler-Regime zu dienen. Die erste Kategorie hatte das Hitler-Regime vom ersten Tag an abgelehnt, und es war eigentlich eher eine Folge ihres starken Rückgangs und ihrer Uneinigkeit, daß ihr Widerstand wenig erfolgreich war. Aber man kannte den Gegner und paßte sich mit der Zeit seinen Methoden an. Ein Beispiel liberalkonservativer Resistenz war die 1930 gegründete „Montagsgesellschaft“ des früheren Reichsjustizministers Eugen Schiffer. Zu dieser Runde, an der der junge Rechtsanwalt Helmuth James Graf von Moltke gelegentlich teilnahm, zählten ehemalige Minister und Staatssekretäre, hohe Beamte, Parlamentarier und Vertreter von Wirtschaft und Bankenwelt. Die Runde wurde Ende der dreißiger Jahre von der Gestapo aufgelöst.[12]

Die zweite Kategorie war infolge ihrer nationalistischen Vergangenheit und ihrer Freude über die ‚nationale Erhebung' zu sehr geblendet, als daß sie die drohenden Gefahren unmittelbar erkannt hätte. Sie neigte dazu, solche Gefahren in einer ganz anderen Richtung zu suchen. Bei dieser Gruppe wuchs der Gedanke von der Notwendigkeit des Widerstandes erst viel langsamer.

Wenn wir den Weg zum Widerstand dieser Gruppe etwas genauer verfolgen, dann wird dieser Prozeß meistens mit irgendeinem nonkonformen Verhalten (Verweigerung, Ablehnung) eingesetzt haben. Eltern hegten Einwände gegen die staatliche Erziehung ihrer Kinder, Mitglieder von Jugendbünden gegen die Zwangseingliederung in die Hitlerjugend, Kirchenleute gegen die Versuche, auch die Kirche in die Einflußsphäre von Staat und Partei einzubeziehen, Gewerkschaftler und Lehrer gegen die Auflösung ihrer Organisationen usw. Zunächst hegten sie noch die Erwartung, daß Hitler die Verhältnisse bessern würde. Wenn sich dann nach einiger Zeit herausstellte, daß die Maßnahme nicht zurückgenommen oder gar offiziell sanktioniert wurde, bestand die Möglichkeit, daß die Einwände die Form eines mehr oder weniger öffentlichen Protests anzunehmen begannen – ich sage Möglichkeit, denn viele kamen über bloße Einwände nicht hinaus, und das ist sicher nicht als Widerstand zu bezeichnen. Für das Regime allerdings konnten Einwände bereits eine Haltung bedeuten, für die man bestraft wurde. Eine abweichende Meinung zu vertreten, galt als eine Äußerung von Defätismus und war gleichbedeutend mit Verrat. Wie wichtig dabei die Rolle der eigenen Vorgesetzten sein konnte, zeigte sich beispielhaft am Fall der Aachener Heiligtumsfahrt im Jahre 1937, also vier Jahre nach der Machtübernahme Hitlers. Die Gläubigen – aus allen Teilen des Landes nach Aachen zusammengeströmt – äußerten ihre Unzufriedenheit über die Kirchenpolitik des Staates unmißverständlich. Die Bischöfe, die ein Blutvergießen vermeiden wollten, drängten auf Mäßigung.[13]

Hatte sich Protest in passiven Widerstand verwandelt, so griff man zu anderen Mitteln, um seine Entrüstung zu äußern, zu ungewöhnlichen Mitteln, die einer ungewöhnlichen Situation entsprachen. Dabei konnte man sich bewußt für passiven Widerstand entscheiden, was eine Frage des Prinzips – man denke an Gandhi und Martin Luther King und deren gewaltlosen Widerstand – oder aber ein Gebot der Zweckmäßigkeit war; passiver Widerstand konnte aber auch das Vorstadium einer Form des aktiven Widerstandes sein. Im Dritten Reich hat es verschiedene Formen von passivem Widerstand gegeben, der je nach Lage der Dinge und nach Beruf oder Tätigkeit der Beteiligten variierte.

Nehmen wir die Form der Emigration: nicht der Emigration im gewöhnlichen Wortsinne, bei der ein Mensch sein Land verläßt, um anderswo eine bessere wirtschaftliche Existenz zu begründen. Hier handelt es sich um ein vielschichtiges Phänomen, dessen durchgehendes Charakteristikum jedoch darin liegt, daß Menschen das eigene Land als Flüchtlinge verlassen. Bereits vor der Machtübernahme Hitlers, im Januar 1933, waren manche Personen, die die Gefahr erkannten, aus Deutschland geflohen. Sie konnten nicht in einem von Nationalsozialisten regierten Land leben, wo unter Umständen ihr Arbeitsplatz oder sogar ihre Existenz und ihr Leben auf dem Spiel standen. Nach dem Januar 1933 verließ, auf Grund der Maßnahmen des neuen Regimes, ein wachsender Strom von Emigranten Deutschland. Dabei handelte es sich vorwiegend um politische Flüchtlinge und Juden, deren Existenz bedroht wurde. Sie wurden illegal über die Grenze gebracht oder wanderten in andere europäische Länder aus; als auch diese gefährdet waren, gingen sie weiter, z.B. nach England oder in die Vereinigten Staaten. Letztere nahmen allein in den Jahren 1933–1939 über 7600 Akademiker aus Deutschland und Österreich auf, unter denen sich 12 Nobelpreisträger befanden.[14] Die Verhältnisse erlaubten es natürlich längst nicht jedem, so weit zu fahren. Es gab auch Menschen, die sich ausdrücklich weigerten zu emigrieren, auch wenn ihr Leben in Gefahr war. So sagte der sozialdemokratische Reichstagsabgeordnete Carlo Mierendorff ziemlich ironisch: „Was sollen denn unsere Arbeiter denken, wenn wir sie da allein lassen? Sie können doch nicht alle an die Riviera ziehen".[15] Bei der Emigration als einer Form passiven Widerstands handelte es sich auch um Personen, die von ihrer Organisation ins Ausland geschickt wurden, wenngleich meistens zunächst diejenigen geschickt wurden, deren Verhaftung unmittelbar drohte. Ihre Aufgabe war es, vom Ausland aus gegen das Dritte Reich zu kämpfen, aus Deutschland erhaltene Nachrichten über bestimmte Ereignisse der freien Presse zugänglich zu machen, kurzum, das Ausland vor dem Regime zu warnen. Dabei wäre an Vertreter von sozialistischen Organisationen wie der SAP[16] und ‚Neu Beginnen'[17] zu denken. Andere sollten vom Ausland aus die eigene Organisation soweit wie möglich lenken und einen Apparat aufbauen, wie etwa die Grenzsekretariate der sozialdemokratischen und kommunistischen Parteien. Im Ausland wurde es den Emigranten nicht immer leicht gemacht. Manche wurden – wie es beispielsweise in den Niederlanden verschiedentlich passierte[18] – zurückgeschickt, andere wurden in ihrer Tätigkeit behindert, denn Hitler galt noch als Staatsoberhaupt einer befreundeten Nation. Im allgemeinen wurden außerhalb Deutschlands die Warnungen der Flüchtlinge kaum beachtet. Es war die Zeit der Weltwirtschaftskrise, und die Regierungen hatten es schon schwer, die eigenen Probleme zu lösen. Was darüber hinausging, war meistens zuviel.

Zu den Formen passiven Widerstands gehörte auch die Hilfe für Verfolgte des Regimes, über die im zweiten Kapitel ausführlich zu sprechen sein wird.

Eine andere Form passiven Widerstands war die beantragte Entlassung. Man weigerte sich, Mitverantwortung für die weitere Entwicklung zu tragen. Es war eine Tat, die meistens aus dem Protest gegen eine Maßnahme oder Verordnung hervorging. Insbesondere für führende Persönlichkeiten waren damit auch Nachteile verbunden: Man verfügte nicht mehr über einen bestimmten Apparat, über bestimmte Machtmittel, wurde nicht mehr über alles informiert und geriet in Isolation. Daß ein anderer die frei werdende Stelle besetzte, konnte unter Umständen schwere Folgen haben. Die Geschichte des deutschen Widerstandes kennt verschiedene Beispiele beantragter Entlassungen. Nachdem es schon zuvor zu mehreren Differenzen zwischen der Kommunalverwaltung und der NSDAP gekommen war, wurde Ende 1936 während einer Abwesenheit des Leipziger Oberbürgermeisters Carl Goerdeler ein Denkmal des jüdischen Komponisten Mendelssohn entfernt. Als die Nazis diese Maßnahme nicht zurücknehmen wollten, trat er zurück.[19] Ein anderes Beispiel hierfür ist Ludwig Beck, der im August 1938 als Generalstabschef zurücktrat, weil er der Meinung war, daß ein Krieg gegen die Tschechoslowakei, den Hitler unter Ausschaltung der zuständigen militärischen Ratgeber beschlossen hatte, nicht zu isolieren war und damit das Ende Deutschlands bedeuten würde.[20] Später entwickelten Goerdeler und Beck sich zu führenden Persönlichkeiten des sogenannten bürgerlichen Widerstandes.

Eine weit verbreitete Form des passiven Widerstandes war die der publizistischen Aktivitäten. Besonders während der ersten Jahre des Dritten Reiches wurden große Mengen von Zeitungen und Flugblättern hergestellt und verbreitet. Das Ziel war, ein Gegengewicht zu der ständigen Goebbelschen Propaganda zu schaffen und die Massen zu beeinflussen. Auch Parteien und Verbände bemühten sich auf diese Weise, mit ihren Wählern und Mitgliedern in Verbindung zu bleiben. Große Mengen solchen Materials wurden auch von den Exilvorständen und -gruppen nach Deutschland eingeschmuggelt. So wurden beispielsweise in Karlsbad ‚Neu Beginnen' und ‚Sozialistische Aktion' gedruckt, in Eupen ‚Grenzecho', in den Niederlanden ‚Der deutsche Weg' und in Luzern die ‚Deutschen Briefe'. Auch eine Menge von Einzelschriften fanden ihren Weg nach Deutschland, wie Zitate von Rauschning, Artikel und Bücher von Karl Barth sowie Aufsätze von Thomas Mann, meistens in einem Tarnumschlag. Das alles war natürlich in den Kriegsjahren nicht mehr möglich. Diese Form passiven Widerstands war sehr gefährlich. Wenn die Gestapo dieses Material fand – und das passierte öfters –, ruhte sie nicht eher, bis die Verteilerorganisation aufgedeckt und aufgerollt war, und das bedeutete Massenverhaftungen. Aber auch im Kirchenkampf bediente man sich dieses Mittels. Weiter wurde die nationalsozialistische Ideologie in kirchlichen Blättern erbittert bekämpft. Mit kaum verhohlener Wut konstatierte die Gestapo, daß einige in immer größeren Auflagen erschienen und immer mehr Leute sich darauf abonnierten.[21]

In Zeitungen wie ‚Blick in die Zeit' und die ‚Rhein-Mainische Volkszeitung' und in Zeitschriften wie ‚Hochland' und ‚Stimmen der Zeit' konnte man bis zu deren endgültigem Verbot zwischen den Zeilen eine Menge indirekter Kritik an Maßnahmen des Hitlerregimes herauslesen. Flugblätter verschiedener Gruppen fanden ihren Weg bis in die Kriegsjahre hinein. Ein Beispiel publizistischer Aktivität aus den Kriegsjahren boten die Flugblätter der ‚Weißen Rose' aus München, deren Mitglieder, ebenso wie andere Gruppen, auch Parolen auf Gehsteigen und an Gebäuden anbrachten. Ein probates Mittel zur Herabsetzung führender Gestalten des Regimes war die gezielte Flüsterkampagne. Obwohl es Stoff in Hülle und Fülle gab, ist darüber wenig bekannt. Allerdings waren zahlreiche Witze im Umlauf, aber direkten Einfluß hatten sie vermutlich nicht.

Eine weitere Form des passiven Widerstandes war der öffentliche und offizielle Protest. So protestierte der Kölner Oberbürgermeister Adenauer am 6. Februar 1933 gegen das Vorhaben der Nationalsozialisten, mit Hilfe einer Notverordnung den Preußischen Landtag aufzulösen.[22] Im Reichstag protestierte der sozialdemokratische Fraktionsvorsitzende Wels am 23. März 1933 gegen das Ermächtigungsgesetz. Die Bekennende Kirche protestierte am 4. Juni 1936 bei Hitler gegen den Antisemitismus und das herrschende Unrecht. Während der Olympischen Spiele in Berlin im August 1936 verurteilte der katholische Bischof von Berlin, Preysing, in seinen Predigten in Anwesenheit zahlreicher ausländischer Gäste die brutale Mißachtung der Persönlichkeit, den Rassenwahn und die Ignorierung des Rechtes. Ende 1939 protestierte der General Blaskowitz gegen die Erschießungen der Polizei und SS in Polen.[23] In der zweiten Hälfte des Jahres 1940 protestierte der evangelische Landesbischof von Württemberg, Wurm, mehrfach gegen die Tötung Geisteskranker und Gebrechlicher. Bekannt sind weiter die Predigten des katholischen Bischofs von Münster, Galen, und ein Protestbrief des Berliner Dompropstes, Lichtenberg, vom August 1941.[24] Viel mehr noch wäre durch Proteste zu erreichen gewesen, wenn man nur von Anfang an Einigkeit in der Ablehnung der gängigen Praktiken des Regimes an den Tag gelegt hätte. Vor allem die Kirchen hatten diesbezüglich bestimmte Möglichkeiten.

Eine andere Form des passiven Widerstands war der politische Streik. Millionen Arbeitsloser hatten im Dritten Reich wieder Beschäftigung gefunden, zunächst vor allem beim Autobahnbau und später in der Rüstungsindustrie. Die meisten Arbeiter wollten ihren gerade erst erworbenen Arbeitsplatz nicht aufs Spiel setzen. Infolge der jahrelangen Wirtschaftskrise war überdies der Einfluß der Gewerkschaften auf die Arbeiter beträchtlich zurückgegangen. Darum wagten es die Gewerkschaftsführer im Januar 1933 nicht, zum Generalstreik aufzurufen. Auf lokaler Ebene gab es eine Reihe von – zumeist kurzen – Streiks für einige Stunden oder Tage, durch die man den neuen Machthabern zu verstehen gab, daß die Arbeiter nicht alles schlucken würden. Die konkreten Ziele waren meistens Forderungen nach einer Rücknahme von Lohnkürzungen oder sogenannten freiwilligen Beiträgen, nach höheren Löhnen und kürzerer Arbeitszeit und nach einer Verbesserung der Arbeitsbedingungen. Dennoch versuchte besonders die KPD, die Arbeiter gegen das Regime zu mobilisieren. Sie hielt den Arbeitern am Autobahnbau, an den Grenzbefestigungen und in der Rüstungsindustrie vor Augen, daß sie für die Kriegsvorbereitung arbeiteten. Vereinzelt kam es auch zu Arbeitsniederlegungen, wenn Polizei oder SS erschienen und Arbeiter verhaftet wurden. Vielfach ließen es die Werksleitungen und Parteifunktionäre nicht auf eine Kraftprobe ankommen und gaben den Forderungen der Arbeiter schnell nach. Vor allem in den Schlüsselindustrien und in der Rüstungsindustrie mußte die

Produktion gesteigert werden, und die Zeit drängte. Ereignisse außerhalb der unmittelbaren Arbeitssituation lösten nur selten Arbeitsniederlegungen aus.

Sabotage als Form passiven Widerstands läßt sich dokumentarisch schwer belegen.[25] Die Masse der Arbeiterschaft hat sich relativ still verhalten. Dennoch finden sich in den Gestapoberichten regelmäßig Meldungen über Sabotage. Stets wurden dann die Täter, und wahrscheinlich in diesem Fall nicht zu unrecht, auf der Seite der Linken gesucht. Die kommunistische illegale Presse richtete darauf ihr besonderes Augenmerk und gab Anweisungen, wie sich Verwirrung stiften ließ. Verschiedene Gruppen hatten sich auf Sabotage spezialisiert. Leitungen, Baustellen, Maschinen und Werkzeuge waren beliebte Ziele. Die Widerstandsgruppe junger Juden um Herbert Baum steckte die mit großem Tamtam angekündigte Ausstellung über Rußland in Brand.[26] In der Kriegsindustrie scheint Sabotage häufiger aufgetreten zu sein. Sabotageakte größeren Ausmaßes wurden aber relativ selten und anscheinend fast ausschließlich in den letzten Wochen und Tagen des Krieges verübt.

Die im folgenden angesprochene Form passiven Widerstands, die Befehlsverweigerung oder das Nichtausführen von Befehlen, war eine Seltenheit und läßt sich nicht so leicht überprüfen. Da in der deutschen Armee vielfach eine ‚Befehl-ist-Befehl'-Mentalität vorherrschte, entschlossen sich deutsche Militärs nicht so leicht zu solch einem Schritt. Ein Beispiel für die Nichtausführung eines Befehls, und noch dazu eines ‚Führerbefehls', war der sogenannte ‚Kommissarbefehl', in dem die sofortige Erschießung politischer Kommissare der Roten Armee bei deren Gefangennahme angeordnet wurde.[27] Einige Kommandeure hatten den Befehl nicht an ihre Truppenteile weitergegeben. Wo diese Form passiven Widerstands auftrat, handelte es sich meist nicht um die Verweigerung, sondern um die Nichtausführung eines Befehls. So hat der in der Amtsgruppe Ausland tätige Völkerrechtler Helmuth James Graf von Moltke auf Dienstreisen in den besetzten Gebieten mehreren Generälen nahegelegt, bestimmte Führerbefehle zu umgehen. Aus dem letzten Kriegsjahr gibt es eine Reihe von Beispielen, unter anderen das des Generals von Choltitz, der sich weigerte, Paris anzuzünden, wie Hitler befohlen hatte.

Zum Bereich des passiven Widerstandes gehört auch die Eidesverweigerung. Der Mißbrauch und die ‚inflationäre' Entwertung des Eides, der viele dennoch bis zuletzt an das System band, sowie die verfassungswidrige persönliche Vereidigung auf Hitler hatten die Frage nach dem Wesen des Eides verdunkelt, der ja weder ‚Blankoscheck' noch einseitige Verpflichtung sein sollte. Als nach dem Tod Hindenburgs ein neuer Beamteneid auf Hitler vorgeschrieben wurde, gab die Bekennende Kirche im Dezember 1934 eine Eidesbelehrung heraus. Später trat sie davon wieder zurück. Die Kirchen haben während des Dritten Reiches die Grenzen des Eides nur unzureichend klargemacht und die Verweigerer viel zu wenig unterstützt. So weigerte sich z. B. Martin Gauger wegen der nachträglichen Justifizierung der Morde vom 30. Juni 1934, den neuen Beamteneid abzulegen, und schied aus dem Staatsdienst aus.[28]

Eine weitere Form des passiven Widerstandes war die Kriegsdienstverweigerung. Nach der Einführung der allgemeinen Wehrpflicht war eine Kriegsdienstverweigerung aus Gewissensgründen nicht möglich. Äußerungen eines sittlich motivierten Widerstandes wurden vielfach als Wehrkraftzersetzung bezeichnet und bestraft. Obwohl in vielen Fällen die Kriegsbegeisterung fehlte, wurde dennoch gehorcht; man machte sich auf diese Weise mitschuldig an Hitlers Krieg und den vielen Kriegsverbrechen.

Einzelne, die sich zur Verweigerung durchgerungen hatten, wurden meistens im Stich gelassen. Martin Gauger war, nachdem er den Eid auf Hitler abgelehnt hatte, als Justitiar in den Dienst der Kirche getreten. Als der Krieg ausbrach, war ihm klar, daß dieser Krieg nicht als Verteidigungskrieg gelten konnte, und er weigerte sich, seiner Einberufung Folge zu leisten. Auf Anraten seiner Freunde floh er in die Niederlande, wurde nach dem Einmarsch der deutschen Truppen jedoch verhaftet und ist etwa ein Jahr später im Konzentrationslager Buchenwald umgekommen. Ein anderes Beispiel ist Hermann Stöhr, Offizier im Ersten Weltkrieg und Sekretär des Internationalen

Versöhnungsbundes. Als er den Wehrdienst verweigerte und verhaftet wurde, lehnte Bischof Marahrens, der über diesen Fall informiert worden war, es ab, sich vermittelnd einzusetzen.[29] Auch der österreichische Bauer Franz Jägerstätter, der gegen den Rat seines Pfarrers den Wehrdienst verweigert hatte, bezahlte dafür, von seinen geistlichen Ratgebern im Stich gelassen, mit seinem Leben.[30] Schwer verfolgt wurden die Zeugen Jehovas, weil sie Eid und Kriegsdienst ablehnten. Von über 6000 Mitgliedern wurden mehr als 5900 verhaftet, und über 2000 mußten ihr Leben lassen. Zu ihnen zählte Jonathan Stark, der als Siebzehnjähriger 1943 zum Arbeitsdienst eingezogen und drei Tage später von der Gestapo abgeholt wurde, weil er den Eid auf Hitler nicht ablegen wollte.[31] Auch jener Bauernsohn aus dem Sudetenland und sein Freund, die sich Anfang 1944 weigerten, der SS beizutreten, weil sie wußten, was dort von ihnen verlangt würde, sind hier zu erwähnen.[32]

Auch die Vermittlung von Nachrichten kann eine Form des passiven Widerstands sein. Zu besonderen Ereignissen und Anlässen wurden sie unter der Bevölkerung und in den Betrieben verbreitet. Ebenso wichtig war die Vermittlung von Nachrichten zur Information bzw. Warnung des Auslands. Auf Proteste aus dem Ausland reagierte man in Berlin gelegentlich noch. Ein bekanntes Beispiel ist das des Hans Oster,[33] der dem niederländischen Militärattaché in Berlin den Zeitpunkt des deutschen Angriffs auf Holland mitteilte. Manche deutsche Bürger, die die Motive eines solchen Handelns zu wenig berücksichtigen, bezeichnen eine derartige Tat zu Unrecht als Landesverrat. Auch die Mitteilungen Kurt Gersteins über die Vergasung der Juden in den Vernichtungslagern sind dafür ein Beispiel.[34]

Die letzte Form passiven Widerstands, die hier behandelt wird, ist die der Desertion.[34a] Ihr lag die Absicht zugrunde, sich den Kampfhandlungen zu entziehen. Mit dem weiteren Fortschreiten des Krieges versteckten sich deutsche Soldaten immer häufiger in schwer zugänglichen Gebieten, in Deutschland beispielsweise im Harz. Ein weiterer Beweggrund konnte in dem Bestreben liegen, die Kampfkraft der Hitlergegner zu verstärken. So schlossen sich z. B. auf dem Balkan und in Frankreich deutsche Soldaten dem einheimischen Widerstand an. Eine eigene Gruppe stellen jene dar, die sich in Kriegsgefangenschaft der Gegenpartei anschlossen. Zu denken wäre an die Offiziere des ‚Nationalkomitees Freies Deutschland' in Rußland und an Soldaten und Offiziere in England. Ein Sonderfall ist der des Majors Kuhn, der nach dem 20. Juli 1944 zu den Russen überlief, um der Verhaftung zu entgehen.[35]

Die letzte und radikalste Phase in der Entwicklung des Widerstandes ist die des aktiven Widerstandes. Dabei wird das Regime als solches abgelehnt, und man kämpft für eine Alternative. Ein gewaltsamer Umsturz ist das kurzfristige Ziel, eine neue Regierung mit einem neuen Programm das längerfristige. Zur Realisierung des letzteren bildet das Erreichen des ersteren die notwendige Voraussetzung. Andererseits darf aber kein politisches Vakuum entstehen. In diesem Zusammenhang läßt sich ein militärisch-technischer von einem politischen Aspekt unterscheiden. Zum ersten gehören die Bildung von Kampfgruppen oder Stoßtrupps, die Durchführung einer speziellen Ausbildung, das Anlegen von Waffen- und Munitionsvorräten, das Sammeln militärischer Nachrichten, die Ausführung von Attentaten und schließlich der Staatsstreich; zum zweiten die Bildung einer Übergangsregierung und die Erarbeitung eines neuen Regierungsprogramms, nicht bis in alle Details ausgefeilt, sondern in klaren Grundzügen.

Weil ein Großteil der Arbeiter infolge der unter Hitler – dank einer Verbesserung der Konjunktur – erreichten Vollbeschäftigung als Masseninstrument des Widerstandes ausfiel und auf Grund der Tatsache, daß die Nationalsozialisten über eine ungeheure Macht verfügten, war die Mitarbeit von Einheiten der Armee eine Voraussetzung für jeden Staatsstreichplan. Von dieser Hilfe hing faktisch alles ab; jeder Widerstand im nationalsozialistischen Deutschland, der ohne die Armee gegen die Diktatur mit ihren Machtmitteln angehen wollte, konnte höchstens auf kleine lokale Erfolge hoffen.

Es existierten in den Reihen des Widerstandes kaum echte Kampfgruppen oder Stoßtrupps. Zwar waren vor Hitlers Machtübernahme Organisationen wie das ‚Reichsbanner', der

‚Rote Frontkämpferbund' und die ‚Eiserne Front' gegründet worden, und man hatte in diesen Kreisen kleinere Mengen an Waffen und Munition gesammelt, aber nach dem Januar 1933 hören wir darüber nur noch wenig. In Einzelfällen hatten bestimmte Gruppen in diesen paramilitärischen Verbänden sowie in späteren Organisationen wie ‚Neu Beginnen' eine Spezialausbildung erhalten, aber solche Fälle blieben eine Ausnahme. Bei den Vorbereitungen für einen Staatsstreich im Jahr 1938[36] ist zum erstenmal von einer durch den ehemaligen Freikorpsführer Heinz gebildeten Gruppe früherer Mitglieder des ‚Stahlhelms' die Rede. Bei späteren Vorbereitungen – Ende 1941, Anfang 1943 und im Jahr 1944 – wird gleichfalls von Stoßtrupps gesprochen.[37] Von großer Bedeutung war weiter die Unterstützung durch militärische Befehlshaber,[38] ohne die nicht die geringste Aussicht auf Erfolg bestand.[39]

Im Lauf der Jahre wurden verschiedene Attentatsversuche[40] auf Hitler unternommen. Als er im Krieg nur noch selten in der Öffentlichkeit auftrat, wurde es wesentlich schwieriger, und schließlich, als er sein schwer bewachtes Hauptquartier fast nie mehr verließ, beinahe unmöglich. Was ein Einzelner dennoch erreichen konnte, zeigt das Attentat auf Hitler am 8. November 1939 im Münchener Bürgerbräukeller durch Georg Elser.[41] Die Unfreiheit, die Verschlechterung der Lage der Arbeiterschaft und der drohende Krieg waren die wesentlichen Gründe, daß Elser Hitler beseitigen wollte. Im November 1939 erbot sich der Diplomat Erich Kordt, Hitler mit der Pistole zu erschießen. Aber Oster, der für den Fall einer günstigen Gelegenheit selbst schon einen Scharfschützen zum militärischen Abwehrdienst hatte abkommandieren lassen, riet ab. Er war der Meinung, Kordt würde Hitler niemals alleine zu einem Gespräch antreffen, und inmitten von Leibwächtern und Adjutanten hätte er auch nicht den Hauch einer Chance.[42] Auch Rittmeister von Breitenbach, der im Frühling 1944 hin und wieder an Besprechungen im Führerhauptquartier teilnahm, mußte erkennen, daß es nicht einmal möglich wäre, unbemerkt seine Pistole zu ziehen.[43] Die Erfolgsaussichten waren sehr gering und Hitler war auf der Hut. Darum hatte man bereits früher beschlossen, einen anderen Weg einzuschlagen. Im März 1943 hatte Rudolf-Christoph von Gersdorff einen neuen Versuch, diesmal mit Sprengstoff, vorbereitet. Hitler sollte eine Ausstellung russischer Beutewaffen besichtigen, und Gersdorff sollte ihn dort führen. Ehe aber der Zeitzünder – eingestellt auf 10 Minuten – eine Detonation ausgelöst hatte, war Hitler bereits wieder verschwunden.[44] Im selben Monat hatten auch Fabian von Schlabrendorff und Henning von Tresckow einen Versuch unternommen, indem sie in Hitlers Flugzeug ein Päckchen mit einer Zeitbombe schmuggelten. Bei dieser Gelegenheit versagte aber der Zündmechanismus.[45] Axel von dem Bussche, der in Polen Massenexekutionen von Juden miterlebt und erfahren hatte, daß die Befehle dazu von Hitler selbst stammten, wollte Sprengstoff in einer neuen Uniform verbergen, die Hitler vorgeführt werden sollte. Aber Hitler verschob mehrfach den Vorführungstermin, bis Bussche wieder an die Front mußte. Darauf sollte Ewald von Kleist dessen Aufgabe übernehmen. Bei einem Luftangriff auf Berlin verbrannten aber die neuen Modelle, und das Ganze wurde endgültig abgeblasen.[46]

Der bekannte Versuch des Grafen Stauffenberg vom 20. Juli 1944 war bereits dessen dritter Attentatsversuch auf Hitler. Vorbereitungen zu einem Staatsstreich wurden 1938, im Winter 1939/40, Ende 1941, im Frühjahr und Sommer 1943 sowie 1944 getroffen. In einem anderen Kapitel werden wir darauf noch ausführlicher zurückkommen. Mehr oder minder erfolgreiche lokale Aufstände waren die Ereignisse in Paris am 20. Juli 1944[47] und jene in Bayern in den letzten Kriegstagen.[48]

Schließlich noch ein Wort über den politischen Aspekt des aktiven Widerstandes. In den Jahren nach 1933 läßt sich in den Organisationen der Arbeiterbewegung vielfach nur eine auf das eigene Lager beschränkte ‚parteipolitische' Illegalität[49] feststellen. Nur in kleinen Gruppen wie ‚Neu Beginnen' lebte bereits vor 1933 der Wunsch zur Zusammenarbeit in Form einer Einheitsfront; ein Zusammengehen beider Hauptströmungen wurde jedoch erst später erwogen, dann aber von den Parteivorständen abgelehnt. Im bürgerlichen Lager war es nicht viel anders. Hier kam es erst im Lauf des Jahres 1938 mit Beck,

Goerdeler und anderen zu einem ersten politischen Gedankenaustausch, aus dem eine Zusammenarbeit wuchs, die bis zum 20. Juli 1944 dauerte.

Dieses Kapitel galt dem Versuch, die Probleme zu veranschaulichen, mit denen der deutsche Widerstand sich auseinanderzusetzen hatte. Zugleich wollte es einen kurzen Überblick über die verschiedenen Formen und Stufen in der Entwicklung zum Widerstand geben.

2. Humanitärer Widerstand

Ehe die verschiedenen Bereiche und Gruppen des deutschen Widerstandes behandelt werden, soll in diesem Kapitel von einer Form des passiven Widerstandes die Rede sein, die in Deutschland in unterschiedlichen Kreisen praktiziert worden ist. Viele hielten es für ihre Pflicht, Verfolgten und anderen in Not Geratenen zu helfen. Dabei spielten weder Rang noch Stand eine Rolle. Sozialdemokraten, Kommunisten, Geistliche, und Offiziere, Frauen und Männer, Jung und Alt betätigten sich dabei und arbeiteten manchmal zusammen.

Als unmittelbar nach der Machtübernahme der Regierung Hitlers eine Welle von Verhaftungen einsetzte, entwickelten sich spontan mehrere Formen humanitärer Hilfe. Menschen wagten sich in die Nähe der Gefängnisse, um herauszufinden, wer verhaftet worden war und wo sich der Betreffende befand; für die Angehörigen wurde, zunächst noch mit Listen, Geld gesammelt. Die ersten Untergetauchten erhielten Quartier.[1] Es wurden Fluchtwege gesucht, um Gefährdete ins sichere Ausland zu bringen.

Je stärker dieses Hilfswerk sich ausdehnte, desto mehr Verfolgten konnte geholfen werden. Aus dem Ausland kamen mehrere internationale Organisationen den deutschen Verbänden zu Hilfe. Auf diese Weise gelangt es, zahlreiche Gefährdete in Sicherheit zu bringen. Besondere Aktivität entwickelten die Internationale Transportarbeiter-Föderation und die Internationale Rote Hilfe.[2] Daneben entstanden in mehreren Regionen spontane Hilfsinitiativen. Bis Anfang 1937 arbeitete zum Beispiel eine Hilfsorganisation in der Lausitz, die ihre Gelder aus der Tschechoslowakei erhielt.[3] Ein anderes Beispiel war die Gruppe von Ewald Behrendt aus Südwestdeutschland. Sie hatte in verschiedenen Städten eigene Gruppen. Auf diese Weise konnten Hunderte von Gefährdeten über die Grenze gebracht werden, bis von der Polizei Mitarbeiter von drei Gruppen verhaftet wurden.[4]

Eine stark bedrohte Gruppe waren die Juden. Bald nach der Machtübernahme setzten die ersten antisemitischen Aktionen zu dem Zwecke ein, sie als Gruppe von ihren Mitbürgern zu isolieren. Am 1. April 1933 erfolgte eine zentral gesteuerte Boykottaktion gegen jüdische Ladeninhaber. Obwohl diese Drohgebärden noch nicht überall ganz ernst genommen wurden, verschärfte sich die Lage der jüdischen Geschäftsbesitzer, weil sie ihre Kundschaft dahinschwinden sahen. Auch Juden in anderen Berufen bekamen das zu spüren. Man vermied es, mit Juden in Kontakt zu treten, geschweige denn, ihnen zu helfen, wenn es auch Ausnahmen von dieser Regel gegeben hat. Die 91jährige Großmutter Bonhoeffers war nicht die einzige, die am 1. April 1933 ruhig die SA-Posten passierte.[5] Der jüdische Geschäftsinhaber Isaac Cohen aus Nordhorn, dessen Leben von einem SA-Mann bedroht wurde, wurde damals von einem Nachbarn, der selbst Parteimitglied war, gerettet.[6] Und auch von anderen Menschen wissen wir, daß sie damals oder später Juden geholfen haben. Auch im Dezember 1934 kam es in verschiedenen Teilen Deutschlands zu einem Boykott jüdischer Geschäfte. Dann fand eine Welle von antisemitischen Aktionen und Ausschreitungen in den Sommermonaten des Jahres 1935 statt. Die Juden wurden als Urheber der damaligen wirtschaftlichen Schwierigkeiten hingestellt. Oppositionelle Kreise der Bevölkerung empörten sich darüber sehr und kauften oft demonstrativ in jüdischen Läden.[7] Mit der Verkündung der Nürnberger Rassengesetze im September 1935 war ein weit größerer Kreis gefährdet – auch wenn die Gesetze noch ein Kompromiß zwischen Staat und Partei waren.[8] Seit dem Jahr 1938 kam die Judenpolitik dann zunehmend in den Bereich der SS. Besonders nach der ‚Reichskristallnacht' im November 1938 war der Kreis der Helfer fast überfordert. So hielt Oberst Wilhelm Staehle in der Invalidensiedlung in Berlin mehrere Juden versteckt.[9] Der Rechtsanwalt Hans Lukaschek aus Breslau vermittelte Auswanderungspapiere und setzte sich mit in Frage kommenden Dienststellen in Verbindung.[10] Viele wurden noch rechtzeitig gewarnt und konnten bei Freunden oder Fremden untertauchen. Bekannten gegenüber sprach man von Familienbesuch vom Lande.[11] Und so hat es eine ganze Anzahl von Helfern gegeben. Allein in Berlin wurden Tausende von Juden versteckt.

Mehrere Gruppen spezialisierten sich auf Verfolgtenhilfe. So die 07-Gruppe in Bayern, die die Betroffenen auch über die Grenze schaffte.[12] In Berlin gab es später die ‚Europäische Union', die Juden mit gefälschten Ausweisen versorgte, bis diese Gruppe im September 1943 aufgerollt wurde.[13] Eine sehr aktive Gruppe im Bereich des humanitären Widerstandes war die Berliner Onkel-Emil-Gruppe.[14] Ihre Mitglieder hatten zahlreiche jüdische Freunde, von denen ein Teil schon vor der ‚Reichskristallnacht' ins Ausland auswandern konnte. Sie halfen ihnen bei der Beschaffung der notwendigen Papiere und kümmerten sich um ihren Besitz und ihre zurückgebliebenen Angehörigen. Nach Einführung der Lebensmittelrationierung sammelten sie in ihrem Bekanntenkreis Lebensmittelmarken für diese Angehörigen. Da es zu gefährlich war, Untergetauchte über längere Zeit am gleichen Ort unterzubringen, wurden diese Menschen von einer zur anderen Adresse geschleust. Manchmal verbrachten sie die eine Nacht hier, die nächste dort. Dank ‚organisierter' und gefälschter Papiere, die mit eindrucksvollen Stempeln versehen waren, kamen die Gefährdeten zu den notwendigen Dokumenten. Als infolge der Luftangriffe das Einwohnermeldeamt durcheinandergeriet, wurden Ausweise und Lebensmittelkarten beantragt für Leute, deren Häuser angeblich zerbombt waren, so daß sie alles verloren hätten. Als die Lebensmittelkarten immer rarer wurden, behalf man sich mit Einbrüchen in den Ausgabestellen. Die Onkel-Emil-Gruppe blieb bis Kriegsende aktiv und wurde nicht entdeckt.

Im März 1943 ereignete sich in Berlin noch ein merkwürdiger Auflauf. Lange Zeit waren die jüdischen Partner aus Mischehen verschont geblieben. Eines Sonntags wurden sie plötzlich abgeholt. Noch am gleichen Tag versammelten sich Tausende nichtjüdischer Frauen vor dem Gebäude in der Rosenstraße, wo man ihre Männer gefangenhielt. Stundenlang protestierten sie dort, bis die SS, die es nicht wagte, Maschinengewehre einzusetzen, diese Männer wieder freiließ.[15]

Von kirchlicher Seite wurde gegen das viele Unrecht nur selten protestiert. Wenn auch einzelne hin und wieder von einem Bischof oder Oberen gestützt wurden, ist doch leider nur allzu wahr, was der Jesuitenpater Alfred Delp einmal bekannte: Die Kirche habe angesichts dessen, was Polen und Juden angetan wurde, und angesichts der Schrecknisse in den Konzentrationslagern geschwiegen.[16] Hans Bernd von Haeften hat die Haltung der Kirche mit der des Pharisäers im Gleichnis vom barmherzigen Samariter verglichen.[17] Vielleicht hat sich dieses Schweigen am deutlichsten in jenem Augenblick manifestiert, als überall in Deutschland in der ‚Reichskristallnacht' die Synagogen brannten; Dompropst Lichtenberg aus Berlin, Pfarrer von Jan aus Württemberg sowie einige Pfarrer aus Bentheim[18] gehörten damals zu den wenigen, die öffentlich Solidarität mit ihren jüdischen Mitbürgern bekundeten. Trotz des Versagens der Kirche als Institution in diesem Punkt gab es einzelne, Geistliche und Laien, die aus eigener Initiative ihren bedrängten Nächsten geholfen haben.

Auf evangelischer Seite wäre zunächst die Initiative für ein deutsches Hilfskomitee aus dem Kreis der deutschen Abteilung des Weltbundes der Kirchen zu erwähnen.[19] Einem der deutschen Pioniere der ökumenischen Bewegung, F. Siegmund-Schultze,[20] wurde die Vorbereitung anvertraut. Es wurden dann Verbindungen angeknüpft mit den Niederlanden, England und Schweden. Zeitweise bestand die Absicht, in Amsterdam ein Büro zu eröffnen, um den auswandernden Deutschen jüdischer Abstammung weiterzuhelfen. Wegen der Schwierigkeiten innerhalb der Evangelischen Kirchen in Deutschland hat es der Initiativkreis dann nicht gewagt, den Plan weiter zu verfolgen. Sehr aktiv auf diesem Gebiet war die kleine Gruppe der Quäker. Gemeinsam mit amerikanischen, englischen und niederländischen Quäkern zeigte sie ihre Verbundenheit mit jüdischen und anderen Verfolgten. In Amsterdam wurde ein Auffangzentrum für deutsche Flüchtlinge geschaffen und im Osten der Niederlande eine deutsche Schule mit einem internationalen

Schulvorstand gegründet.[21] Im September 1938 richtete die Leitung der Bekennenden Kirche ein eigenes Büro zur Hilfe für nichtarische Christen ein, später bekannt unter dem Namen ‚Büro Grüber'.[22] Die Leitung wurde dem Berliner Pfarrer H. Grüber anvertraut. Ihm stand ein Kreis von Mitarbeiterinnen und Mitarbeitern zur Seite. In verschiedenen Teilen Deutschlands hatte er Verbindungsleute, die gefährdeten evangelischen Nichtariern zu helfen versuchten. Nach der ‚Reichskristallnacht' trat für viele ein regelrechter Notstand ein. Während einer gemeinsamen Beratung von Grüber und seinen Mitarbeitern mit englischen und deutschen Quäkern, mit der Schwägerin von Bischof Bell, Miss Livingstone, und Vertretern eines niederländischen evangelischen Hilfskomitees wurde beschlossen, in Berlin ein zentrales Büro für die Auswanderung nichtarischer Christen zu gründen. Das niederländische Komitee schickte dorthin einen ständigen Vertreter. Mit Hilfe der ausländischen Hilfskomitees, später auch des Ökumenischen Rates in Genf, konnte eine – freilich kleine – Zahl der Gefährdeten auswandern.

Weiter wären aus evangelischen Kreisen in diesem Zusammenhang noch zu erwähnen der Gefängnispfarrer Harald Poelchau aus Berlin,[23] der Jurist Friedrich Justus Perels aus Berlin,[24] Frau Staritz aus Breslau und Pfarrer Reimer aus Naseband.[25] Wie sich ein Gemeindekreis der Bekennenden Kirche zu einem Mittelpunkt humanitärer Hilfe für Juden entwickeln konnte, beweist die Gruppe von Gertrud Staeven, Helene Jacobs, Melanie Steinmetz und anderen aus Berlin-Dahlem, die Juden zum Untertauchen verhalf, ihnen falsche Ausweise beschaffte und sie mit Lebensmitteln versorgte. Diese Gruppe war in den ersten Kriegsjahren aktiv, bis sie schließlich im Sommer 1943 entdeckt wurde.[26] Harald Poelchau, der politische Gefangene auf den Tod vorzubereiten hatte, gelang es, mit einigen Helfern manche Verfolgte unterzubringen und vielen zu helfen. Perels, Sohn eines Berliner Professors, nutzte seine Beziehungen für die Verfolgtenhilfe. Auch vermittelte er Lebensmittelpakete für Pfarrer, die sich im KZ Dachau befanden.

Auf katholischer Seite waren es vor allem Gertrud Luckner

aus Freiburg, Dompropst Lichtenberg und Frau Sommer aus Berlin, die manchen Verfolgten, vor allem Juden, geholfen haben. Gertrud Luckner konnte sich dabei auf einen speziellen Auftrag der deutschen Bischöfe berufen.[27] Sie brachte Juden an sichere Orte und besaß in Süddeutschland einen ganzen Kreis von Mitarbeitern. In der Freiburger Gegend befand sich zum Beispiel ein Kloster, das als vorläufige Station zum Untertauchen diente. Von dort aus wurden die Juden über die Schweizer Grenze gebracht. Zu ihren Kontaktpersonen gehörten unter anderen der bereits erwähnte Alfred Delp aus München und der Rechtsanwalt Hans Lukaschek aus Breslau. Doch sie bekam immer mehr Schwierigkeiten mit der Gestapo, und 1943 schlossen sich hinter ihr die Tore des Konzentrationslagers Ravensbrück.

In Berlin hatten Dompropst Lichtenberg und Frau Sommer – unterstützt durch den Bischof Graf von Preysing, den einzigen der deutschen Bischöfe, der sich von Anfang an klar gegen den Nationalsozialismus und seine Praktiken gewandt hatte – ein eigenes Hilfsbüro für Verfolgte eingerichtet.[28] Lichtenberg hatte es gewagt, 1935 bei Göring gegen die Zustände im Konzentrationslager Esterwegen zu protestieren. Nach der ‚Reichskristallnacht' hatte er öffentlich für seine jüdischen Mitbürger gebetet. Trotz seines hohen Alters wurde er im Oktober 1941 verhaftet und zu 2 Jahren Gefängnis verurteilt. Kaum wieder auf freiem Fuß, wurde er erneut verhaftet und sollte nach Dachau überstellt werden. Auf dem Transport dorthin starb er.

Es fällt auf, daß die Kirchen, im Gegensatz zu ihrem Verhalten gegenüber der Judenverfolgung, sofort gegen die Tötung Geisteskranker und Invalider protestierten,[29] und zwar mit Erfolg! Wenn die Erklärung für diesen Protest darin zu suchen ist, daß hier eine Gruppe des eigenen Volkes bedroht wurde, dann zeigt diese Haltung überdeutlich, wie konservativ-nationalistisch die meisten Kirchenführer damals dachten.

Dies galt aber auch für breite Kreise der Bevölkerung. Die Verordnungen der Judengesetzgebung stießen auf wenig Bedenken. Die Ausstoßung der deutschen Juden wurde von vielen deshalb gebilligt, weil sie nicht als echte ‚Deutsche' betrachtet wurden. Nur wenige hatten den Mut, gegen die Judenverfolgung zu protestieren. Um so wichtiger war die Hilfsbereitschaft einzelner und kleiner Gruppen, die sich an der Rettung von Juden beteiligten.

Während des Krieges wurde es schwieriger, jüdischen und anderen Verfolgten zu helfen. Wer dabei erwischt wurde, hatte auf Grund des Kriegsrechts mit viel härterer Bestrafung zu rechnen. Dennoch wurde in einigen seltenen Fällen die Verfolgtenhilfe von Offizieren und Soldaten unterstützt. Es steht fest, daß in der Wehrmacht besonders unter den älteren Offizieren, teilweise als Nachwirkung des Kirchenkampfes, starke Reserven bestanden hinsichtlich der von der Gestapo und SS angewandten Methoden. So haben Oberst Helmuth Groscurth und Oberleutnant Albert Battel während des Krieges in der Sowjetunion und Polen Gruppen von Juden zu retten versucht.[30] Weiter wagte es der Oberleutnant Battel am 26. Juli 1942 in Przemysl (Polen), gegen eine SS-Einheit vorzugehen, die einen Transport von Juden, die erschossen werden sollten, begleitete. Er postierte Soldaten mit Maschinengewehren auf einer Brücke und gab Befehl, gegebenenfalls auf die Bewachungsmannschaft zu schießen.[31] Über seinen Schwager Bonhoeffer erhielt Dohnanyi im Oktober 1941 aus Kreisen der Bekennenden Kirche einen Bericht über Deportationen von Juden aus Berlin und anderen Städten. Dohnanyi leitete diesen Bericht über Oster an Beck weiter, in der Hoffnung, damit die Generäle zu einem Eingreifen bewegen zu können.[32] Dohnanyi und Moltke waren an einer Hilfsaktion beteiligt, bei der fünfzehn Berliner Juden mit ihren Familien als angebliche Abwehragenten in die Schweiz gebracht wurden.[33] Eine größere Zahl von Juden – über Hundert – konnte durch die Aktion ‚Aquilar' gerettet werden; sie durften, wiederum als ‚Agenten' getarnt, über Spanien nach Südamerika ausreisen.[34] Helmuth von Moltke, der sich wiederholt für Kriegsgefangene und Geiseln einsetzte, ließ die dänischen Juden vor einer aus Berlin befohlenen Razzia warnen und rettete das Leben des norwegischen Bischofs Berggrav, indem er zusammen mit Bonhoeffer im April 1942 auf dem Höhepunkt des Konflikts zwischen Besatzungsregime und

Kirche nach Oslo eilte und durch Berichterstattung an Canaris eine Internierung Berggravs erreichte.[35] Das waren mutige Ausnahmen in einer Zeit, in der die Führung des Dritten Reiches sich in einem Krieg keine humanitären und völkerrechtlichen Beschränkungen auferlegen wollte.

Eine ganz besondere Bedeutung hat die Geschichte Kurt Gersteins.[36] Er gehört zu jenen tragischen und schillernden Gestalten, wie sie eigentlich nur in einer Zeit und Situation wie der seinigen möglich waren. Vielen ist er erst als eine der Hauptfiguren in Hochhuths ‚Stellvertreter' bekannt geworden. Ohne Zweifel sind es der Kirchenkampf und die Gleichschaltung der evangelischen Jugendorganisationen gewesen, die Gersteins Widerspruch herausforderten. Als seine Schwägerin als ‚Euthanasieopfer' vergast worden war, entschloß Gerstein sich, der SS beizutreten, um zu erfahren, welche Grausamkeiten dort begangen wurden. So wurde er 1942 in Belzec und Treblinka Zeuge der Vergasung Tausender von Juden. Er lebte in der Hoffnung, daß das Bekanntwerden im Ausland die Liquidierungen aufhalten könne. Weitaus die meisten derjenigen, denen er seine Entdeckung mitteilte, weigerten sich jedoch, seine Geschichte zu glauben.

Einen besonderen Charakter hatten auch die Aktivitäten von jüdischen Widerstandsgruppen wie einige linkszionistische Gruppen aus den ersten Jahren des Dritten Reiches, etwa Haschomer Hazair, Habonim sowie die Borochow-Jugend. Mehrfach arbeiteten sie mit anderen Widerstandsgruppen zusammen. Beim Kriegsanfang gab es eine von Eva Mamlok angeführte Gruppe von jüdischen Zwangsarbeitern. Vor allem bekannt wurde die Berliner Gruppe Baum, die 1939 ihre Widerstandstätigkeit aufnahm in dem Bestreben, die Deportation von Berliner Juden zu verhindern, indem man ihnen die Flucht ermöglichte.[37]

3. Der Widerstand der Jugend

Ebensowenig wie bei den Erwachsenen ließ sich bei der Jugend in Deutschland von einem einmütigen Widerstand gegen den Nationalsozialismus sprechen.[1] Das war auch nicht wahrscheinlich. Jugend ist Neuem gegenüber stets aufgeschlossen, und die Jugendbewegung, die in Deutschland einen besonders starken Einfluß ausgeübt hat, trug sehr klare Züge einer Protestbewegung gegen die ältere Generation. Außerdem herrschte unter den Jüngeren gleichfalls große Uneinigkeit, und die vielen Streitereien trübten den Blick für die drohende Gefahr. Viele erwarteten sogar vom Dritten Reich die Verwirklichung ihrer jugendidealistischen Hoffnungen. Bestimmte Vorstellungen des Nationalsozialismus – der Gedanke der Volksgemeinschaft, der Dienst am Staat, den sie mit der ‚Gemeinschaft' gleichsetzten, der Appell an die Jugend – lockten viele Jugendliche an.

Im Gegensatz zum Nationalsozialismus als solchem übte die Hitlerjugend (HJ) vor 1933 nur geringe Anziehungskraft aus, und zwar deshalb, weil sie eine von Erwachsenen gegründete und geführte sowie den Richtlinien einer Partei unterworfene Organisation war; und das waren nun gerade zwei Dinge, die ein Großteil der deutschen Jugend ablehnte. Man wollte einen eigenen Bund, mit dem man sich identifizieren konnte. Von Parteien hingegen erwartete man nur Schlechtes. Die Jugendlichen wollten die Unterschiede vielmehr durch eine geschlossene Einheit in der eigenen Gruppe überbrücken, die beispielgebend nach draußen wirken sollte. Worte wie Nation, Volksgemeinschaft und Staat besaßen für sie einen romantischen Gehalt. Diesen Umstand nützte der Nationalsozialismus auf schlaue Weise aus.

Nur eine Minderheit der deutschen Jugend hat Widerstand geleistet. Dieser aber hat nicht erst 1942 mit der Studentengruppe der ‚Weißen Rose' aus München seinen Anfang genommen.

Bereits 1933 leistete eine ganze Anzahl Jugendlicher Widerstand, und damals schon gab es auch die ersten Opfer.[2] Mehrfach kam es außerdem zu regelrechten Auseinandersetzungen zwischen Jugendgruppen und der durch Polizei und Justiz geschützten HJ. Auch ganze Gruppen wurden von der Gestapo verhaftet. Besonders die Arbeiterjugend war einem wachsenden Terror durch die Nationalsozialisten ausgesetzt.

Der erste Widerstand erhob sich bei jenen, die einer politischen Jugendorganisation angehörten oder die in ihrer Gruppe die politische Entwicklung genau verfolgt hatten. Nur solche Jugendliche waren einigermaßen auf das Kommende vorbereitet. Die meisten ‚Bündischen' begehrten auf, weil ihre eigenen Organisationen verboten wurden. Viele blieben in dieser ‚pädagogischen' Phase stecken. Nur bei einer kleinen Minderheit reifte ein politisches Bewußtsein, welches der Widerstand der Erwachsenen kaum zu integrieren verstand. Willy Brandt wies bereits 1937 darauf hin, daß dieser Jugendwiderstand ein prächtiges Reservoir für die Opposition hätte sein können. Dieselbe Kluft zwischen Jungen und Alten, die eine Stärkung der Demokratie während der Weimarer Republik verhindert hatte, erschwerte auch während des Dritten Reiches, von wenigen Ausnahmen abgesehen, eine Zusammenarbeit im Widerstand.

Aus den politischen Jugendorganisationen, besonders denen der Arbeiterschaft, entwickelten sich also die ersten jugendlichen Widerstandsgruppen. So organisierte eine sozialistische Widerstandsgruppe aus Frankfurt einen Fluchtweg ins Ausland für Personen, die von der Gestapo gesucht wurden. Aus benachbarten Orten nach Frankfurt gebracht, wurden sie dort bei Privatleuten ‚einquartiert' und dann über die Grenze geschafft.

In Berlin kamen Ende Februar 1933, am Tag des Reichstagsbrandes, insgeheim etwa 200 Jugendliche verschiedener Organisationen zusammen. Sie beschlossen einmütig, sich nicht mit den veränderten Verhältnissen abzufinden und den Widerstand gegen die neue Regierung nicht aufzugeben. An verschiedenen Orten formierten sich aus bestehenden Organisationen Gruppen, die sich auf illegale Aktivitäten einzustellen begannen. Eine solche Gruppe, der über 100 Jugendliche zwischen siebzehn und achtzehn Jahren angehörten, existierte zum Beispiel in Frankfurt. Es handelte sich dabei um ehemalige Mitglieder einer Jugendorganisation des Beamtenbundes. Nach der Auflösung der Gewerkschaften waren sie zusammengeblieben, hatten, in kleine Gruppen aufgeteilt, regelmäßig über politische Probleme diskutiert, unternahmen an den Wochenenden gemeinsame Fahrten und hielten sich durch sportliches Training fit. Sie besaßen ein eigenes Organ, ‚Junge Kämpfer', das an Sympathisanten verkauft wurde. Aus einem Büro ihrer aufgelösten Organisation, das von der SA bewacht wurde, entwendeten sie eine Schreibmaschine zur Herstellung von Propagandamaterial. Außerdem verbreiteten sie illegal importiertes Material, unter anderem die Zeitschrift ‚Neu Beginnen'. Weil der Vater eines der Jungen bei der Polizei arbeitete, fiel dem Sohn eine Liste mit Namen und Adressen aller Polizisten in die Hände. Diese und auch andere Gruppen erhielten nun regelmäßig Material zugesandt. Alles ging gut, bis jemand, der mit der Gruppe in Berührung gekommen war, die Gestapo auf den Fall aufmerksam machte. Diese konnte einen Teil der Gruppe verhaften, die allerdings zwei Jahre existiert hatte.

In den ersten Jahren des Dritten Reiches wurden noch viele waghalsige Aktionen ausgeführt. Es wurden Proteste an Wände gemalt, Flugblätter verteilt, Fahnen an Schornsteinen befestigt und Überfälle ausgeführt. Dabei bestand noch eine gewisse Hoffnung auf ein baldiges Ende des Regimes. Unter Tarnung versuchte eine Anzahl von Gruppen ihre Arbeit mehr oder weniger aufrechtzuerhalten. Sie stellten sich als Wandergruppen oder Sportvereine dar.

Besonders aktiv waren Gruppen der sozialistischen Arbeiterjugend. In ihren Reihen entstand die Zeitschrift ‚Blick in die Zeit'. Sie übernahm unter anderem Artikel aus ausländischen Zeitungen, in denen über die Situation in Deutschland geschrieben wurde. Eine Zeitlang konnte dieses Blatt noch legal erscheinen. Auch bildeten sich zahlreiche Gruppen, deren Mitglieder verschiedenen Organisationen angehört hatten, etwa den Jugendorganisationen der kommunistischen und sozialdemokratischen Partei und anderen Arbeiterorganisationen. Daß ein kleiner Anlaß genügte, den Argwohn der SA oder Gestapo zu wecken, erlebte der 23jährige Anton Schmaus, Mitglied der Jugendabteilung des ‚Reichsbanners' und aktiver Teilnehmer an Aufmärschen und der Verbreitung von Propagandamaterial.[3]

Zu den Widerstandsgruppen der ersten Stunde gehörte auch die ‚Schwarze Jungmannschaft', die ihre Mitglieder in allerlei illegalen Aktivitäten schulte und ein eigenes Organ, ‚Die Unerbittlichen', besaß. Mit falschen Ausweisen versehen, konnten die Angehörigen dieser Gruppe eine beachtliche Menge antinazistisches Material drucken und verbreiten, unter anderem einen Band satirischer Gedichte. Nach einigen Monaten aber gelang es der Gestapo, verschiedene Mitglieder aufzuspüren und zu verhaften.

Als die HJ eine Monopolposition erhielt und zur Staatsjugend wurde, folgte das Verbot der sogenannten ‚bündischen' Jugendverbände. Es begann mit der Ernennung Baldur von Schirachs zum Reichsjugendführer. Dieser erhielt damit die Verfügungsgewalt über alle Jugendorganisationen und konnte unliebsame Vereinigungen nach Belieben verbieten, was er auch bald tat. Viele Organisationen wurden aufgelöst. Durch einen Vertrag mit dem neuen Reichsbischof erreichte Schirach überdies, daß die evangelischen Jugendorganisationen ihre Aktivitäten auf rein kirchliche Angelegenheiten begrenzten. Infolge des Konkordats war eine ähnliche Begrenzung auf katholischer Seite viel schwieriger.

Das Verbot ihrer Organisationen rief bei vielen Bündischen einen Sturm des Protests hervor. Soweit die Verbände nicht explizit verboten wurden, waren sie sozusagen freiwillig in der HJ aufgegangen. Viele Mitglieder freier Jugendbünde wehrten sich gegen diese Maßnahme. Sie weigerten sich, die Uniformen und Abzeichen ihrer Organisation abzulegen und trugen sie weiterhin bei geheimen Zusammenkünften. Sie wollten nicht in einer Zwangsorganisation aufgehen. Als zum Beispiel eine Gruppe aus Kassel erfuhr, daß ihre Organisation aufgelöst worden war, räumte sie nachts ihr Heim aus, ehe die Nazis alles mitnehmen konnten. Um gegen Schwierigkeiten gefeit zu sein, fälschte man Mitgliedsausweise der HJ und gab diese auch an andere weiter. Eines Tages sah sich die Gruppe nach einer Zusammenkunft einem Überfall der HJ ausgesetzt. Das Ganze artete zu einer regelrechten Straßenschlacht aus, die sich über eine Stunde hinzog. In Kassel kam es im Winter 1934 zu einem regelrechten Krach mit der HJ. Das Jugendheim und die örtliche Dienststelle gingen in Flammen auf, Dokumente und Möbel wurden auf die Straße geworfen. Verschiedene Polizeifahrzeuge, die Verstärkung herbeischafften, wurden umgestürzt. Schließlich konnten die Jungen sich gegen die Übermacht nicht mehr halten und ergaben sich. Über hundert Jugendliche wurden aufs Revier gebracht, dort verprügelt und dann nach Hause geschickt.

Auch anderswo wurden Heime der HJ überfallen, die sich dann ihrerseits wieder rächte. Überdies stellte sich heraus, daß eine ganze Reihe von HJ-Mitgliedern – an manchen Orten sogar 30 Prozent – heimlich noch verbotenen Organisationen angehörten. Einige dieser illegalen Gruppen haben noch lange weiterexistiert. In Frankfurt beispielsweise schlossen sich Mitglieder freier Jugendbünde, die eine graphische Lehre durchmachten, zusammen. Sie waren 14 und 15 Jahre alt. Als einige von ihnen, der Treue zu den alten Bünden verdächtigt, von der Gestapo zum Verhör abgeholt wurden, bestärkte das ihre Ablehnung des Regimes nur um so mehr. Gemeinsam zelteten sie an Wochenenden und kamen heimlich zur Lektüre verbotener Bücher zusammen. Sie bewahrten Literatur, Kleidung und Abzeichen ihrer Bünde wie Reliquien und hatten ein eigenes Organ, den ‚Fahrtenbummler'. Außerdem unterhielten sie Beziehungen zu anderen Gruppen. Aus Gründen der Vorsicht stand dabei immer nur einer in Kontakt mit einer fremden Gruppe. Dieser Verbindungsmann wiederum besaß von der anderen Gruppe auch lediglich eine einzige Kontaktadresse. Das Risiko lag in der Verhaftung des Kontaktmannes, denn dadurch wurde die Verbindung unterbrochen. Auf diese Weise schlossen sich Gruppen aus Frankfurt, Freiburg und anderen Städten zusammen. Die Frankfurter Gruppe errichtete 1936 ein eigenes Heim in einem abgelegenen Teil des Taunus. Dorthin konnten Gruppen aus anderen Orten kommen, und dort ließen sich gefährdete Personen unterbringen. Hier trainierte man das Verhalten bei Gestapoverhören und verabredete, was man unter solchen Umständen aussagen würde.

Schwieriger wurde alles, als 1936 die Zwangsmitgliedschaft bei der HJ eingeführt wurde. Schon vor dieser Zeit pflegte die HJ Jugendlichen, die noch nicht Mitglied waren, ‚Letzte Aufrufe' zuzustellen, die im Falle einer Verweigerung der Mitgliedschaft vom Vater unter Nennung des Arbeitsplatzes und unter Angabe der Gründe unterzeichnet zurückgeschickt werden mußten. Wegen der damit verbundenen Konsequenzen waren die meisten, wohl auch auf Drängen ihrer Eltern, diesen Aufrufen gefolgt, und durch diesen Massenzulauf hatte sich die HJ von einem unbedeutenden Jugendverband zu einer Riesenorganisation entwickelt. Uniform, Lieder, Fahnen und Abzeichen wurden einheitlich festgelegt. An die Stelle von Fahrten in kleinen Gruppen traten Massenlager mit einer vormilitärischen Ausbildung als Höhepunkt. Ablehnung wurde noch härter als früher bestraft.

Zur Bekämpfung jeder Illegalität wurde Gestapo eingesetzt. War es zunächst das Bestreben gewesen, die Jugendlichen durch die Übernahme von Symbolen aus der Jugendbewegung zu locken, so wurde nun die HJ von bündischen Einflüssen ‚gesäubert'. Diese Maßnahmen provozierten aber wiederum starken Protest. Manche Jugendliche kritisierten die Zwangsverordnungen. Auf die unterschiedlichsten Arten versuchten sie, sich diesen zu entziehen. Sie bildeten autonome Gruppen, die unter Tarnung ihre Zusammenkünfte abhielten.

Und wie war es um die Haltung der katholischen Jugend bestellt? Nach der Machtübernahme wurden die Aktivitäten der katholischen Jugendorganisationen von der HJ mit stillschweigender Unterstützung des Regimes zunehmend behindert. Manche Erwachsene, unter ihnen auch Geistliche, erwogen bereits einen Kompromiß und eine Art Zusammenarbeit mit der HJ. Einige Jugendgruppen reagierten jedoch mit Protesten. Das Ziel des Regimes, auch die katholischen Jugendlichen in die HJ hinüberzuführen, mißlang. Darauf wurden die konfessionellen Verbände einem wachsenden Druck ausgesetzt.

Bald gab es auch die ersten Opfer. Am 30. Juni 1934 wurde der Jugendführer Adalbert Probst, ein Mitglied des katholischen Jungmännerverbands, ermordet, weil er bei einem Widerstandsversuch gegen das Regime eine Vermittlerrolle zu Reichswehrstellen gespielt hatte.[4] Ansichtskarten mit seinem Porträt wurden unter der katholischen Jugend, die ihn als Märtyrer verehrte, verbreitet. In mehreren Berichten sprach die Gestapo von einer wachsenden Unruhe.

Ein Zentrum des katholischen Jugendwiderstandes bildeten die Gruppen um die Zeitschrift ‚Junge Front', die zuletzt eine Auflage von 300000 Exemplaren erreichte.[5] Darin wurde eindeutig gegen die nationalsozialistische Ideologie und die kirchenfeindlichen Maßnahmen des Regimes Stellung genommen. Chefredakteur der Zeitschrift war Johannes Maassen, der selbst aus dem Verband ‚Neudeutschland', der katholischen Jugendorganisation für Mittelschüler, stammte. Wegen seiner klaren Sprache wurde das Blatt immer wieder mit Erscheinungsverboten belegt. Nachdem Baldur von Schirach einmal geäußert hatte, die einzige junge Front Deutschlands werde von der HJ gebildet, wurde der Name in ‚Michael' umgeändert. Anfang 1936 erfolgte das endgültige Verbot. Kurz darauf wurden 50 bekannte katholische Jugendführer verhaftet. In den Jahren 1937 und 1938 wurden alle katholischen Jugendorganisationen verboten. Schon in den Jahren davor hatten sie nicht mehr öffentlich auftreten dürfen. Überall bildeten sich nun illegale Gruppen, was vor allem den Aktivitäten von Johannes Maassen zu verdanken war. Auch die Geistlichen versuchten, die Jugendlichen auf diese oder jene Weise zusammenzuhalten. Das führte dazu, daß viele Ministranten in Wirklichkeit Mitglieder illegal existierender Jugendgruppen waren. Auch Jugendgottesdienste wurden stark besucht. Als der Kampf zwischen der katholischen Kirche und dem Regime immer schärfere Formen anzunehmen begann, half die Jugend, soviel sie nur konnte. Besonders wichtig war die Verbreitung hektographierter Predigten und Schriften.

In der Frankfurter Bernhardinusgemeinde versammelte sich regelmäßig eine Gruppe von Jugendlichen im Pfarrhaus. Ihr

Führer, Bernhard Becker, war ein junger Maler, der an der Kunstakademie studierte. Als einziger der 720 Studenten hatte er den Mut, sich zu weigern, im Dritten Reich eine militärische Uniform zu tragen. Deshalb war ihm damals sein Stipendium entzogen worden. Becker sprach mit den Jungen über verschiedene Ereignisse und wich dabei politischen Gesprächen nicht aus. Nach dem Verbot der katholischen Jugendorganisationen traf sich die Gruppe in Beckers Atelier. Aus ihren Gesprächen ist abzulesen, daß der etwas verschwommene und romantische Charakter des Jugendwiderstandes bei dieser Gruppe zu einer klaren politischen Stellungnahme gereift war. Ihnen war die Notwendigkeit eines Widerstandes gegen das Regime bewußt geworden, der es nicht bei Worten bewenden ließ. Ehe aber Taten folgen konnten, griff die Gestapo ein. Sie hatte auf irgendeine Weise von der Existenz der Gruppe erfahren, und einige Beamte hatten offensichtlich einmal an der Tür gehorcht und alles mitgehört. Ende 1937 wurde die Gruppe festgenommen. Wie ein Schwerverbrecher, an Händen und Füßen gefesselt, wurde Bernhard Becker ins Gefängnis eingeliefert. Kurz danach teilte die Gestapo seinem Bruder mit, er habe Selbstmord begangen.

Infolge der Differenzen innerhalb der evangelischen Kirche hatten die evangelischen Jugendlichen viel größere Mühe, ihren Standort zu bestimmen.[6] Das evangelische Jugendwerk wurde trotz Protesten bereits im Dezember 1933 gleichgeschaltet. Seitdem waren nur noch religiöse Aktivitäten erlaubt. Viele Gruppen bestanden jedoch noch illegal. Sie wurden von der Zeitschrift ‚Jungenwacht' unterstützt, die sich bis 1938 halten konnte. Eine andere wichtige Stütze war die Bekennende Kirche, die ein eigenes Jugendorgan, die ‚Junge Kirche', besaß. Vielerorts gehörten auch Jugendliche der Bekennenden Kirche an, die in verschiedenen Teilen Deutschlands eigene Jugendabteilungen gegründet hatte. Im Mittelpunkt stand dabei der grundsätzliche Gegensatz zur nationalsozialistischen Ideologie. Viele Jugendliche verbreiteten Predigten Niemöllers und andere Schriften. Nur bei einer kleinen Minderheit reifte aber aus dem Einsatz für die Bekennende Kirche eine Distanz zum Dritten Reich.

Der Jugendwiderstand erhielt auch Unterstützung aus dem Ausland. Dort lebten ausgewanderte Deutsche, die selbst zur Jugendbewegung gehört hatten oder noch dazu gehörten. Im Ausland wurden Zeitschriften wie die ‚Kameradschaft' gedruckt, die illegale Gruppen des ‚Jungnationalen Bundes' zu erreichen versuchte. Pfingsten 1935 trafen in den Niederlanden die Führer mehrerer illegaler Gruppen zusammen. Als etwa 30 Mitglieder dieser Gruppe verhaftet worden waren, wurde im Juni 1937 in Essen mit großem Tamtam ein Prozeß gegen diese Gruppen inszeniert. Während des Prozesses starb einer der Hauptangeklagten, der sich allzu tapfer verteidigt hatte.

Einer der ausgewanderten Jugendführer war Theo Hespers. Er stammte aus der katholischen Jugendbewegung. Von den Niederlanden aus baute er in verschiedenen Städten illegale Gruppen auf und brachte sie miteinander in Kontakt. Als Treffpunkte und Verbindungsmöglichkeiten dienten Klöster entlang der Grenze, die noch aus der Zeit des Kulturkampfes stammten. Hespers, der mit Hans Ebeling eng zusammenarbeitete, blieb bis in die Kriegsjahre aktiv, wurde dann verhaftet und 1943 hingerichtet.[7]

Ein anderer ausgewanderter Jugendführer war Karl Paetel. Aus Stockholm, Brüssel und Paris erreichten seine Schriften die Jugend in Deutschland. Auf ähnliche Weise ging Walter Hammer in Dänemark vor. Der Beginn des Krieges und die Besetzung verschiedener Nachbarländer durch die deutschen Truppen setzten jedoch den meisten Kontakten ein Ende.

Ab etwa 1937 entstand unter der Jugend eine Reihe von neuen oppositionellen Gruppen. Manchmal ohne einen direkten Zusammenhang mit früheren Organisationen, waren sie sich einig in der Ablehnung der Zwangsmitgliedschaft in der HJ. Sie bildeten eine eigene Subkultur und hielten fest an Symbolen aus der Arbeiterbewegung und der Bündischen Bewegung. So trugen Gruppen im Rheinland ein Edelweiß und andere ein rotes Halstuch. Tausende von Jugendlichen, besonders in den Städten, gehörten solchen Gruppen an. Auch die Dienststellen des Dritten Reiches wurden auf das neue

Phänomen aufmerksam. 1937 und 1938 kam es zu ersten Verurteilungen von Angehörigen dieser Gruppen.[8]

Neben den eben genannten Gruppen gab es während der Kriegsjahre auch Jugendgruppen, die ein stärkeres politisches Bewußtsein zeigten. Sie waren auch entschiedener in ihrem Widerstand. Inzwischen war offenkundig geworden, welche Verbrechen das Regime begangen hatte. Einzelheiten über Vorgänge in Konzentrationslagern und über die ‚Endlösung' waren bekannt geworden und hatten Verbitterung hervorgerufen. Mehrere Gruppen verfügten über einige Waffen und leisteten Sabotage. Man orientierte sich durch das Abhören ausländischer Sender; Wellenlängen und Sendezeiten teilte man anderen Interessenten mit. So gab es beispielsweise in Berlin eine Gruppe junger Juden um Herbert Baum.[9] Sie hatten z. T. eine langjährige Erfahrung in der illegalen Arbeit. Als das Regime im Frühjahr 1942 im Berliner Lustgarten eine Propagandaausstellung über die Sowjetunion eröffnet hatte, entschlossen sie sich zur Brandstiftung. Heftige Diskussionen darüber, ob diese Aktion den Einsatz der ganzen Gruppe wert sei und ob sich daran ausgerechnet eine jüdische Gruppe beteiligen sollte, scheinen der Aktion vorangegangen zu sein. In der Tat wurde ein Teil der Ausstellung angezündet, zwei Tage später jedoch waren alle Beteiligten verhaftet. Ganz offensichtlich war ein Spitzel am Werk gewesen.

Eine weitere Gruppe wurde 1942 von der Gestapo aufgedeckt. Sie hatte sich gebildet um Helmuth Hübener, damals 17 Jahre alt. Er gehörte zu der ‚Kirche Jesu Christi der Heiligen der letzten Tage', einer der kleineren Glaubensgemeinschaften. Hübeners Bruder hatte aus Frankreich ein Radio mitgebracht, das Helmuth reparierte. Dabei fing er einen deutschen Sender aus London auf und verfolgte fortan dessen Berichte. Auf einer Schreibmaschine tippte er das Gehörte ab und verbreitete gemeinsam mit anderen diese Nachrichten. Die Jungen deponierten Dutzende von Blättern in Hausgängen und Briefkästen. Die Gestapo war höchst erstaunt, als sie entdeckte, daß hinter dem Ganzen 16- und 17jährige Jungen steckten. Helmuth selbst wurde hingerichtet, die anderen erhielten Gefängnisstrafen zwischen vier und zehn Jahren.

Andere Gruppen führten den Widerstand fort. Im gleichen Jahr, in dem die obengenannten Gruppen entdeckt und zerschlagen wurden, begannen die Aktivitäten der ‚Weißen Rose'.[10] Den Kern bildeten Sophie und Hans Scholl, Alexander Schmorell, Willi Graf und Christoph Probst. Sie hatten zu verschiedenen Jugendorganisationen gehört. Zeitweise hatte einigen von ihnen das Gerede der Nationalsozialisten über Vaterland, Kameradschaft und Volksgemeinschaft und die mit Fahnen und Trommeln marschierenden Kolonnen imponiert. Die Gleichschaltung und das Verbot der meisten Jugendorganisationen, Hitlers Kriegspolitik, die Kirchenpolitik des Regimes und Gerüchte über Konzentrationslager und das Schicksal vieler Juden ließen jedoch starke Zweifel in ihnen aufkommen. Erfahrungen an der Ostfront und Kontakte zur Bevölkerung kamen dazu. Über ihre Eindrücke, ihre Zweifel und Bedenken sprachen sie mit anderen Personen, von deren Zuverlässigkeit sie überzeugt waren. Dazu gehörte einer ihrer Hochschullehrer, Professor Kurt Huber, ein bedeutender Herder- und Leibniz-Forscher. Bei ihm fanden die Studenten Rat und Hilfe. Auf ihre Einladung nahm er an ihren Gesprächen teil. Hans Scholl und Willi Graf waren 1937 bzw. 1938 bereits mehrere Monate wegen Beteiligung an illegaler Jugendarbeit in Haft gewesen. Die Lektüre, Anfang 1942, von hektographierten Exemplaren der bekannten Predigten des Münsteraner Bischofs Galen erscheint nachträglich fast wie ein auslösendes Moment. Im Frühsommer 1942 wurden die ersten vier Flugblätter verfaßt und verbreitet. Darin wurden die Verbrechen des Hitlerregimes beim Namen genannt und angeprangert, wurde deutlich gemacht, daß das deutsche Volk durch die Vernichtung der Juden bleibende Schuld auf sich geladen hatte, und wurde die Frage nach der Apathie eines ganzen Volkes gestellt, das so etwas geschehen ließ. Schließlich wurden alle dazu aufgerufen, auf jede erdenkliche Weise passiven Widerstand zu leisten und Sabotage zu üben, um dadurch den Nationalsozialismus zu Fall zu bringen. Hans und seine Freunde gingen in ihren neuen Aktivitäten vollständig auf. Dann traf aber die Nachricht ein, daß sie wieder für mehrere Monate an die Ostfront mußten.

Nach ihrer Rückkehr beschlossen sie, ihre Aktivitäten fortzusetzen und noch intensiver als zuvor zum Widerstand aufzurufen. Ihre Zielvorstellung war, daß der Krieg beendet werden mußte. Das bedurfte jedoch sorgfältiger Planung, auch in psychologischer Hinsicht. Es mußten Flugblätter zusammengestellt werden, die die Menschen von der Notwendigkeit überzeugen sollten, daß das nationalsozialistische Regime zu verschwinden hatte. Dazu mußten an verschiedensten Orten Gruppen gebildet werden. Jede Gruppe sollte über einen Vervielfältigungsapparat und über Geld verfügen, um die Flugblätter auf dem Postweg zu versenden. Sie selbst wollten diese Aufgabe in München übernehmen. Man beschloß, Kontakt mit Bekannten in anderen Universitätsstädten aufzunehmen. Um Weihnachten 1942 traf Willi Graf einen alten Bekannten, Willy Bollinger, und dieser sagte den Aufbau einer gleichgerichteten Gruppe in Saarbrücken zu. Um den Kontakt zwischen den Gruppen zu ermöglichen, beschaffte er falsche Urlaubsscheine und Fahrtausweise. Außerdem sorgte er für Pistolen. Sein Bruder Heinz sollte in Freiburg gleichfalls eine Gruppe aufstellen. Auch mit Hamburg, Berlin und Köln wurden Kontakte geknüpft.

Es gab unter den Bekannten, die in die Pläne eingeweiht waren, auch solche, die warnten. Sie schlugen vor, so lange abzuwarten, bis das Regime zusammenbreche, und dann aktiv zu werden. So gut solche Warnungen auch gemeint sein mochten, auf die Freunde blieben sie ohne Wirkung. Ihr Plan stand fest. Vergeblich versuchte Michael Brink, ein ehemaliger Jugendführer beim ‚Neudeutschland', Kontakt zwischen dieser Gruppe und dem Kreisauer Kreis herzustellen. Er bemühte sich, ein Treffen zwischen Professor Huber und einem der Münchner Kreisauer, dem Jesuitenpater Alfred Delp, zu arrangieren, der selbst ebenfalls zum ‚Neudeutschland' gehört hatte.[11] Brink wollte dadurch verhindern, daß die Gestapo der Gruppe auf die Spur kommen würde. Das Treffen wurde jedoch mehrmals verschoben, und infolge des schnellen Reagierens der Gestapo war es schließlich zu spät. Inwieweit auch andere Kontakte eine Rolle gespielt haben, ist ungewiß. Offensichtlich hatten Alexander Schmorell und Hans Scholl Ende 1942 in Berlin ein Gespräch mit dem dem bürgerlichen Widerstand nahestehenden Polizeipräsidenten, Graf Helldorf.

Eines Tages wurde Hans gewarnt, daß die Gestapo ihm auf der Spur sei. Dennoch entschloß er sich zu bleiben, alles Weitere abzuwarten und inzwischen noch möglichst viel zu tun. Am 18. Februar gingen Hans und Sophie zur Universität. Sie hatten einen Koffer mit Flugblättern bei sich. In der Universität legten sie die Flugblätter in den Gängen aus, wo Hunderte von Studenten sie beim Vorlesungswechsel lesen konnten. Vom 2. Stock warf Sophie den Rest in den Lichthof hinunter. Doch der Hausmeister hatte sie beobachtet, schloß die Tür und alarmierte die Gestapo. Diese brachte Hans und Sophie ins Gefängnis, und dort begannen die Verhöre. Bald darauf wurden auch andere verhaftet, darunter Christoph, Willi, Alex und Professor Huber. Es gab nichts zu leugnen. Hitler ordnete einen öffentlichen Prozeß vor dem sogenannten Volksgerichtshof unter Leitung des berüchtigten Freisler an. Um kein unnötiges Aufsehen zu erregen, wurde die Gruppe in drei Teile aufgespalten. Zuerst wurden Hans und Sophie Scholl und Christoph Probst abgeurteilt. Zur zweiten Gruppe gehörten Professor Huber, Alexander Schmorell, Willi Graf und vier weitere Studenten. Besonderen Eindruck hinterließen die Worte Hubers. Die drei ersten dieser Gruppe wurden zum Tode verurteilt; drei der Studenten erhielten Gefängnisstrafen, einer wurde aus besonderen Gründen freigesprochen. Die sieben Angeklagten im dritten Prozeß, fast durchweg Studenten, wurden zu Gefängnisstrafen verurteilt. Damit waren die Aktivitäten der ‚Weißen Rose' in München beendet. Tausende mußten ihre Flugblätter gelesen haben. Noch viel mehr Personen hörten von der Aktion und dem Schicksal dieser Münchener Studenten. Im Ausland erfuhr man ebenfalls davon. Rundfunk und Zeitungen brachten die Nachricht. Englische Flugzeuge warfen den Text eines Flugblatts der Studenten ab. Der Text wurde sogar in norwegischen Widerstandszeitungen veröffentlicht.[12]

In Hamburg existierte schon länger eine aus Akademikern und Studenten gebildete Gruppe, die die Münchener Flugblätter weitergab.[13] 1944 entdeckte die Gestapo auch diese Gruppe und verhaftete 30 Mitglieder. Etwa die Hälfte von ihnen wurde noch rechtzeitig von den anrückenden Alliierten befreit.

Zwei Einzelfälle stellen schließlich das wachsende politische Bewußtsein der deutschen Jugend in den Kriegsjahren unter Beweis. Im ersten Fall handelt es sich um einen Bauernsohn aus dem Sudetenland, der im Februar 1944 hingerichtet wurde, weil er sich geweigert hatte, der SS beizutreten. Im Abschiedsbrief an seine Eltern schrieb er, er habe sich geweigert, weil er über die SS Bescheid wisse und so etwas nicht auf sein Gewissen nehmen könne.[14] Im zweiten Fall geht es um Friedrich Karl Klausing, der ursprünglich den evangelischen Pfadfindern angehört hatte, später aber in die HJ eingetreten war. Als Fähnrich machte er den Polen- und Frankreichfeldzug mit und wurde zum Offizier befördert. Wegen schwerer Verwundungen, die er in Rußland erlitten hatte, wurde er nach Deutschland versetzt. Dort traf er einen alten Freund, der ihn dazu brachte, sich dem Widerstand anzuschließen. Er wurde Adjutant von Graf Stauffenberg, erlebte trotz Krankheit die Ereignisse des 20. Juli in der Bendlerstraße in Berlin, konnte aber nach dem Scheitern des Putsches entkommen. Da er nicht fliehen wollte und auch nicht zum Selbstmord bereit war, stellte er sich am nächsten Morgen der Gestapo, um das Schicksal seiner Kameraden zu teilen. Am 8. August 1944 gehörte er zu der ersten Gruppe der verurteilten Offiziere und wurde am gleichen Tag hingerichtet.[15]

4. Der kommunistische Widerstand

Daß eine große Zahl von Kommunisten zu den erbittersten Gegnern des Naziregimes gehört hat, ist unbestritten. Jedoch wurde die Gefahr der nationalsozialistischen Bewegung von vielen Kommunisten lange Zeit weit unterschätzt.[1] Die Kommunisten sahen in den Sozialdemokraten, die sie als ‚Sozialfaschisten' bezeichneten, schlimmere Feinde als in den Nationalsozialisten selbst. Das hing mit der auf dem VI. Weltkongreß der Komintern beschlossenen ‚Links-Orientierung' zusammen und führte auch dazu, daß die Kommunistische Partei Deutschlands, deren Wählerschaft seit 1930 erheblich angewachsen war, keinen grundsätzlichen Unterschied machte zwischen politischen Entwicklungen auf Reichsebene und der Existenz einer demokratischen Koalitionsregierung in Preußen mit den Sozialdemokraten Braun und Severing in führenden Positionen. Sie verband sich im Jahre 1931 sogar mit den Rechtsextremisten zu einer Aktion, die einen Volksentscheid gegen die Regierung in Preußen herbeiführen sollte. Damit trug die KPD zum Untergang der Demokratie in Deutschland bei. Zwar verlor sie deswegen Wählerstimmen, aber die Position der demokratischen Minderheitsregierung war erheblich untergraben. Dazu kam, daß in bürgerlichen Kreisen wie am Ende des Ersten Weltkrieges große Furcht vor einer kommunistischen Revolution bestand. Dies war jedoch ein – auch von der KPD genährter – Mythos, denn die internen Verhältnisse in der KPD waren wegen der verschiedenen Kursänderungen in mancher Hinsicht instabil, auch wenn es der Partei bis Ende 1932 gelungen war, einen Massenanhang an sich zu binden.

Wenn sich auch der eine oder andere Parteiführer 1929/30 der Gefahr bewußt wurde, die von seiten der NSDAP drohte, so schwankte die Parteiführung in ihrer Taktik doch zwischen einem ‚ideologischen' Abwehrkampf gegen die Nationalsozialisten und einer ‚nationaleren' Propaganda, deren Ziel es war, der NSDAP Wähler aus der Arbeiterbewegung abzugewinnen.

Während vor allem die kleineren Gruppen zwischen der kommunistischen und sozialdemokratischen Partei auf eine Einheitsfront gegen den Nationalsozialismus drängten, lehnten die großen Parteien dies ab. Zu spät gingen die Kommunisten, die eigentlich nur eine Einheitsfront auf unterer Ebene wünschten, auf solche Bestrebungen ein,[2] die innerhalb der SPD besonders von Friedrich Stampfer befürwortet wurden. Diese Uneinigkeit und gegenseitige Feindlichkeit innerhalb der Arbeiterbewegung haben wesentlich zum Sieg des Nationalsozialismus beigetragen.

Aus dem bisher Gesagten ist die Ausgangslage der KPD am Ende der Weimarer Republik klar zu erkennen. Nach den Landtagswahlen in Preußen im April 1932, als die Koalitionsregierung ihre Mehrheit verlor, weigerte sich die KPD, durch Stimmenthaltung eine Minderheitsregierung Braun-Severing zu tolerieren. Zwar bezeichnete man den Papen-Staatsstreich am 20. Juli 1932 als „faschistische Militärdiktatur", nannte aber die Sozialdemokratie immer noch den „aktivsten Faktor" oder die „Stütze" des Faschismus. So ist es nicht verwunderlich, daß trotz der Bemühungen der KPD, unter den Parolen „Einheitsfront" und „Antifaschistische Aktion" im Winter 1932/33 Anhänger zu gewinnen, die Voraussetzungen einfach fehlten, *gemeinsam* die wachsende nationalsozialistische Gefahr zu bekämpfen. Als von seiten der KPD am 30. Januar 1933, dem Tag der Machtübernahme Hitlers, zu einem Generalstreik und zu Massendemonstrationen aufgerufen wurde, gelang es nicht, diese Initiative zu einer gemeinsamen Abwehraktion der deutschen Arbeiterbewegung auszubauen, wenn auch an verschiedenen Orten Kommunisten und Sozialdemokraten zusammengingen.[3]

Während die Partei nach außen noch alle ihr verbliebenen Möglichkeiten zur Vorbereitung der Märzwahlen nutzte – zahlreiche Funktionäre rechneten noch mit einer Periode der Legalität oder Halblegalität – fing sie intern an, sich auf die Illegalität vorzubereiten. Bereits in der zweiten Hälfte des Jahres 1932 waren drei Waffenlager angelegt. Auf einer Zusammenkunft des

Zentralkomitees der Partei am 7. Februar 1933 hatte der Vorsitzende, Ernst Thälmann, die Bekämpfung der Naziherrschaft besonders betont. Als nachteilig erwies sich jedoch der Umstand, daß die politische Abteilung der Polizei ziemlich genau über Parteileitung und Parteiapparat Bescheid wußte.

Ein schwerer Schlag für die Partei war der Reichtagsbrand am 27. Februar 1933, der als Vorwand für das vom Reichspräsidenten gebilligte Verbot der KPD und für die massenhafte Verfolgung und Verhaftung ihrer Funktionäre diente. Ein großer Teil ihrer Organisation wurde dabei zerschlagen. Mehr als die Hälfte der Spitzenfunktionäre wurde verhaftet oder ermordet. In der Hauptsache betraf es Funktionäre der mittleren und unteren Parteiebene. Parallel dazu wurden Haftbefehle gegen die Mitglieder des Zentralkomitees erlassen. Anfang März wurde Thälmann verhaftet. Viele Funktionäre wanderten auf Befehl oder aus eigenem Antrieb ins Ausland aus. Trotz Verfolgung und Terror gelang es einigen Parteiführern, unterstützt von Funktionären und Instrukteuren, mit Fünfergruppen und Straßenzellen eine illegale Parteiorganisation aufzubauen. Dabei entstanden Spannungen zwischen dem provisorischen Parteiführer, Walter Ulbricht, und John Schehr, dem Organisator der illegalen KPD. Letzterer wurde jedoch im November 1933 nach der Rückkehr von einer Moskaureise verhaftet. Der auch zum Politbüro gehörende Wilhelm Pieck, der im Sommer 1933 ausgewandert war, hatte in Paris eine Auslandsleitung aufgebaut. Andere sammelten sich in Prag, wie Ulbricht, der etwa 1936 ebenfalls nach Paris ging.

Der zentralistische Aufbau der KPD und die Verhaftung eines großen Teils des Parteikaders erschwerten den Übergang in die Illegalität. Andererseits stärkte die Märtyrerrolle, die der Partei durch den Reichstagsbrand zugefallen war, wieder ihr Ansehen. Georgi Dimitroff, ein hoher Kominternfunktionär, war kurz nach dem Reichstagsbrand unter Beschuldigung der Mittäterschaft verhaftet und im darauffolgenden Prozeß mitangeklagt worden. Es schien, als hätten die Kommunisten den mutigen Versuch gewagt, das Fanal zum Sturz des neuen Regimes zu geben. Trotz aller damit verbundenen Nachteile hielt die Partei vorläufig an ihrem zentralistischen Aufbau fest, was ein hohes Maß an Opferbereitschaft forderte. Komintern, Inlands- und Auslandsleitung setzten ihre Mitglieder schonungslos ein.

Eine wichtige Funktion in der Übergangsphase vom Aktivismus zum Widerstand kam der illegalen Presse zu.[4] Bereits Ende 1932 war der Auftrag erteilt worden, Vorbereitungen zur illegalen Herstellung von Propagandamaterial zu treffen. Daraufhin war ein Produktions- und Vertriebsapparat für ganz Deutschland aufgebaut worden mit einer speziellen Abteilung, die mittels Kurieren die Verbindung zwischen den einzelnen Abteilungen und dem Ausland herstellte. Allein in Berlin besaß die KPD zehn Druckereien. Nach der Verhaftungswelle von 1933 wurde das Material vorwiegend außerhalb Berlins gedruckt. Neben dieser ‚gesteuerten' Aktivität war eine Zahl von Abteilungen und Gruppen dazu übergegangen, selbst Material zusammenzustellen und zu vervielfältigen. Darin wurden lokale Ereignisse aufs Korn genommen, und man bemühte sich, auf unterschiedliche Weise die Unzufriedenheit anzuheizen. Dabei wurden in unzähligen Flugblättern bessere Arbeits- und Lebensbedingungen, soziale Rechte und demokratische Freiheiten gefordert. Damals verfolgte die politische Polizei Preußens die Kommunisten aufgrund einer speziellen Anweisung Görings besonders scharf. Also forderte auch die Propagandatätigkeit viele Opfer. 1933 fanden allein in Berlin mehrere hundert Prozesse gegen Kommunisten statt.

Ein weiteres Ziel der KPD in den Jahren nach 1933 war die Ausdehnung der kommunistischen Propaganda in den Betrieben. Vor 1933 war der kommunistische Einfluß in den Betrieben nicht stark gewesen. Die Mehrzahl der Parteimitglieder war arbeitslos. Die mit der KPD zusammenarbeitenden ‚Roten Gewerkschaften' hatten nur einen mäßigen Anhang. In der Illegalität sollten jetzt die Betriebe zu Zentren der illegalen kommunistischen Arbeit werden. Zuerst mußte dazu aber ein neuer Kader formiert werden, was erstaunlich schnell gelang, obwohl nur eine Minderheit der Kommunisten sich aktiv in der illegalen Partei betätigte. Die anderen hielten sich zurück, waren eingeschüchtert oder hatten sich angepaßt. In den Betrieben wurden Zellen gebildet und Obmänner ernannt, die antinazistische Kerne um sich sammeln sollten. Nachdem sie anfänglich versucht hatten, die noch nicht verbotenen Gewerkschaften – die allgemeine und die christliche – durch einen Zustrom von Kommunisten zu verstärken, konzentrierte man sich später auf Gründung und Ausbau der ‚Roten Gewerkschaften'. Von einer großen Aktivität konnte zunächst noch keine Rede sein. Bei den Betriebsratswahlen im März und April 1933, mit ihrem für die Nazis so vernichtenden Ergebnis, stimmten nur fünf Prozent der Arbeiter für die Listen der ‚Roten Gewerkschaften'. Noch im Sommer 1934 arbeitete erst ein Viertel der Mitglieder der illegalen KPD in Betrieben.

In der zweiten Hälfte des Jahres 1934 waren in den Reihen der KPD vereinzelt Stimmen zu hören, die für eine Volksfrontpolitik plädierten.[5] Damit wurde eine Umstellung befürwortet, wie sie namentlich aus dem Kreis der ‚Revolutionären Sozialisten' unter Hinweis auf Frankreich vorgeschlagen worden war. Die Mehrheit der KPD-Führung wollte jedoch die alte Isolierungstaktik fortsetzen und war nur bereit, auf lokaler Ebene Ausnahmen zuzulassen. Immerhin wurden, angefangen mit Hessen-Frankfurt im September 1934, in mehreren Bezirken Aufrufe in diesem Sinne formuliert. Erst als die Komintern sich für diesen neuen Kurs entschied, wagte Ulbricht, sich der Minderheit anzuschließen. Eine gemeinsame Sitzung von Komintern und Politbüro der KPD im Januar 1935 in Moskau brachte dann das Ergebnis, daß die Volksfrontpolitik zur offiziellen Politik der Komintern und der ihr angeschlossenen Parteien wurde, wenn auch die Mehrheit der KPD-Führung noch immer auf der alten Taktik bestand. Dennoch konnte sie nicht umhin, in einer Tagung mit Funktionären aus verschiedenen Teilen Deutschlands am 30. Januar 1935 die neuen Richtlinien bekanntzugeben. Etwa zur selben Zeit begannen manche Kommunisten, die Kirchen mit anderen Augen zu betrachten, und zeigten Sympathie für die Bekennende Kirche und für den katholischen Kirchenkampf. Auffallend war, daß Kommunisten die Gottesdienste mißliebiger Geistlicher besuchten und bei der

Verbreitung kirchlicher Schriften mithalfen, die sich gegen den Nationalsozialismus wandten.

Etwa gleichzeitig mit dem Kurswechsel der Komintern wurde auch die Reorganisation der illegalen KPD vorangetrieben. Anstelle einer antifaschistischen Massenbewegung wurden kleine, als Zellen bezeichnete Gruppen gebildet, die von speziell ausgebildeten Instrukteuren geleitet wurden. Der Aufbau dieser Zellen erfolgte zunächst in den örtlichen Abteilungen, später auch in den Betrieben. Dort wurden Arbeitskonflikte für Oppositionszwecke ausgenutzt. Als die Nazis nach drei Jahren dem Ausland demonstrieren wollten, daß ganz Deutschland hinter ihnen stehe, und mit großem Pomp die Olympischen Spiele vorbereiteten, brach bei der Auto-Union in Berlin plötzlich ein Streik aus. Die Werksleitung hatte eine Kürzung der Stundenlöhne bekanntgegeben. Diese Maßnahme, die allgemeine Unzufriedenheit hervorrief, wurde von kommunistischen Obmännern als Motiv benutzt, zu einem Streik aufzurufen. Auf diese Weise wollte man den vielen in der Stadt anwesenden ausländischen Journalisten und Besuchern zeigen, daß nicht alle deutschen Arbeiter mit dem System sympathisierten. Die Polizei schirmte den Betrieb von der Außenwelt ab. Versuche, die Arbeiter zu überzeugen, halfen so wenig wie Drohungen. Als schließlich ein beträchtlicher Auflauf entstanden war, weil die Arbeiter der nächsten Schicht vor den Fabriktoren standen, mußte die Werksleitung nachgeben, um zu verhindern, daß der Streik allgemein bekannt wurde. Um Situationen wie diese künftig zu vermeiden, versuchte man dann, durch die Einstellung von geheimen Gestapoagenten die Arbeiter einzuschüchtern.

Eine weitere Maßnahme der kommunistischen Parteiführung war die Auflösung der illegalen Führungsgremien in Deutschland. Ihre Aufgaben wurden von im Ausland arbeitenden Grenzstellen und Abschnittsleitungen übernommen. Sie sollten jeweils den Kontakt mit einem bestimmten Teil Deutschlands aufrechterhalten. So wurden fortan die Parteiabteilungen und Parteigruppen von Amsterdam, Straßburg, Luxemburg, Kopenhagen und Prag, später auch von Paris und Stockholm aus dirigiert, wobei das Zentralkomitee in Moskau die Koordination übernahm. So schleusten beispielsweise niederländische Kommunisten Propagandamaterial nach Deutschland, unterhielten Kontakt mit mehreren Gruppen im benachbarten deutschen Gebiet und brachten Deutsche, die Spezialaufträge hatten oder zu einem Treffen nach Holland kamen, über die Grenze. In der Nähe der Grenze gab es Kontaktadressen, wo Material deponiert oder Deutsche eine Zeitlang untergebracht werden konnten. Durch eine eigene Organisation wurden sie dann weiter versorgt, bis sie wieder zurückgingen.

Ein Gebiet mit vielen illegalen Grenzübergängen war das bergige und bewaldete Grenzland zur Tschechoslowakei. Hier gab es zahlreiche Möglichkeiten, unbemerkt von Patrouillen über die Grenze zu gelangen. Es war sogar eine eigene Organisation gegründet worden, die dabei Hilfe leistete. In einem unzugänglichen felsigen Gebiet, das von Wachposten gegen unliebsame Überraschungen abgeschirmt war, wurden Flugblätter hergestellt und über die Grenze gebracht. In umgekehrter Richtung wurden Verfolgte in Sicherheit gebracht.[6]

Die Gegend um Aachen war gleichfalls ein Knotenpunkt von Fluchtwegen und Kontakten zum Ausland. In Gestapoberichten wird mehrfach darüber berichtet. Hier wie im Saargebiet wurden viele Flugblätter eingeschleust, und trotz aller Verhaftungen gelang es, die Verbindungen aufrechtzuerhalten. Regelmäßig passierten Kuriere und Funktionäre die grüne Grenze. Etwa 1935/36 rollte jedoch die Gestapo durch Verhaftungen und Unterwanderung mit Spitzeln fast den gesamten Kurierdienst im Westen auf, und damit auch die Gruppen, zu denen die Kuriere gehörten. Nur in kleinen Gruppen gelang es der illegalen KPD zu überleben und auszuharren.

Als 1939 der Krieg ausbrach und ein Nachbarstaat Deutschlands nach dem anderen besetzt wurde, war eine Organisation über Abschnittsleitungen im Ausland unmöglich geworden. Überdies waren die noch existierenden Gruppen in Deutschland ziemlich isoliert und erfuhren kaum etwas von Parteianweisungen. Der Hitler-Stalin-Pakt rief Verwirrung und Proteste hervor und verstärkte die eigene Isolation. Deswegen wurde der Beschluß gefaßt, in Deutschland wieder eine Inlandsleitung aufzubauen. Auch war es notwendig, den Kurs gegenüber der SPD zu erläutern. Deshalb beschloß das Zentralkomitee, Vertreter in verschiedene Gegenden Deutschlands zu entsenden, um dort die nötige Aufklärung zu geben und den Widerstand zu organisieren. Das Ziel dabei war, Kontakte zu knüpfen, um dadurch mit der Zeit Stützpunkte zu bilden und illegale Gruppen zu organisieren. Als Willi Gall aus Kopenhagen nach Berlin kam – es war noch im Mai 1939[7] –, traf er in dem Viertel Adlershof noch eine intakte Gruppe an. Als er zum zweiten Mal dort eintraf, überraschte ihn der Krieg. Er erläuterte den Parteistandpunkt und forderte zu Aktionen in den Betrieben auf. Noch wirksamer als früher hoffte er sich dadurch die wachsende Unzufriedenheit nutzbar machen zu können. Auch eigenes Propagandamaterial wurde hergestellt, später als regelmäßig erscheinende und gedruckte Zeitung, die ‚Berliner Volkszeitung', die in Hunderten von Exemplaren verbreitet wurde. Als Anfang 1940 Gall verhaftet wurde, war ein neuer Verbindungsmann nötig. Die Wahl fiel auf Wilhelm Knöchel.[8]

Knöchel war Bergarbeiter und langjähriges Mitglied der KPD. Nach einer Ausbildung in Moskau hatte er zunächst für die kommunistische Gewerkschaftsinternationale gearbeitet und 1935 in Hamburg ein illegales Netz aufgebaut. Als er im gleichen Jahr in das Parteipräsidium gewählt wurde, erhielt er den Auftrag, in Deutschland eine neue Inlandsleitung aufzubauen. Bei den Vorbereitungen in Amsterdam fand er viel Unterstützung bei Daan Goulooze, der dort im Auftrag der Komintern einen eigenen Apparat aufgebaut hatte. Über eine illegale Sende- und Empfangszentrale stand man mit Moskau in Verbindung und unterhielt durch Kuriere Verbindung zu mehreren westeuropäischen Hauptstädten, vor allem zum Führer jener Organisation, die unter dem Decknamen ‚Clement' in Brüssel arbeitete.

Von Amsterdam aus wurde zunächst ein Kontakt zum Rheinland und von da aus später auch nach Berlin gelegt, wo noch Teile bislang unentdeckter Gruppen operierten. Einige ausgewanderte Deutsche wurden nach Deutschland zurückgeschickt und erhielten aus Amsterdam über weibliche Kuriere regelmäßig die erforderlichen Geldmittel. Anfang 1942 ging auch Knöchel nach Berlin. Über Personal der internationalen Züge und über Rheinschiffer wurde eine Verbindungslinie aufgebaut. Weniger regelmäßig war die Verbindung zwischen Schweden und Berlin. Schwedische Seeleute brachten Berichte, Schriften und Flugblätter aus Stockholm nach Delfzijl in den Niederlanden. Von dort wurden sie nach Deutschland beordert. Die Nachrichten Knöchels an Goulooze wurden weiter nach Moskau gefunkt. Deutsche illegale Zeitungen erreichten über Delfzijl Stockholm und Moskau, so daß sie über den Moskauer Rundfunk zitiert werden konnten.

Von Berlin aus dehnte Knöchel seinen Wirkungskreis immer mehr aus. Unter seiner Leitung wurde im Mai 1942 im Rheingebiet ein illegales Treffen organisiert.

Von Moskau aus wurde direkter Funkkontakt zu Knöchel aufgenommen, da die Verbindung Berlin-Amsterdam ziemlich häufig unterbrochen war. Einer von Gouloozes Amsterdamer Gehilfen wurde im Rahmen des ‚Arbeitseinsatzes' nach Berlin dirigiert. Arbeit, ein Zimmer und falsche Papiere hatte man ihm in Berlin beschafft. Dort traf er mit Teilen eines Sendegeräts ein, der Rest sollte über Rheinschiffer nachfolgen. Der Plan scheiterte jedoch, da Knöchel im Januar 1943 verhaftet wurde. Als er sich nach schweren Folterungen bereit erklärte, für die Gestapo zu arbeiten, geriet damit der ganze Apparat in Gefahr, aufgerollt zu werden. Aber Gouloozes Mann in Berlin schöpfte Verdacht. Unter dem Vorwand, Urlaub zu machen, versuchte er, in die Niederlande zurückzukehren, um die anderen zu warnen; da nahm die Gestapo ihn fest. Ende 1943 hat noch Kontakt zwischen Gruppen in Berlin und einem Vertreter des Zentralkomitees aus Stockholm, Mewes, bestanden.[9]

Es gab aber neben dem Kominternapparat noch andere Verbindungen mit Deutschland. Die sowjetrussische Regierung besaß eigene Nachrichtendienste im Rahmen einer zunächst aus Brüssel, später aus Paris gelenkten Organisation, die ihre Zweigstellen in allen westeuropäischen Ländern hatte und von Trepper, einem Polen jüdischer Abstammung, geleitet wurde.

Später erhielt sie von der Gestapo den Namen ‚Rote Kapelle', unter dem sie bekannter wurde.[10] Die deutsche Abteilung – unter Leitung des Luftwaffenoffiziers Harro Schulze-Boysen und dem Oberregierungsrat in der Außenwirtschaftsabteilung des Reichswirtschaftsministeriums, Arvid Harnack, Neffe des großen Theologen[11] – bestand aus zwei getrennten Organisationen, einer großen, die sich mit dem Widerstand in Deutschland befaßte, und einer kleineren, die den Funkkontakt zum Ausland, unter anderem nach Moskau, hielt. In dieser Widerstandsorganisation hatten die beiden führenden Köpfe viele Personen aus ganz verschiedenen Kreisen zusammengebracht. Ein Gestapobericht, zusammengestellt als Prozeßgrundlage gegen über 100 verhaftete Mitglieder, spricht von mehr als 20 Prozent Berufssoldaten und Beamten, von 21 Prozent Künstlern, Schriftstellern und Journalisten, von 13 Prozent Arbeitern und Mittelständlern und von 29 Prozent Akademikern und Studenten. Sie alle waren überzeugt, daß das illegale Deutschland mit der Sowjetunion zusammenarbeiten müsse. Darüber wurde in kleineren Gruppen diskutiert, und es wurden Flugblätter und Broschüren verbreitet. Mit ihrem Blatt ‚Die innere Front' und ihren Flugblättern versuchten sie, ausländische Zwangsarbeiter zu erreichen.

Offensichtlich bildete sich im Laufe der Jahre innerhalb dieses größeren Kreises eine viel kleinere Gruppe, die den Auftrag bekommen hatte, einen regelmäßigen Funkkontakt mit dem Ausland zu unterhalten. Seit 1941 scheint auf diese Weise Kontakt mit Belgien, den Niederlanden und der Sowjetunion bestanden zu haben. 1942 ortete die deutsche Gegenspionage den Brüsseler Sender, konnte dort Kontaktpersonen verhaften und war inzwischen über aufgefangene Berichte auch hinter Namen und Adressen der Berliner Gruppe gekommen. Darauf erfolgten im August zahlreiche Festnahmen. Man folterte die Häftlinge schwer, um noch andere Namen aus ihnen herauszupressen. Vom Ausmaß dieser Organisation war die Gestapo vollkommen überrascht. Hitler befahl, den Kreis in verschiedene Gruppen aufzuteilen, um unerwünschte Reaktionen in Deutschland zu unterbinden. Dutzende von Angeklagten, darunter 19 Frauen – auch die Frau Harnacks, eine Amerikanerin –, wurden zum

Tod durch den Strang verurteilt. Diese vor allem auf die Sowjetunion orientierte Gruppe kann aber nur teilweise als kommunistisch gelten.

Von den in den Kriegsjahren in Deutschland existierenden kommunistischen Gruppen seien hier noch vier erwähnt: Die Gruppen von Robert Uhrig in Berlin, Theodor Neubauer und Magnus Poser in Thüringen, Georg Schumann und Otto Engert in Leipzig und Anton Saefkow, Franz Jacob und Bernhard Bästlein in Berlin. Die meisten dieser kommunistischen Führer hatten selbst Jahre in Gefängnissen und Konzentrationslagern verbracht, ehe sie sofort nach ihrer Entlassung ihre alte illegale Aktivität wieder aufnahmen. Uhrig[12] hatte 1938 in Berlin damit angefangen und sich vor allem auf die Bildung kommunistischer Gruppen in den Betrieben konzentriert. Seit 1941 arbeitete er mit der Gruppe des ehemaligen Freikorpsführers Römer zusammen. Gemeinsam gaben sie ein eigenes Blatt ‚Informationsdienst' heraus, das bis Anfang 1942 fast regelmäßig in monatlichem Abstand erschien. Die Gruppe, die 1940 etwa 100 und 1942 200 Mitglieder zählte, nahm auch mit anderen Gruppen Kontakt auf, unter anderem mit der Gruppe um Schulze-Boysen und Harnack. Aber auch mit Gruppen in anderen Städten stand man in Verbindung. Anfang 1942 kam die Gestapo der Gruppe Römers auf die Spur. Sie verhaftete Uhrig und weitere Mitglieder, von denen einige erst 1944 hingerichtet wurden. Der Rest schloß sich der Gruppe Anton Saefkows an.

Die Gruppe Neubauer und Poser in Thüringen[13] setzte sich aus Mitgliedern früherer Arbeiterorganisationen zusammen, stand aber auch mit einer Gruppe der Universität Jena in Verbindung. In verschiedenen Betrieben verfügte sie über Kontaktpersonen. Sie unterhielt auch Verbindung zu einer Gruppe im Konzentrationslager Buchenwald, half mit Lebensmittelpaketen, übermittelte Propagandamaterial und schmuggelte sogar Waffen ins Lager. Die Gruppe in Leipzig, mit ihren Führern Schumann und Engert,[14] hatte ebenfalls Kontakte zu Betrieben, stand daneben aber auch mit russischen Kriegsgefangenen und ausländischen Arbeitern in Verbindung. Sie streckte ihre Fühler auch in andere Städte aus; so gab es zum Beispiel Kontakte zur

Gruppe Schulze-Boysen und später zur Gruppe Saefkow in Berlin[15] sowie zu der Thüringer Gruppe. Auf diese Weise war allmählich von der Basis her, durch Verbindungen zwischen den kommunistischen Gruppen in den verschiedenen Gebieten, fast so etwas wie eine neue Inlandsleitung entstanden. Berlin und das Rhein-Ruhr-Gebiet bildeten dabei die wichtigsten Zentren. Später hatte die Gestapo einen Spitzel einschleusen können, und zwar zu einem Zeitpunkt, als die Gruppe gerade mit Sozialdemokraten jener Gruppe in erste Verbindung getreten war, die den Staatsstreich vom 20. Juli vorbereitete. Nach dem Treffen wurden alle Teilnehmer von der Gestapo verhaftet, die auch weiteren Mitgliedern der Gruppe Saefkow auf die Spur gekommen war. Kurz zuvor hatten Jacob und seine Mitarbeiter eine programmatische Schrift mit dem Titel ‚Am Beginn der letzten Phase des Krieges' verfaßt.[16] Zahlreiche Festnahmen folgten. Danach ist es in Berlin nicht mehr zur Bildung großer Gruppen gekommen.

Besondere Erwähnung gebührt dem Schicksal der ‚Kommunistischen Partei Deutschland (Opposition)' (KPO),[17] des früheren rechten Flügels der offiziellen kommunistischen Partei, der eine wichtige Rolle bei der Führung der Partei nach dem Sturz von Paul Levi gespielt hatte, später – 1928 – ausgeschlossen worden war und eine selbständige Organisation gebildet hatte. Hier zeigte sich nämlich, daß eine kleinere Gruppe mit aktiven Mitgliedern noch einiges erreichen konnte. In der ersten Zeit nach der Machtübernahme Hitlers arbeiteten die verschiedenen Abteilungen relativ unbehelligt weiter. Bei ihnen war kaum von Überläufern die Rede, und nur Beauftragte der Parteileitung wanderten nach Frankreich aus, wo sie das sogenannte ‚Auslandskomitee' (AK) bildeten. Über Kuriere stand dieses Komitee mit den Gruppen in Deutschland in Verbindung. Die Führung lag in Händen des ‚Berliner Komitees' (BK). Es setzte sich aus drei Mitgliedern zusammen: einem politischen, einem organisatorischen und einem Gewerkschaftsfunktionär. Im Gegensatz zu den großen Arbeiterorganisationen wurden nur wenige Mitglieder dieser kleineren Organisation entdeckt. Verschiedene Abteilungen besaßen eine Zeitlang noch eigene Blätter. Bei der Arbeit gab es vor allem drei Schwerpunkte: Vermittlung von Informationen über das Regime und dessen Praktiken, Verbesserung der illegalen Methoden und Information über die Diskussionen innerhalb der Arbeiterbewegung in der Emigration. 1933 und Anfang 1934, vor der Röhm-Affäre, war man noch recht optimistisch und erwartungsvoll hinsichtlich der Uneinigkeit im nationalsozialistischen Lager. Leichter als andere Arbeiterorganisationen wußte man sich der veränderten Lage anzupassen. Eine ungeheure Menge an Propagandamaterial wurde von den Mitgliedern dieser Organisation verbreitet, wobei man sehr umsichtig vorging. In Straßburg fanden Zusammenkünfte des ‚Auslandskomitees' mit Vertretern der illegalen Gruppen statt, und das ‚Berliner Komitee' hielt zwei ähnliche Zusammenkünfte im Riesengebirge ab. Sehr aktiv waren die Gruppen in Frankfurt, Hamburg, Leipzig und Stuttgart. In mehreren Betrieben, zum Beispiel in der Berliner Metallindustrie, wurden illegale Gewerkschaftskerne gebildet, aus denen später freie Gewerkschaften entstehen sollten. Bei dieser Arbeit, an der sich auch zahlreiche ehemalige SPD-Mitglieder beteiligten, bestand loser Kontakt zur KPD. Ab 1935 jedoch erfolgten zahlreiche Verhaftungen und Verurteilungen. Bewußt wurde die Zusammensetzung des ‚Berliner Komitees' regelmäßig verändert. Als bei Kriegsausbruch die Frankreichkontakte ausfielen, wurde die Arbeit viel schwieriger. Darauf wurde mehr mit Mitgliedern anderer Arbeiterorganisationen zusammengearbeitet. So spielte beispielsweise der KPO-Funktionär Otto Engert eine wichtige Rolle im kommunistischen Widerstand in Leipzig.

Unzureichend ist bis heute der Einfluß der 1943 in der Sowjetunion gegründeten Organisation ‚Nationalkomitee Freies Deutschland' auf den Widerstand in Deutschland untersucht worden.[18] Wenn die illegalen Gruppen auch manchmal sehr isoliert arbeiteten und von einer regelmäßigen Verbindung mit der NFKD wohl keine Rede sein kann, scheinen doch immerhin verschiedene Gruppen existiert zu haben, die sich nach dem Moskauer Vorbild ‚Freies Deutschland' nannten. So erfolgte zum Beispiel im Januar 1944 in Leipzig die Gründung einer Organisation dieses Namens.[19] Auch in kommunistischen Kreisen bestanden allerdings noch erhebliche Meinungsunterschiede hinsichtlich der Kriegsziele und der Entwicklung nach dem Kriege. Nach der Kapitulation Stalingrads, Anfang Februar 1943, hatte eine kommunistische Widerstandsgruppe in Köln, die großenteils aus Arbeitern bestand,[20] eine Organisation ‚Freies Deutschland' gegründet, um Unterstützung von Regimegegnern außerhalb der Reihen der Arbeiterschaft zu erhalten. Dieser Versuch war in der Tat erfolgreich, denn schon bald zählte die Gruppe über 200 Mitglieder, deren überwiegender Teil nicht der kommunistischen Partei angehörte.

Weiter wurden die Arbeiter in der Rüstungsindustrie zu Sabotage und Störaktionen aufgefordert. Soldaten wurden zur Desertion bewegt, Flugblätter und Schriften verbreitet und Kontakte zu ausländischen Zwangsarbeitern und Kriegsgefangenen geknüpft. Sogar in Haftanstalten und Konzentrationslagern wurden illegale Gruppen gebildet, die eine internationale Zusammensetzung hatten und mit Gruppen außerhalb in Verbindung standen. Die schweren Luftangriffe der Alliierten, die die deutsche Zivilbevölkerung zermürben und zum Bruch mit dem Hitlerregime bewegen sollten, hatten bekanntlich zum Gutteil einen Gegeneffekt. Auch die Arbeit der KPD wurde dadurch eher behindert als gefördert.

Als die Rote Armee die deutsche Ostgrenze überschritten hatte, sprangen über verschiedenen Gebieten Geheimagenten per Fallschirm ab, um hinter der Front den Widerstand zu organisieren. In Mecklenburg übernahm Sobottka[21] diese Aufgabe und spielte eine Rolle bei der Kapitulation von Greifswald. Es gelang ihm, den deutschen Kommandanten über Mittelsleute dazu zu bewegen, sich zu ergeben und die Stadt nicht zu verteidigen. In vielen deutschen Städten und Gegenden wurden während der letzten Kriegstage oder nach dem Einmarsch der Alliierten Antifa-Ausschüsse gebildet. Wenn auch die meisten innerhalb weniger Wochen von den Besatzungsmächten im Osten wie im Westen verboten wurden, waren sie in ihrer Zusammensetzung fast eine späte Einheitsfrontbewegung, die sich nicht auf den linken Flügel und auch nicht auf das kommunistische Lager beschränkte.[22]

5. Der sozialdemokratische Widerstand

Die Sozialdemokraten[1] betrachteten sich als die staatstragende Partei der Weimarer Republik, mit der sie sich von Anfang an identifiziert hatten. Sie bildeten den Kern der paramilitärischen Organisation ‚Reichsbanner'[2] und später der ‚Eisernen Front', dem Gegenstück zu der von der NSDAP und den Hugenbergleuten gegründeten ‚Harzburger Front'. Diese Organisationen veranstalteten Massendemonstrationen gegen die nationalsozialistische Gefahr, übernahmen den Schutz sozialdemokratischer Zusammenkünfte und Gebäude und besaßen einige Gruppen, die von früheren Reichswehr- und Polizeioffizieren eine militärische Ausbildung erhalten hatten. Waffenbesitz allerdings hatte die Parteiführung verboten. Bis zum Staatsstreich von Papens, der im Juli 1932 die demokratische Regierung Braun in Preußen stürzte, war außerdem auf die preußische Polizei Verlaß.

Dennoch waren verschiedenenorts Vorkehrungen für den Ernstfall getroffen worden. In Magdeburg war eine Organisation aufgebaut worden, die den Auftrag hatte, Bahnknotenpunkte zu besetzen, Straßen zu sperren und Telefonleitungen zu kappen, und Magdeburg war dabei durchaus kein Einzelfall. In Berlin standen Studentengruppen und Mitglieder der sozialistischen Arbeiterjugend zum Schutz bereit. Auf Drängen einzelner jüngerer Mitglieder hatte die Partei ein eigenes Funknetz aufgebaut, um beim Ausfall der Fernsprechverbindungen den Kontakt zwischen Partei und Parteiapparat aufrechterhalten zu können. Der Sender stand in einem kleinen Blockhaus auf einer Havelinsel bei Berlin.

All diese Vorbereitungen waren aber kaum koordiniert; die meisten Vorkehrungen wurden nicht von der Parteiführung, sondern von örtlichen Abteilungen getroffen. Zumindest ein Teil der Mitglieder jener Organisationen, die zur ‚Eisernen

Front' gehörten, schien bereit, sich für die Verteidigung von Republik und Demokratie einzusetzen. Enttäuschend war jedoch die Passivität der Parteiführung. Sie trug entscheidend dazu bei, daß von Papen im Juli 1932 in Preußen seinen Staatsstreich ausführen konnte, ohne auch nur einen Schuß abzufeuern. Damals hätte es vermutlich noch eine gute Chance zur Gegenwehr gegeben, und es war für viele eine bittere Erfahrung, daß die Parteiführung dazu nicht bereit war, obwohl Einheiten von ‚Reichsbanner' und ‚Eiserner Front' bereitstanden. Einige Tage zuvor hatte sich bereits auf einer gemeinsamen Vorstandssitzung von Partei und Gewerkschaften herausgestellt, daß letztere durch die Krise so geschwächt waren, daß sie sich zur Organisation eines Massenstreiks außerstande sahen. Besonders die älteren Parteifunktionäre konnten sich einen Widerstand außerhalb des parlamentarischen Rahmens und der Legalität auch kaum vorstellen und vertrauten auf die verfassungsmäßig garantierten Grundrechte.[3]

Wenn auch sogleich nach Bekanntgabe der Machtübernahme Hitlers am 30. Januar 1933 Massendemonstrationen der Arbeiterbewegung stattfanden, zeigte sich die Führung noch unentschlossen. Zwar teilte sie den Funktionären ihrer Abteilungen und Ortsgruppen mit, alles sei vorbereitet und man sei fest entschlossen, das Signal zu einer zentralen Aktion zu geben; dennoch blieb dieses Signal aus. In Erwartung dieses Aufrufs wurden in vielen Gegenden die notwendigen Vorbereitungen getroffen. Auch wurden Waffen gesammelt. Durch Massenaufzüge zeigte man, daß die Arbeiter zum Kampf bereit waren. Am 7. Februar demonstrierten 20000 Sozialdemokraten in Berlin.[4] In Lübeck waren es am 19. Februar 15000. Jetzt aber stand der Staatsapparat den Nazis zur Verfügung, und es wurden bereits die ersten Arbeiterführer und Funktionäre verhaftet. Unter diesen Umständen wagte die SPD-Führung es nicht, den Aufruf zum Widerstand zu geben. Sie bereitete sich auf die angekündigten Wahlen vor und hoffte auf eine kurze Lebensdauer des neuen Regimes.

Als Ende März der Reichstag einberufen wurde, um der neuen Regierung auf dem Gesetzesweg weitere Vollmachten einzuräumen, erschien die sozialdemokratische Fraktion trotz aller Warnungen in dem von SS und SA bewachten Reichstagsgebäude mit 94 Abgeordneten. Damals waren bereits 25 ihrer Mitglieder verhaftet. Sie stimmte als einzige Fraktion gegen das Ermächtigungsgesetz. Die kommunistische Partei war damals bereits verboten. Bei dieser Gelegenheit führte der Fraktionsvorsitzende Otto Wels vor den anwesenden ausländischen Diplomaten aus, der Gesetzentwurf und das Auftreten der Regierung stehe in eklatantem Widerspruch zu allen Auffassungen von Freiheit und Recht, und die Sozialdemokraten legten Wert darauf, dagegen in aller Öffentlichkeit zu protestieren.

Für die Nationalsozialisten lieferte das einen Grund mehr, die Kraft dieser Partei zu brechen. Viele ihrer Führer waren bereits festgenommen oder wurden verhaftet, sofern sie nicht ins Ausland auswandern wollten. Im Mai wurden die sozialdemokratischen Gewerkschaften aufgelöst, die ihre Existenz durch eine organisatorische Trennung von der SPD zu retten gesucht hatten. Diese von den Nazis als Hilflosigkeit gedeutete Maßnahme wurde mit sofortigem Verbot und Auflösung quittiert. Das gleiche Schicksal ereilte im Monat darauf die sozialdemokratische Partei. Ein Teil der Führung ging ins Ausland und versuchte von Prag aus, den Widerstand zu organisieren. Das Gros der Parteimitglieder wollte nun, da von der Führung keinerlei Zeichen zum Widerstand gekommen war, Leben und Existenz nicht aufs Spiel setzen und verhielt sich passiv. Weitere versuchten, sich den neuen Verhältnissen anzupassen.

Nicht alle Parteimitglieder reagierten jedoch auf diese Weise. In einigen Großstädten hatte man im Sommer 1932 angefangen, eine illegale Rumpforganisation auf der Grundlage des Fünfergruppensystems aufzubauen. So wurden im Parteibezirk Leipzig und im Ortsverein Hannover Dutzende solcher Gruppen gebildet. In Hannover hatten im Herbst 1932 etwa 250 Personen eine Art Lehrgang für illegale Arbeit besucht, wo sie auch darin geschult wurden, Verhöre durchzustehen. Seit August 1933 verfügte diese Gruppe, unter Führung von Werner Blumenberg, auch über ein eigenes Organ, die ‚Sozialistischen Blätter'. Dank dieser Vorbereitungen konnte sie sich bis zum Sommer 1936 halten. Als man Kontakt mit anderen Städten herzustellen suchte und der Gestapo mehrmals Exemplare der ‚Blätter' in die Hände fielen, wurde das der Gruppe zum Verhängnis. In einigen Städten wurden von der SPD initiierte Protestdemonstrationen gegen den Boykott jüdischer Geschäfte am 1. April 1933 abgehalten.

Charakteristisch für die sozialdemokratische Illegalität in den ersten Jahren war die Existenz vieler Gruppen und Grüppchen, die fast keinerlei Verbindung untereinander besaßen, mehr oder weniger zusammenhielten, aber schon bald von der Gestapo entdeckt wurden. Man traf sich in Kegel- und Sportklubs, in Gesangs- und Wandervereinen, und Kenner hatten wenig Mühe, den wahren Charakter dieser Art von Zusammenschlüssen zu durchschauen. Diese ersten illegalen Gruppen, die praktisch keine Vorstellung von dem Risiko besaßen, das sie eingingen, rechneten noch mit einem baldigen Ende des Hitlerregimes.

Die ausgewanderten Mitglieder der Parteiführung versuchten zunächst von Prag aus, nach dem Münchner Abkommen 1938 aus Paris und später aus London, mit den Abteilungen und dem Apparat in Verbindung zu bleiben. In den deutschen Nachbarstaaten wurden mit Hilfe der sozialdemokratischen Parteien dieser Länder Grenzsekretariate mit Kontaktadressen in Grenznähe eingerichtet. Ein weitverzweigter Nachrichtendienst wurde organisiert, auf den verschiedensten Wegen wurden Nachrichten aus Deutschland über die allgemeine und besondere örtliche Lage herausgeschleust, die sodann an die Presse der demokratischen Länder weitergegeben wurden. Die Genossen in Deutschland erhielten Gelder, Flugblätter und Vervielfältigungsgeräte. Besonders die Internationale Transportarbeitergewerkschaft in Amsterdam war hierbei sehr aktiv.[5]

Der Düsseldorfer Parteisekretär Ernst Schumacher wurde Grenzsekretär im belgisch-niederländischen Bereich. Sein Büro befand sich in Antwerpen. Er unterhielt Verbindung mit dem Exilvorstand sowie mit der BSP und der SDAP, traf sich im Grenzgebiet mit Parteigenossen aus dem Rheinland und ließ durch seine Kuriere Materialien über die Grenze bringen. Seine Aktivitäten wurden aber von der niederländischen Regierung behindert. Sie ließ sogar verschiedene geflüchtete Deutsche wieder zurück über die Grenze schicken, wo sie von der Gestapo in Empfang genommen wurden.[6] Von einem Grenzsekretariat in Karlsbad aus wurde mit Unterstützung der tschechischen sozialdemokratischen Partei ein illegales Parteinetz im Gebiet um Chemnitz aufgebaut.[7]

Dem sozialdemokratischen Widerstand im weiteren Sinne können auch Gruppen zugerechnet werden, die sich durch ihren Namen und den Inhalt ihrer Flugblätter deutlich von der alten Partei unterscheiden wollten. So bildete sich in Berlin der ‚Rote Stoßtrupp'[8] aus Mitgliedern der sozialdemokratischen Studentenorganisation. Anfang 1933 stießen junge sozialdemokratische Arbeiter zu dieser Gruppe. Führer dieser Gruppe waren Rudolf Küstermeier und Karl Zinn. Ihr Blatt erklärte, sowohl die sozialdemokratische als auch die kommunistische Partei hätten aus politischen und organisatorischen Gründen Fehler begangen. Nun müsse eine neue revolutionäre Arbeiterbewegung gebildet werden, die bereit sei, aus den Fehlern der Vergangenheit zu lernen und Freiheit und Leben für die proletarische Revolution einzusetzen. Man müsse jeglicher reformistischen Politik abschwören und sich ganz neu auf einen dringend notwendigen revolutionären Kurs einstellen. Diese Gruppe, die sich als eine Art Sammelbecken sämtlicher aktiver Elemente verstand, rekrutierte ihre Anhänger aus allen Organisationen der Arbeiterbewegung. Es dauerte aber nicht lange, bis sie entdeckt wurde. Ende 1933 konnte die Gestapo infolge von Verrat oder Unvorsichtigkeit einige Mitglieder bei der Verteilung des Blattes überraschen. Darauf folgten weitere Festnahmen, und die Gruppe wurde zerschlagen.

Eine andere von der alten Parteilinie abweichende Gruppe war ‚Neu Beginnen'.[9] Bereits 1929 hatten sich junge kritische Sozialdemokraten und Kommunisten in einer Gruppe zusammengeschlossen, um für eine Erneuerung der Arbeiterbewegung zu arbeiten. Um bei den Parteien keinen Argwohn zu erwecken, und auch im Hinblick auf die drohende nationalsozialistische Gefahr, geschah alles unter strikter Geheimhaltung. Sowohl aus der KPD wie aus der SPD wurden Gleichgesinnte gesammelt. Bereits 1932 waren die Mitglieder in Fünfergruppen unterteilt und Maßnahmen für den Fall einer nationalsozialistischen Machtergreifung getroffen worden. Führung und Mitglieder konnten auch 1933 nahezu unbehelligt weiterarbeiten. In anderen Städten entstanden ähnliche Gruppen. Sie suchten Verbindung mit der Sozialistischen Arbeiterinternationale und richteten 1933 in Prag ein Büro ein. Karl Frank, der Leiter dieses Büros, sollte die notwendigen Gelder für den Kampf in Deutschland beschaffen und außerhalb Deutschlands über die Verhältnisse im Dritten Reich aufklären.

Als das Programm dieser Gruppe, in Karlsbad gedruckt, unter dem Titel ‚Neu Beginnen' veröffentlicht wurde, fand es innerhalb und außerhalb Deutschlands große Aufmerksamkeit. Die scharfe Analyse der Situation innerhalb der Arbeiterwelt und die Vorschläge zur Bekämpfung des Nationalsozialismus fanden starke Beachtung. Um eingeschleuste Exemplare des Programms bildeten sich Zellen und Zirkel, die sich dieser Gruppe zuzählten. Ziel der Bewegung war es, einen illegalen Kader der Arbeiterbewegung zu bilden, Verbindungen zum Ausland aufrechtzuerhalten und Schulungen in illegaler Arbeit durchzuführen. Das alles sollte als Vorbereitung für jenen Augenblick dienen, an dem das Regime zusammenbrechen würde. ‚Neu Beginnen' war stark dezentralisiert. Die einzelnen Gruppen hatten ihre eigenen Auslandsverbindungen und wußten meistens wenig von der Existenz der übrigen. Als die SPD-Führung Ende 1934 die Zuschüsse strich, weil ihr die Bewegung zu kritisch erschien, schlug ein Teil der Leitung dieser Gruppe vor, ins Ausland zu gehen und dort das Ende des Regimes abzuwarten.

Dagegen erhob sich vor allem bei der Berliner Gruppe heftiger Protest. Ein Teil der Führung wanderte ins Ausland aus, aber die in Deutschland Gebliebenen setzten die Arbeit fort. Aus noch unbekannten Gründen konnte die Gestapo Ende 1935 einige Mitglieder verhaften, die jedoch alles sehr harmlos darstellten und auch nur leichte Strafen erhielten. Die Aktivität wurde dadurch zwar gehemmt, jedoch nicht in dem Ausmaß, daß nun alles zu Ende gewesen wäre. Vergeblich drängte die

Berliner Gruppe über ihren Auslandsvertreter Frank darauf, daß sich die ausgewanderten deutschen Arbeiterführer in einer Einheitsfront zusammenschließen sollten, was als Rückkoppelungseffekt wahrscheinlich einen Zusammenschluß vieler illegaler Gruppen der Arbeiterbewegung bewirkt hätte.

Als die Schwierigkeiten, die sich auf Grund der Festnahmen ergeben hatten, wieder überwunden waren, wurde die Arbeit fortgesetzt. Man suchte Anschluß an die aus SPD- und Gewerkschaftsfunktionären bestehende ,Volksfront'-Gruppe unter Führung von Otto Brass und Hermann Brill. Die Gruppe war Anfang 1935 mit dem Ziel gegründet worden, die Betriebsratswahlen dieses Jahres dahingehend zu beeinflussen, daß ausgesprochene Nazikandidaten keine Chance erhielten. Als im Mai 1936 in Frankreich die Volksfront bei den Wahlen den Sieg davontrug und auch in Spanien eine Volksfrontregierung gebildet wurde, entschloß sich die Gruppe, jetzt auch in der Illegalität in Deutschland auf dieses Ziel hinzuarbeiten. Auf der Suche nach Unterstützung reiste Otto Brass nach Prag, wo er zwar bei der SPD-Führung auf wenig Gegenliebe stieß, aber Verbindung mit Frank, dem Kontaktmann von ,Neu Beginnen', aufnahm, der ihn über die Existenz dieser Gruppe informierte und ihn an die damaligen Leiter Kurt Schmidt und Fritz Erler verwies. So kam es zu einer Zusammenarbeit zwischen beiden Gruppen. 1938 wurde ein gemeinsames Programm unter dem Titel ,Deutsche Freiheit' veröffentlicht, das unter anderem die Notwendigkeit betonte, der ideellen Ablehnung des Regimes eine politische Form zu geben. Ehe beide Gruppen, durch gegenseitige Hilfe gestützt, ihre Aktivitäten fortsetzen konnten, wurde ein wichtiger Teil der Führung im Herbst 1938 verhaftet. Damit zeichnete sich das allmähliche Ende ab. Die letzten Zellen wurden 1944 aufgerollt.

Die meisten Gruppen hatten überhaupt nicht so lange durchgehalten. Den Illusionen der ersten Monate und den organisatorischen Aktivitäten der ersten Jahre war ein Strom von Verhaftungen gefolgt, der die meisten illegalen Tätigkeiten beendet hatte. Die Zeit der Massenarbeit war vorüber. Nur eine abgedichtete Kaderorganisation konnte durchhalten. Insbesondere nach den Ereignissen am 30. Juni 1934 wälzte sich eine Terrorwelle über das Land, um jede Kritik seitens der Gegner des Regimes zu ersticken.

Ab Ende 1934 wurde eine Reihe großer Hochverratsprozesse gegen ehemalige Sozialdemokraten durchgeführt, so z. B. gegen den früheren stellvertretenden Chefredakteur des ‚Vorwärts', Klühs, gegen die illegale Berliner Organisation ‚Roter Stoßtrupp', gegen illegale Neuorganisationen in Westfalen, Südwestdeutschland, Nordbayern und Schlesien[10] sowie Ende 1937 gegen 240 Mitglieder der ‚Sozialistischen Front' aus Hannover.[11]

Daß trotz des Terrors eine gewisse soziale Unzufriedenheit innerhalb der Arbeiterschaft bestehen blieb, zeigten die Betriebsratswahlen 1934 und 1935.[12]

Mit einem großen Teil der Parteiführung in Haft oder im Exil, befand sich die SPD damals in einer Lage zwischen Lethargie und Reaktivierung und sah sich zu Zurückhaltung und Vorsicht gezwungen. Für den sozialdemokratischen Widerstand waren diese Jahre eine Zeit der Stagnation.

Wie war es inzwischen den kleineren selbständigen sozialistischen Organisationen ergangen? Die größte von ihnen war die Sozialistische Arbeiterpartei (SAP),[13] die 1931 als selbständige Organisation aus Mitgliedern des linken Flügels der SPD und ehemaligen Kommunisten entstanden war. Wiederholt hatte sie zu einer Einheitsfront aller Arbeiterorganisationen aufgerufen und es den großen Parteien verübelt, daß sie infolge mangelnder Geschlossenheit den Sieg der Nazis nicht verhindern konnten. Das blieb auch nach dem Januar 1933 die Leitlinie. Daher setzte sich die SAP während dieser Jahre für eine Zusammenarbeit und eine Erneuerung der Arbeiterbewegung ein. Im Auftrag der Partei wanderten einige Funktionäre aus. Unter ihnen der Vorsitzende der Sektion Lübeck, Willy Brandt, der nach Oslo ging. In Paris wurde eine ‚Auslandsleitung' gegründet. Im Sommer 1933 gab sie eine Broschüre mit dem Titel ‚Der Sieg des Faschismus in Deutschland und die Aufgaben der Arbeiterklasse' heraus; darin war eine klare Analyse des Nationalsozialismus enthalten. Als kleine Organisation konnte die SAP auf die besondere Treue ihrer Mitglieder zählen, außerdem ließ sie sich leichter in kleine Gruppen (Zellen) aufteilen. Obgleich viele örtliche Funktionäre bald festgenommen wurden, unterblieben zentral gelenkte Aktionen gegen die Partei. Ihr Ruf nach einer Einheitsfront fand bei ehemaligen Mitgliedern der SPD und KPD großen Widerhall. Die Jugendabteilung war besonders aktiv, setzte aber durch einige gewagte Großaktionen ihre Existenz aufs Spiel. So wurden in der Nacht zum 1. Mai 1933 vor den Großbetrieben Dresdens Flugzettel verstreut oder über Zäune und Fabrikmauern geworfen. Für die Gestapo war es ein leichtes, das Zentrum der Aktion aufzudecken, was schließlich zur Festnahme von annähernd 100 Mitgliedern führte. In Breslau löste die Veröffentlichung einer Erinnerungsausgabe des eigenen Blattes, die anläßlich des Todes des früheren Vorsitzenden in einem Konzentrationslager in 10000 Exemplaren verbreitet wurde, eine Reihe von Verhaftungen aus. In Berlin wurden durch Verrat an einem Tag die Landes-, Partei- und Jugendleitung und später, ebenfalls 1933, die Abteilungsleitung aufgerollt.

Aus solchen negativen Erfahrungen zogen die Abteilungen ihre Konsequenzen. Man verzichtete künftig auf Großaktionen, die Abteilungen wurden in Fünfergruppen, später in Dreiergruppen unterteilt. Nur der Gruppenleiter stand mit einer Person der nach demselben Prinzip organisierten Leitung und mit einer anderen Gruppe in Verbindung. Kuriere vermittelten den Kontakt mit anderen Abteilungen, mit der Leitung in Berlin und, über Gruppen in den deutschen Nachbarländern, mit der ‚Auslandsleitung‘ in Paris. Das Propagandamaterial wurde nicht mehr in Deutschland, sondern im Ausland hergestellt und nach Deutschland eingeschleust. Über diese Kanäle kam auch finanzielle Hilfe für die Gruppen und für die Familien von Verhafteten. Der ‚Auslandsleitung‘ angehörende Funktionäre reisten sogar nach Deutschland, um beim Aufbau der illegalen Arbeit behilflich zu sein, so z. B. Willy Brandt im Herbst 1936. Seit 1938 gestalteten sich die Kontakte mit dem Ausland immer schwieriger, und die organisierte Widerstandsaktivität ließ nach. Nur die Verbindung mit Schweden blieb die ganze Zeit über aufrechterhalten. Schwedische Transportarbeiter, Seeleute und Pfarrer leisteten dabei Hilfe.

Auch der von Leonhard Nelson gegründete ‚Internationale Sozialistische Kampf-Bund' (ISK)[14] hatte in den Jahren vor 1933 energisch auf eine Einheitsfront der Arbeiterbewegung gedrängt. Schon bald nach dem Januar 1933, hie und da auch früher, bereitete man sich auf die Illegalität vor. Auf einem illegalen Treffen, Ostern 1933 in Berlin, wurde die Organisation offiziell aufgelöst, und man beschloß, künftig illegal weiterzuarbeiten. Auch diese Gruppe hatte, wie die SAP, wenig unter Festnahmen zu leiden. Eine strenge Auslese bei der Aufnahme bewirkte eine starke Bindung der einzelnen Mitglieder an diesen Bund. Vor allem Willy Eichler hatte sich um den Aufbau der Organisation sehr verdient gemacht. Ende 1933 mußte Eichler emigrieren und baute in Paris mit anderen ausgewanderten Mitgliedern eine ‚Auslandszentrale' auf. Bei einer Zusammenkunft in der Nähe von Amsterdam, Ende 1933, wurden die Kompetenzen der ‚Auslandszentrale' und der Landesleitung festgelegt. An der Spitze der Landesleitung stand Helmut von Rauschenplat. Vor allem die jüngeren Mitglieder betätigten sich in der illegalen Arbeit. Weiterhin war eine enge Zusammenarbeit mit der Internationalen Transportarbeiterföderation (ITF) in Amsterdam zustandegekommen, die auch andere illegale Gruppen unterstützte. Beide Organisationen waren von der Notwendigkeit einer Erneuerung der Arbeiterbewegung überzeugt. Sowohl die finanzielle Unterstützung als auch die Hilfe des Apparates der ITF erwiesen sich für den ISK als außerordentlich wichtig. Gemeinsam wurde ein von Rauschenplat formuliertes Flugblatt mit allgemeinen Anweisungen für illegale Arbeit herausgegeben und verbreitet. Daneben stellte der ISK auch eigene Flugblätter her. Sie wurden unter dem Namen ‚Reinhart-Briefe' bekannt, weil Eichler sie mit dem Pseudonym ‚Reinhart' unterzeichnete.

Nachdem im Jahre 1935 bereits mehrere Mitglieder inhaftiert worden waren, begann die Gestapo Ende 1937 mit einer umfassenden Aktion. Zunächst wurden die Gruppen im Rheinland aufgerollt, die 1936 mit der Führung der illegalen Bewegung der Eisenbahner unter Hans Jahn Kontakt aufgenommen hatten. Dieser Kontakt war durch Vermittlung Fimmens zustandegekommen. Ende 1936 hatten zwei Vertreter der AL durch Vermittlung der ITF an einer Zusammenkunft von illegalen Eisenbahnergruppen in Arnheim teilgenommen. Man tauschte dabei Erfahrungen über die Methoden der illegalen Arbeit aus und kam überein, daß ein Kurier der Eisenbahner regelmäßig die ‚Reinhart-Briefe' mitnehmen würde. Aber bereits die erste Sendung wurde entdeckt, und über die Eisenbahner kam die Gestapo auf die Spur des ISK. Eine Reihe von Festnahmen waren die Folge. Dadurch wurde der ISK seiner Leitung beraubt; von organisierten Aktivitäten war nun keine Rede mehr. Durch Rheinschiffer wurden noch bis Kriegsausbruch Exemplare der ‚Reinhart-Briefe' nach Deutschland gebracht. Mit Beginn des Krieges im Westen, 1940, verließ Eichler Paris und wählte London als Basis, wo er sich über BBC noch regelmäßig an die Mitglieder des ISK wandte.

Durch das Amsterdamer Sekretariat der Internationalen Transportarbeiterföderation (ITF) unter Edo Fimmen wurden auch Kontakte zwischen ehemaligen Gewerkschaftsfunktionären geknüpft.[15] Unter den damaligen internationalen Organisationen war die ITF eine der wenigen, die illegale Gruppen und Aktivitäten in Deutschland unterstützte. Im September 1933 fuhr der Leiter des ITF-Büros, Jacobus Oldenbroek, nach Deutschland, um zu sehen, was dort von den Gewerkschaften noch übrig war und wie es um die Bereitschaft zu illegaler Arbeit stand. Dabei suchte er Wilhelm Voss und Adolf Kummernuss auf, die in Stettin beziehungsweise Hamburg eine illegale Gruppe gebildet hatten. In der ersten Zeit wagte man es noch, im Gruppenverband zusammenzukommen. Oldenbroek besuchte eine Zusammenkunft der Voss-Gruppe und nahm auch an einem Treffen der Gruppe Kummernuss in Hamburg-Rahlstedt teil. Voss kam regelmäßig zu Gesprächen mit Fimmen nach Amsterdam. Es wurde ein Treffen von Kontaktpersonen der verschiedenen Gruppen geplant, mit denen die ITF in Verbindung stand.

Inzwischen war die ITF auch mit Hans Jahn, dem früheren Vorsitzenden der Gewerkschaft der Eisenbahner, in Kontakt gekommen. Jahn hatte vor 1933 zu denjenigen gehört, die eine aktivere Poltik gegen den Nationalsozialismus und einen Generalstreik im Fall eines nationalsozialistischen Staatsstreichs befürworteten. Dazu hatte er die Vorbereitungen getroffen. Aus dieser Zeit verfügte er noch über eine Reihe von Kontakten. Ostern 1935 kamen über 30 Mitarbeiter der Gruppen von Voss, Kummernuss und Jahn auf verschiedenen Wegen nach Roskilde. An dem Treffen nahmen auch Vertreter der Transportarbeitergewerkschaften aus anderen Ländern teil. Die Teilnahme von Ausländern diente einerseits dazu, diese davon zu überzeugen, daß es auch in Deutschland noch Widerstand gab, andererseits, um den Deutschen zu beweisen, daß sie nicht im Stich gelassen wurden. Auf dieser von Fimmen geleiteten Zusammenkunft wurden Nachrichten über die Situation in Deutschland ausgetauscht, und nach Mitteln und Wegen für illegale Aktivitäten gesucht. Alle wurden zu größter Vorsicht ermahnt und auf eine lange Dauer des Hitlerregimes vorbereitet. Im Lauf des Jahres 1935 spürte die Gestapo aber die Gruppen von Voss und Kummernuss auf und verhaftete mehrere Mitglieder. Damit waren die meisten Aktivitäten beendet.

Nicht nur für die Frage der Entmachtung der Arbeiterbewegung im Gefolge der Weltwirtschaftskrise, sondern auch für die Einschätzung der Möglichkeiten des Widerstandes sind die Kenntnisse der wirtschaftlichen und sozialen Folgen der Krisenperioden des Dritten Reiches[16] von erheblicher Bedeutung. Zu solchen Krisensituationen kam es 1934/35, 1937, 1938/39 und auch während des Krieges. Im Jahre 1936 hatte die Arbeitslosigkeit mit 1,17 Millionen Arbeitslosen ungefähr den Stand der Jahre 1928 und 1929 erreicht. Es wurden daher zunehmende Schwierigkeiten auf dem Arbeitsmarkt und noch mehr Streikversuche erwartet. Anfang 1937 wurden ‚passive Resistenz' und Unruhen bei den Bergarbeitern gemeldet, was von „Funktionären der Marxisten" ausgenutzt wurde. Auch wurde eine Reaktivierung unter den Sozialdemokraten festgestellt. Als in der zweiten Hälfte des Jahres 1938 rüstungswirtschaftliche Probleme auftauchten und die Arbeiten für den Westwall den Wohnungsbau verdrängten, wurde wieder ein Anwachsen oppositioneller Äußerungen und Aktivitäten gemeldet. Dennoch scheint es, daß solche Krisenperioden von der Seite der illegalen Arbeiterbewegung zu Widerstandszwecken kaum planmäßig ausgenutzt wurden. Das gilt auch für die Anfangszeit des Zweiten Weltkrieges.

Der Zweite Weltkrieg verstärkte bei leitenden Persönlichkeiten des sozialdemokratischen Widerstandes die Tendenz, wenig Querverbindungen herzustellen, in kleinen Gruppen zu arbeiten und auf Massenaktivitäten zu verzichten. Führend dabei war Wilhelm Leuschner, der von Berlin aus ein Netz von Mitarbeitern und Vertrauensleuten aufzubauen wußte. Außerdem gelang es kleinen lokalen und regionalen Gruppen, ihre Arbeit trotz ungeheurer Verluste fortzuführen. Dabei wurde mit ehemaligen Mitgliedern von anderen Arbeiterorganisationen zusammengearbeitet sowie mit Zwangsarbeitern und Kriegsgefangenen.[17]

Aus der deutschen Arbeiterbewegung und ihren verschiedenen Organisationen stammten nicht nur die Widerstandskämpfer der ersten Stunde. Aus ihrem Lager kamen überhaupt die meisten Widerständler und Widerstandsgruppen, wie lokale und regionale Studien bestätigen.[18]

6. Die Bekennende Kirche

Noch immer wird die Meinung vertreten, die Kirche als solche habe Widerstand geleistet. Das entspricht nicht den Tatsachen und kann auch von der evangelischen Kirche[1] keineswegs behauptet werden. Als ehemalige Staatskirche hing sie noch stark an nationalen Traditionen. In übergroßer Mehrheit hatten die Kirchenführer den Ereignissen des Januar 1933 zugejubelt. Eine starke Bindung an die Weimarer Republik hatte nie bestanden. Diese war schließlich ein Erbe der bolschewistischen Revolution von 1918, welche das Kaiserreich und den Bund zwischen Thron und Altar zerstört hatte. Weimar war von manchen Evangelischen in Deutschland fast als das Produkt des internationalen Marxismus betrachtet worden, gegen den sich alle wohlmeinenden nationalkonservativen Kräfte zu stemmen hatten.[2] Mit der Machtübernahme der Regierung Hitler erhoffte man den Anbruch eines zweiten evangelischen Reiches, und in einer starken emotionalen Aufwallung, die man auch als ‚Pfarrernationalismus' bezeichnet hat, begrüßten viele erleichtert die ‚nationale Erhebung'. Sie bekannten sich zur Wiedergeburt der Nation. Auch die Pastoren des Ende Dezember 1932 veröffentlichten ‚Altonaer Bekenntnisses' bildeten keine Ausnahme, obwohl die NSDAP die Verbreitung zu verhindern suchte und besonders einen der Verfasser, Hans Asmussen, scharf angriff.[3] Es waren vor allem die Übergriffe der neuen Regierung auf kirchliches Gebiet, die zu dieser Gegenbewegung führten.

Überdies erschwerte die Vielfalt der politischen Vorstellungen und die Organisationsform der Kirche das Aufkommen dieser Bewegung. Es gab erhebliche Meinungsunterschiede hinsichtlich der Einschätzung der Lage und der Rolle der NSDAP und ihrer Anhänger innerhalb der Kirche. Während sich die Mehrheit der Kirchenführer zurückhielt, aber mit der Regierung der ‚nationalen Revolution' zusammenarbeiten wollte, waren große Teile des Kirchenvolks von dem ‚Umbruch' begeistert. Während des Dritten Reiches gab es nicht einen Augenblick, in dem man einig zusammenstand. Auch theologische Differenzen erleichterten es den Nationalsozialisten, ihren Einfluß auf die Kirche zu verstärken. Dazu kam die Tatsache, daß die evangelische Kirche auch institutionell eine Vielfalt darstellte, weil sie ein Bund selbständiger Landeskirchen war, deren Entstehung auf die Zeit vor 1871 zurückging. Die Autorität des Bundes war durch die Unabhängigkeit der Landeskirchen beschränkt, und diese partikulare Struktur hinderte die evangelische Kirche daran, als Einheit aufzutreten.

Anders als in der Arbeiterbewegung regte sich Widerspruch im kirchlichen Bereich nur allmählich. Zunächst schien es sich nur um einen rein binnenkirchlichen und theologischen Gegensatz, um unterschiedliche Richtungen innerhalb der Kirche zu handeln. Im Anfang hatte fast keiner daran gedacht, dem Staat – eben der Obrigkeit – zu widerstehen. Brachte der neue Reichskanzler nicht öffentlich zum Ausdruck, daß das ‚positive Christentum' eine der Grundlagen des neuen Staates sei? Besuchten SA und Parteiorganisationen nicht in geschlossenen Formationen Gottesdienste? Außerdem war von zahlreichen neuen Gemeindemitgliedern die Rede. Die Zeremonie in der Garnisonskirche von Potsdam machte vor allem in evangelischen Kreisen tiefen Eindruck. Langsam erst dämmerte es einer Minderheit, daß es sich hier nicht um einen nur kirchlichen Gegensatz, sondern um einen Kampf zwischen Nazismus und Christentum handelte, der auch auf politischer Ebene ausgetragen werden mußte.

Schon 1932 hatten die ‚Deutschen Christen', wie die Gruppe evangelischer Nationalsozialisten hieß, durch ihren Zusammenschluß von sich reden gemacht. Gegen Ende dieses Jahres nahmen sie bereits mit einer eigenen Liste an den Kirchenwahlen teil. Viel hatte das noch nicht zu bedeuten. Aber das änderte sich nach der Machtübernahme im Januar 1933. Nun forderten sie, die Kirchen sollten sich in das NS-System integrieren, die Landeskirchen sich zu einer Reichskirche zusammenschließen, die nach dem Führerprinzip aufgebaut und frei von Juden sein sollte. Im April 1933 hielten sie eine Konferenz ab, auf der zahlreiche Naziprominenz erschien und der Rundfunk für die Verbreitung ihrer Ideen zur Verfügung stand. Ihr Reichsleiter, Hossenfelder, forderte in allen kirchlichen Gremien die Beteiligung mindestens eines ‚Deutschen Christen'. Ende April 1933 ernannte Hitler den unbekannten ostpreußischen Wehrkreispfarrer Ludwig Müller zu seinem ‚Vertrauensmann und Bevollmächtigten in Angelegenheiten der evangelischen Kirche'. Die Kirchenführer entschlossen sich zu einer Umbildung des Kirchenbundes, um dem neuen Staat einen gleichwertigen Verhandlungspartner entgegensetzen zu können. Bei der Reichsbischofswahl wurde mit knapper Mehrheit Friedrich von Bodelschwingh aus Bethel gewählt. Einer seiner Mitarbeiter war Martin Niemöller, der gleichfalls aus Westfalen stammte. Niemöller[5] hatte bereits einen bewegten Lebenslauf hinter sich. Als Marineoffizier war er im Ersten Weltkrieg ein erfolgreicher U-Boot-Kapitän gewesen. Von der neuen Republik hielt er nicht viel, und nach einem Intermezzo als Bauernknecht begann er, Theologie zu studieren. 1924 wurde er Pfarrer. Niemöller[4] hatte gerade eine neue Gemeinde in Berlin bekommen, als von Bodelschwingh ihn zum Mitarbeiter berief. Ein erbitterter Gegner des Nationalsozialismus war er noch nicht. Dennoch wurde er bald einer der führenden Persönlichkeiten des Kirchenkampfes und später im Ausland zur Symbolfigur der Märtyrer der Bekennenden Kirche.

Die ‚Deutschen Christen', eindeutig von der Reichsregierung begünstigt, forderten Kirchenwahlen, um die Macht in der Kirche zu gewinnen. Ihr Versuch jedoch, in der Kirche den Arierparagraphen einzuführen, rief in diesen Monaten erste Proteste hervor. Zusammen mit Ludwig Steil formulierte Hans Ehrenberg aus Bochum, der jüdischer Herkunft und Philosophieprofessor in Heidelberg gewesen war, ‚72 Leitsätze zur judenchristlichen Frage'.[5] Darin lehnte er eine Isolierung der Judenchristen in der Kirche ab. Aus Bochum wurde Kontakt mit Gesinnungsgenossen in anderen Städten des Reiches aufgenommen, mit den Niederlanden und über die Niederlande mit Großbritannien. In Marburg stellte ein von dem Neutestamentler Hans von Soden verfaßtes Gutachten fest: „Die Glieder der Kirche sind untereinander Brüder. Der Begriff des Bruders schließt jede Rechtsungleichheit ebenso wie überhaupt jede in irdischen Verhältnissen vermeidbare Geschiedenheit aus." In Berlin war der Studentenpfarrer und Dozent Dietrich Bonhoeffer ein Mittelpunkt des Protestes. In seinen Augen waren die Maßnahmen gegen Juden bereits eine ausreichende Legitimation für einen kirchlichen Widerspruch. Das wollten viele in seiner Kirche, Geistliche und Laien, nicht einsehen. Es kostete ihn ungeheure Mühe, schließlich eine Minderheit von der Rechtmäßigkeit dieses Standpunktes zu überzeugen. Bonhoeffer sollte sich zu einem bedeutenden Theologen der Bekennenden Kirche entwickeln. Er gehörte zu den Wenigen, die spürten, daß kirchlicher Widerspruch erst ein Anfangsstadium darstellte und daß es damit nicht sein Bewenden haben durfte. Gespräche, u. a. mit seinen Schwagern Hans von Dohnanyi, der persönlicher Referent mehrerer Reichsjustizminister gewesen war, und Gerhard Leibholz, der sich als Staatsrechtler mit dem Widerstandsrecht befaßt hatte, ließen ihn mehr und mehr die wahren Absichten der Nationalsozialisten durchschauen.[6]

Im August 1933 hatte eine Gruppe von Pfarrern des Kirchenkreises Tecklenburg ein Heft ‚Neue Kirche im neuen Staat', das sogenannte Tecklenburger Bekenntnis, veröffentlicht. Es fällt auf, daß diese Pfarrer beanstandeten, der Staat habe sich bezüglich der Kirche auf die Seite der NSDAP geschlagen. Einer der Pfarrer schrieb an seinen Vater: „Wir wollen uns eben nicht einfach mit Gleichschaltungswahlen abfertigen lassen. Wir wollen den Aufbau der Kirche nicht vom Staat her und nicht unter politischen Gesichtspunkten, sondern nach den der evangelischen Kirche wesensgemäß eignenden Baugesetzen vollzogen haben."[7]

Kehren wir zurück zu den Entwicklungen von 1933. Inzwischen spitzten sich die Auseinandersetzungen mit den ‚Deutschen Christen' auch an den Universitäten zu. Am 19. Juni hielten die ‚Deutschen Christen' unter starker Beteiligung der Studenten eine Versammlung in der Aula der Berliner Universität ab. Als eine Resolution zugunsten der ‚Deutschen Christen' vorgeschlagen wurde, verließen etwa 90 Prozent der Anwesenden den Saal, unter ihnen Mitglieder der NSDAP und Studenten in SA-Uniform.

Einige Tage danach, am 22. Juni, ernannte der Kultusminister den Landgerichtsrat August Jäger plötzlich zum Staatskommissar in Preußen, um dem Kirchenstreit ein Ende zu bereiten. Ein Bruch des Staatsvertrages war der Vorwand. Sämtliche Generalsuperintendenten, unter ihnen Dibelius, wurden abgesetzt; die Kirchenämter wurden von der SA besetzt. Auf Befehl der neuen Staatskommissare mußten überall Dankgottesdienste abgehalten werden. Bodelschwingh protestierte sogleich und legte sein Amt nieder. Die abgesetzten Generalsuperintendenten riefen zu Buß- und Betgottesdiensten auf. Ein SA-Kommando verhaftete als erstes Opfer des Kirchenkampfes Pfarrer Großmann aus Berlin-Steglitz, der sich geweigert hatte, dem Befehl zum Dankgottesdienst nachzukommen. An mehreren Orten widersetzten sich Pfarrer und Gemeinden diesem Kurs. Man wandte sich an Hindenburg, der bei Hitler auf Mäßigung drängte. Die Staatskommissare wurden zurückgezogen und die Generalsuperintendenten und Oberkirchenräte wieder eingesetzt. Scheinbar hatte die Opposition ihr Ziel erreicht.

Jedoch hatte inzwischen der Wunsch nach einer ‚Entparlamentarisierung' des kirchlichen Lebens und die Forderung der ‚Deutschen Christen' nach einer einheitlichen evangelischen Staatskirche den Weg zur Reichskirche freigemacht. Die darauf kurzfristig von Hitler durch den Rundfunk anberaumten Kirchenwahlen brachten den ‚Deutschen Christen' fast überall beträchtliche Mehrheiten in den kirchlichen Gremien. Mehrere Pfarrer, darunter Niemöller und Bonhoeffer, fragten sich, ob man einer solchen Kirche eigentlich noch weiter angehören könne. Ausländische Kirchenführer wie Erzbischof Eidem aus Uppsala und Bischof Bell von Chichester zeigten sich über die Entwicklung der kirchlichen Angelegenheiten in Deutschland besorgt und waren bereit, beim Staat zugunsten der kirchlichen Opposition, also der späteren Bekennenden Kirche, zu intervenieren.

Anfang September versammelte sich in Berlin die altpreußische Generalsynode, wobei die Mehrzahl der Abgeordneten in Uniform erschien. Nach dem Vorbild der brandenburgischen Provinzialsynode wurde ein Beamtengesetz angenommen, das Dienstentlassung oder Pensionierung ‚nichtarischer' Geistlicher und Kirchenbeamten vorsah. Vergeblich protestierte die Opposition, ihre Einwände wurden zurückgewiesen. Unter Führung des Präses der westfälischen Synode, Pfarrer Koch, verließen daraufhin 71 Abgeordnete den Sitzungssaal.

Einige Wochen nach diesen Ereignissen wurde ein Aufruf Niemöllers verbreitet; Niemöller, der Protokollführer der Nationalsynode gewesen war, appellierte darin an die Pfarrer, sich in einem ‚Notbund' zusammenzuschließen, und wies auf die in der Gemeinde herrschende Unruhe und auf die Unfähigkeit der Kirchenführer und Gremien hin, die ‚Deutschen Christen' an der Ausführung ihrer Pläne zu hindern. Grundlage der neuen Organisation sollten die Bibel und die reformatorischen Bekenntnisschriften sein. Ausdrücklich wurde festgestellt, daß es sich nicht mit dem Glaubensbekenntnis vereinbaren ließe, innerhalb der Kirche einen Unterschied zwischen Juden und Nichtjuden zu treffen. Das Echo auf diesen Aufruf war ungeheuer. Im Verlauf einer Woche hatten sich bereits 1300 Pfarrer Niemöller angeschlossen, und gegen Ende des Jahres waren es 6000, mehr als ein Drittel aller Pfarrer. Obwohl sich diese Zahl aus verschiedenen Gründen wieder reduzierte, blieben es bis Kriegsende etwa 5000.

Inzwischen hatte auch das Ausland gegen die Pläne der ‚Deutschen Christen' protestiert, die Kirche ‚judenfrei' zu machen. Deshalb hatte schließlich das Auswärtige Amt interveniert und verlangt, daß dieser Punkt auf der bevorstehenden Synode der neuen Reichskirche in Wittenberg von der Tagesordnung gestrichen werde. Zu seiner Information wollte das Ministerium einen Beobachter auf die Synode schicken. Der ‚Notbund' hatte ein Schreiben an die Synode gerichtet, in dem er gegen die Verfolgung von Pfarrern und gegen die Judenverfolgung protestierte. Nachdem Bischof Müller auf der Synode die eingegangenen Proteste mit keinem Wort erwähnt hatte, wurden Abschriften dieses Schreibens des ‚Notbundes' verbreitet und an den Bäumen angeschlagen. Zur Enttäuschung der Mitglieder des ‚Notbundes' wurde Ludwig Müller dennoch einstimmig – auch von den Bischöfen der sogenannten noch ‚intakten' Landeskirchen Württembergs und Bayerns – zum Reichsbischof gewählt. Faktisch war die Reichssynode von Wittenberg damit dem Kurs der ‚Braunen Synode' von Berlin gefolgt.

Vergeblich hatte Bonhoeffer bei einigen Oppositionellen auf eine Amtsniederlegung gedrängt. Anfang Novemer wurde Niemöller, der ‚Sätze zur Arierfrage in der Kirche' veröffentlicht hatte, abgesetzt, nach Protesten jedoch in seinem Amt bestätigt, wiederum abgesetzt und schließlich in Pension geschickt. Mit überwältigender Mehrheit beschloß seine Gemeinde, ihm treu zu bleiben, und so predigte er weiter und verrichtete auch seine seelsorgerliche Arbeit wie bisher.

Bereits im November gerieten die ‚Deutschen Christen' in eine Krise. Im Berliner Sportpalast hatte am 13. November eine Großkundgebung der ‚Deutschen Christen' stattgefunden. Vor Tausenden Anwesenden hatte der Berliner Gauobmann und Synodale Reinhold Krause das Alte Testament und Teile des Neuen Testaments als Aberglauben und minderwertige Lektüre bezeichnet und an ihrer Stelle den heldischen Jesus gepredigt. Keiner der Anwesenden hatte protestiert. Dagegen erhob sich nach Bekanntwerden ein Sturm des Protests, und es waren nicht nur Mitglieder des ‚Notbundes', die so reagierten, sondern auch eine Reihe von ‚Neutralen'. Reichsbischof Müller als Träger des höchsten Amtes in der Kirche sah sich nun einer recht einmütigen Front gegenüber und mußte um seine Position bangen. Von allen Seiten forderte man seinen Rücktritt. Der damalige Presbyter Gustav Heinemann schrieb in einem Protestbrief an Hitler: „Die ungeheuerlichen Angriffe des Berliner Gauobmannes Dr. Krause auf die Grundlagen des Christentums und der evangelischen Kirche haben eine gewaltige Erregung in den hiesigen Gemeinden hervorgerufen. Diese Erregung steigert sich täglich ..."[7a] Zwar empfing Hitler kurz darauf eine gemeinsame Delegation der Opposition und der ‚Deutschen Christen', aber am gleichen Abend fand bei Niemöller eine Haussuchung statt, in der Hoffnung, ihn irgendeines Unrechts überführen zu können. Nach verschiedenen Versprechungen Müllers stellten sich die Führer aller Landeskirchen schließlich sogar hinter den Reichsbischof, ein merkwürdiges Schauspiel. In einem scharfen Protest namens des ‚Notbundes' verurteilte Niemöller diese Haltung und bezeichnete sie als eine Verleugnung des Evangeliums. Niemöller war in jener Zeit einer der bedeutendsten Führer der kirchlichen Opposition. Bonhoeffer befand sich zu diesem Zeitpunkt als Auslandspfarrer in England, und andere waren noch zu kompromißbereit.

Inzwischen war es in verschiedenen Gegenden zur Bildung einer ‚Freien Synode' gekommen. Die erste freie reformierte Synode war im Januar 1934 in Barmen zusammengetreten. Sie hatte eine von dem Theologen Karl Barth formulierte Erklärung angenommen, die als theologische Grundlage des Kirchenprotestes verstanden und übernommen wurde. In Westfalen hatte sich die Mehrheit der provinzialen Synode unter Führung von Pfarrer Koch geweigert, die Anordnungen der neuen Machthaber auszuführen. Daraufhin hatte die Gestapo die Sitzung beendet. Am Nachmittag kamen die meisten Synodalen, verstärkt durch Vertreter von Gemeinden, welche den ‚Notbund' unterstützten, als westfälische ‚Freie Synode' zusammen. Zwei Tage darauf, an einem Sonntag, wurde in Dortmund an drei Stellen eine Massenversammlung veranstaltet, an der sich nach polizeilichen Schätzungen etwa 30000 Personen beteiligten. In anderen Orten Westfalens fanden ähnliche Versammlungen statt. Die ‚Deutschen Christen' reagierten mit einer Gegenkundgebung, auf der Reichsbischof Müller sprach. Anfang März war in Berlin eine freie brandenburgische Synode zusammengetreten. Kurz darauf trat auch in Pommern eine freie Synode zusammen und wurden in Schlesien wie im Westen Bekenntnisversammlungen abgehalten. Aus den Versprechungen, die Müller den Bischöfen der Landeskirchen gemacht hatte, war nichts geworden. Darauf erklärten die Bischöfe Meiser und Wurm, den Kampf gegen Müller fortführen zu wollen. Vergebens versuchte Hitler, sie davon abzubringen. Ausführlich setzten sie in der kirchlichen Presse ihre Bedenken gegen die laufende Entwicklung auseinander. Ein von Müller abgesetzter Kirchenbeamter wurde gerichtlich rehabilitiert. Als Müller darauf einen Aussöhnungsversuch unternahm, mußte er sowohl von seiten der ‚Deutschen Christen‘ als auch des ‚Notbundes‘ Kritik einstecken, und das Ergebnis seines Versuches war gleich Null. Neben den ‚Freien Synoden‘ entwickelten sich als regionales Pendant zum ‚Pfarrernotbund‘ die ‚Bruderräte‘, welche sich zu einem ‚Reichsbruderrat‘ zusammenschlossen.

Als der ‚Rechtswalter‘ Jäger beauftragt wurde, in die kirchlichen Verhältnisse der württembergischen Landeskirche einzugreifen, bewirkte er damit ein Zusammengehen der Landeskirchen von Württemberg und Bayern mit den ‚Freien Synoden‘. Im April 1934 erklärten die Vertreter der Bekenntnisgruppen auf einer Tagung in Ulm, daß sie sich als rechtmäßige Erben der evangelischen Kirche betrachteten. Ende März 1934 wurde in Barmen die erste ‚Bekenntnissynode‘ abgehalten. Unter den Abgeordneten aus ganz Deutschland waren auch die Laienvertreter Karl Barth und Gustav Heinemann. Einstimmig wurden Verhandlungen mit der Reichskirchenführung abgelehnt und dieser auch das Recht versagt, eigenmächtige Veränderungen einzuführen. Die Synode gab drei Erklärungen ab: Ein Aufruf an die Gemeinden und ihre Mitglieder forderte zur Treue gegenüber der Bibel und den reformatorischen Bekenntnisschriften auf; eine theologische Erklärung wies auf die Offenbarung Gottes in Jesus Christus hin und verwarf andere Offenbarungen, grenzte Kirche und Staat gegeneinander ab und wehrte sich gegen das Streben nach einem totalen Staat, in dem auch die Kirche aufgehen sollte; in einer juristischen Erklärung wurden die Gründe für das Handeln der Synode dargelegt. Dies Treffen in Barmen bildete einen Höhepunkt des Kirchenkampfes.[8] Trotz aller Differenzen hatten sich Personen verschiedener Richtungen im Kampf gegen die staatlichen Übergriffe zusammengefunden. Die bei diesem Treffen formulierte theologische Erklärung erteilte eine klare Antwort auf die von den ‚Deutschen Christen‘ vorgebrachten Fragen und Meinungen. Inwieweit diese Erklärung als Teil eines aktuellen Bekenntnisses gelten kann, wird bis zum heutigen Tag diskutiert. Daß sie diese

Bedeutung in den Jahren des Dritten Reiches hatte, steht jedoch außer Frage.

Wie reagierte die Reichskirche? Gegen einige Synodalen wurden Maßnahmen eingeleitet; außerdem berief die Reichskirchenführung am 9. August 1934 eine Nationalsynode ein, wobei eigenmächtig 27 Synodale ersetzt wurden. Nachdem auf diese Weise die Opposition mundtot gemacht worden war, wurden auf der Synode eine Reihe von Kirchengesetzen verabschiedet, wogegen die wenigen anwesenden Oppositionellen vergeblich protestierten. Jetzt fehlte zur Gleichschaltung aller Landeskirchen nur noch die Eingliederung der ‚intakten' Landeskirchen von Württemberg und Bayern. Zunächst wurden die Berliner Beschlüsse als auch auf die Landeskirchen anwendbar erklärt, wogegen die Landesbischöfe Protest einlegten. Unerwartet erschien daraufhin der ‚Rechtswalter' der Reichskirche, Jäger, in Stuttgart. Bischof Wurm habe Kirchengelder veruntreut. Noch am gleichen Tag wurde Wurm vom Reichsbischof entlassen. Andere Entlassungen folgten; der Reichsbischof setzte einen staatlichen Kommissar ein, der vorläufig die Amtsgeschäfte führen sollte. Die Mehrzahl der Pfarrer und Gemeinden weigerte sich jedoch, seinen Anweisungen zu folgen. Es kam zu Kundgebungen und Petitionen. Darauf wurde der Bischof unter Hausarrest gestellt. Durch ein eigenes Reichsgesetz wurden institutionelle Veränderungen möglich. Eine nur aus ‚Deutschen Christen' bestehende ‚Landessynode' verfügte Wurms Pensionierung. Der Reichsbischof und prominente ‚Deutsche Christen' sprachen auf verschiedenen Versammlungen, an denen die örtlichen Naziorganisationen geschlossen teilnehmen mußten. Trotz allen Drucks und Zwangs blieb der Widerspruch jedoch stark. Es kam zu wiederholten Kundgebungen vor der Wohnung Wurms. Gleichzeitig war in Bayern eine parallele Aktion gegen den 1933 gewählten Meiser angelaufen. Hier wurde der Angriff von Gauleiter Julius Streicher eröffnet, der einen bestellten Leserbrief an eine Nürnberger Zeitung hatte schicken lassen. Dadurch war man zwar besser auf das Kommende vorbereitet, da ein Angriff aus dieser Richtung eine fast geschlossene Gegenfront erzeugte, aufs ganze gesehen aber entwickelten sich die Dinge in Bayern auf dieselbe Weise. Auch hier hielten die meisten Pfarrer ihrem Landesbischof die Treue und weigerten sich, den Kommissar anzuerkennen. Überall, wo Meiser sich blicken ließ oder predigte, strömten die Menschen zusammen und kam es zu Kundgebungen. Daraufhin wurde er ebenfalls unter Hausarrest gestellt. Da die bayerischen Autoritäten vorher nicht von Berlin informiert worden waren, eröffneten sich hier der Opposition mehr Möglichkeiten. Delegationen aus den evangelischen Teilen Bayerns fuhren nach München, um zu protestieren und zu demonstrieren. Am 21. Oktober lief in München sogar ein Sonderzug aus Nürnberg ein, voll mit singenden und protestierenden Evangelischen. Auch nach Berlin wurden Delegationen entsandt. Wer würde gewinnen? Unerwartet kam aus Berlin die Mitteilung, daß Jäger seine Funktion niedergelegt habe, und Wurm und Meiser zu einer Unterredung mit Hitler eingeladen wurden.

Ungefähr gleichzeitig war in Berlin-Dahlem die zweite Bekenntnissynode zusammengetreten. Diese Synode proklamierte das kirchliche Notrecht und brach radikal mit der Reichskirche und dem Reichsbischof. Alle Pfarrer und Gemeindeglieder wurden aufgerufen, den Anweisungen der Reichskirchenführung keinen Gehorsam mehr zu leisten. Der ‚Reichsbruderrat' sandte einen Brief an die Gemeinden in Württemberg und Bayern, in welchem er diese zum Durchhalten und zur Unterstützung ihrer Bischöfe aufforderte.

Im Verlauf des Gesprächs mit den freigelassenen Bischöfen Wurm und Meiser hatte Hitler durchblicken lassen, daß ihn nichts an Reichsbischof Müller binde. Daraufhin hatten die Führer der Landeskirchen, soweit sie der kirchlichen Opposition angehörten, in einem Schreiben an Innenminister Frick die Entlassung Müllers gefordert. Müller selbst wollte indessen von Rücktritt nichts hören und wurde zunächst noch von seinen Oberen gedeckt. Nur war er, beeindruckt von dem juristischen Schutz, den verschiedene seiner Gegner vor Gericht erhalten hatten, bemüht, sich etwas zurückzuhalten: Bestimmte Maßnahmen wurden widerrufen. In Bayern, Württemberg und Hannover wurden die Landesbischöfe wieder in ihren Ämtern bestätigt. Dennoch bedurfte es in Württemberg noch zweier Gerichtsurteile, ehe die vom Reichsbischof eingesetzten Kommissare ihre Plätze räumten. In den Kreisen der Bekennenden Kirche bedauerte man vielfach, daß die Landesbischöfe ihre Funktionen wieder übernahmen, anstatt ihre Landeskirche zur ‚Freien Kirche' zu proklamieren.

Inzwischen war das Präsidium der nationalen Bekenntnissynode auf dem Wege zur Schaffung eines Notkirchenregiments fortgefahren. In einem Aufruf forderte es die Gemeinden auf, mit der Reichskirche zu brechen und der Bekenntnissynode zu folgen. Der ‚Reichsbruderrat' und die Landesbischöfe von Württemberg, Bayern und Hannover bildeten im November 1934 eine fünfköpfige ‚Vorläufige Kirchenleitung', die Landesbischof Marahrens zum Vorsitzenden hatte und sich bemühte, von staatlicher Seite als Kirchenleitung anerkannt zu werden. Reichsbischof Müller stellte sich sofort dagegen. Ein Gerichtsurteil gab der ‚Vorläufigen Kirchenleitung' aber die nötige juristische Grundlage. Laut Anordnung des Innenministers durfte die kirchliche Presse allerdings nur solche Mitteilungen oder Aufsätze zu kirchlichen Fragen veröffentlichen, die von der Leitung der Reichskirche abgesegnet waren. Dadurch sah sich die Bekennende Kirche schon bald gezwungen, ihre Beschlüsse, Predigten und andere Schriften illegal zu verbreiten. Seitens des Staates wurde zwar offiziell verlautbart, daß man sich nicht in den Kirchenstreit einmischen wolle, in der Praxis aber wurde die Lage der Bekennenden Kirche von Tag zu Tag schwieriger. In mehreren Schreiben erhob die ‚Vorläufige Kirchenleitung' Einspruch gegen staatliche Übergriffe auf den kirchlichen Bereich. Obwohl der Staat die ‚Vorläufige Kirchenleitung' nicht anerkennen wollte, wurde mehrfach mit staatlichen Stellen verhandelt. Eine Mehrheit verhielt sich noch immer kompromißbereit, aber Hitler war daran nicht sehr interessiert. Andererseits gelang es auch Müller nicht, seine Position zu verstärken.

Dennoch waren auch innerhalb der kirchlichen Opposition die Unterschiede groß geblieben. Die ‚Freien Synoden', die sich in einer wesentlich schwierigeren Lage als die intakten Landeskirchen befanden, durchschauten die nationalsozialistischen

Maßnahmen früher und klarer. Sie zählten nicht mehr darauf, mit diesem Staat je zu einem Ausgleich zu gelangen – ein Ziel, das den Landeskirchen noch vorschwebte. Letztere betrachteten den Streit nur unter rein institutionellem Aspekt, während sich in den ‚Freien Synoden' bereits eine Tendenz zum kirchlichen Widerstand wahrnehmen ließ. Dieser Unterschied erschwerte die Zusammenarbeit. So traten Niemöller und einige weitere Mitglieder im November 1934 aus dem ‚Reichsbruderrat' aus, weil sie fürchteten, die ‚Vorläufige Kirchenleitung' steuere Kompromisse an und wolle den Weg von Barmen und Dahlem verlassen. In einem Brief an den ‚Reichsbruderrat' wies Niemöller darauf hin, daß trotz einiger Besserungen der kirchlichen Lage immer noch zahlreiche Pfarrer suspendiert, versetzt oder entlassen seien, daß dem Bruderrat angehörende Pfarrer mit hohen Geldstrafen belegt und daß bestimmten Gemeinden Subventionen vorenthalten würden.

Durch den Austritt Niemöllers und dreier weiterer Mitglieder drohte ein Bruch zwischen dem ‚Reichsbruderrat', der sich mit Niemöller verbunden fühlte, und der ‚Vorläufigen Kirchenleitung'. Um die Einigkeit wiederherzustellen, fand eine eingehende Aussprache statt, auf Grund deren beide Gremien einander wieder näher kamen. Nachdem sich also das Verhältnis zwischen der ‚Vorläufigen Kirchenleitung' und der nationalen Bekenntnissynode gebessert hatte, erkannten die Bruderräte die ‚Vorläufige Kirchenleitung' an, und Niemöller und die anderen kehrten wieder in den ‚Reichsbruderrat' zurück. Gleichzeitig stand ein neuer Konflikt mit dem Staat bevor, als der Innenminister es untersagte, den Inhalt einer von der ‚Freien Synode' Preußens verfaßten Kanzelabkündigung zu verbreiten. Von jedem Pfarrer wurde die Zusage verlangt, daß er sich an diese Anordnung halten werde. Im Falle der Weigerung drohten Hausarrest oder Verhaftung. Besonders der Passus über das Verhältnis der Kirche zu Volk und Staat erregte das Mißfallen der Nazis. In ihr wurde die Auffassung, daß die Obrigkeit ihre Macht nicht von Gott erhalten habe, sondern daß Blut, Rasse und Volkstum die entscheidenden Grundlagen seien, verworfen und gegen die totalitären Ansprüche des Staates Protest erhoben: Gerade weil Gottes Wort nicht nur Grundlage jeglicher Autorität sei, sondern auch deren Grenzen bestimme, sei es unrecht, die Menschen in ihrem Gewissen zu binden, wie das die heutige Obrigkeit verlange. 500 Pfarrer, die die Abkündigung von der Kanzel verlesen hatten, wurden verhaftet. Als zahlreiche Einsprüche beim Ministerium eingingen, wurden die meisten Pfarrer wieder auf freien Fuß gesetzt. Bei einer Unterredung im Ministerium konnte man durchsetzen, daß der Text doch verlesen werden durfte, wenn auch mit dem Zusatz, daß darin nicht die staatliche Kirchenpolitik angegriffen würde. Dennoch blieben die staatlichen Stellen mißtrauisch, und im Sommer 1935 griff die Polizei häufig ein. 27 Pfarrer wurden in Konzentrationslager eingeliefert.

Auch die Führung der evangelischen Jugendverbände war Angriffen auf ihre Selbständigkeit ausgesetzt. Erziehung galt als Staatsangelegenheit, und soweit die Jugendverbände noch existieren durften, hatten sie sich auf kirchliche Aufgaben zu beschränken. Von kirchlicher Seite wurde diese Auffassung zurückgewiesen. Darauf traten zahlreiche Nazifunktionäre und HJ-Führer aus der Kirche aus.

Immer klarer zeichnete sich ab, daß das Regime die evangelische Kirche zu einem Instrument des Staates machen wollte; immer häufiger wurde die Selbständigkeit der Kirche angegriffen. So wurden zum Beispiel 1935 auf dem Gesetzesweg die lokalen und regionalen kirchlichen Instanzen unter staatliche Kontrolle gebracht, wurde der Bekennenden Kirche verwehrt, an die Gerichte zu appellieren, und wurde ein Reichskirchenministerium geschaffen, wodurch eine selbständige und legale Organisation der Bekennenden Kirche unmöglich wurde. Andererseits war von der Bekennenden Kirche das ‚Wächteramt' der Kirche neu entdeckt worden und fing ein kirchlicher Widerstand an, sich unter Besinnung auf elementare Werte wie das Menschsein des Menschen sowie Recht und Gerechtigkeit auszuweiten. Ende Mai 1936 wurde von der sogenannten ‚2. Vorläufigen Kirchenleitung' der Bekennenden Kirche in der

Reichskanzlei eine Denkschrift übergeben, in der zum ersten Mal Ideologie und Praxis des Dritten Reiches angeprangert wurden.[9]

Als das neue Reichskirchenministerium mit Kerrl an der Spitze den staatlicherseits berufenen Reichskirchenausschuß präsentierte, kam es zu einem Bruch innerhalb der kirchlichen Opposition. Von den ‚intakten' Landeskirchen nahmen die von Hannover und Bayern eine positive Haltung ein. Zurückhaltender war die württembergische Landeskirche, die in der eigenen ‚Kirchlich-Theologischen Sozietät' einen unbequemen Mahner hatte. Dennoch hielt Wurm persönlich die Neuregelung für tragbar. Unter Führung Niemöllers lehnte die Mehrheit der preußischen Bruderräte jegliche Mitarbeit ab. Man wollte keine neue Staatskirche. Eine Minderheit der Bruderräte dachte anders darüber und stellte sich zur Verfügung, um die Landeskirchenausschüsse mit eigenen Leuten besetzen zu können und damit den Einfluß der ‚Deutschen Christen' zurückzudrängen; diese Ansicht vertraten zum Beispiel die Bruderräte in Hessen und Sachsen. Bei all diesen Meinungsverschiedenheiten spielten theologische Unterschiede mit, etwa die zwischen Lutheranern und Reformierten. Das mußte im selben Jahr auch Karl Barth erfahren.

Entgegen sämtlichen Versuchen seit 1933, Hitlers Erscheinen als eine besondere Offenbarung Gottes in der Geschichte zu verstehen, hatte Barth[10] alle auf den Boden der christlichen Ordnung zurückgerufen. Wenn Gott sich nur in Jesus Christus offenbart, setzt er die Normen jeglichen Handelns. Nicht Hitler, sondern die Bibel bestimmt, was positives Christentum ist. Vor allem Karl Barth ist es zu verdanken, daß sich die ‚Deutschen Christen' in der evangelischen Kirche schon bald mit der Bekennenden Kirche auseinandersetzen mußten. Die Barmer Thesen wären ohne ihn nie zustandegekommen. Durch sein beseelendes Wort inspirierte er zahlreiche Gremien und Zusammenkünfte. Seine Weigerung, den Eid auf den Führer abzulegen, kostete ihn seinen Lehrstuhl.[11] Hatte die Bekennende Kirche den Mut, Barth zum Professor an einer eigenen Hochschule zu berufen? Barth war in seinem Denken vielen zu weit voraus.

Jene, die noch im Zeitalter der institutionellen und theologischen Partikularismen lebten, fanden eine offene Parteinahme für Barth, der in eine solche politische Frage verstrickt war, viel zu riskant. So wurde Barth faktisch gezwungen, als unerwünschter Ausländer – Barth war Schweizer – das Land zu verlassen. Aus Basel unterstützte er aber weiterhin die Bekennende Kirche und bekämpfte den Nationalsozialismus, dessen weitere Entwicklung ihn den teuflischen Charakter dieser Bewegung immer klarer durchschauen ließ. Aus einer Ablehnung des Nationalsozialismus unter rein theologischem Aspekt war er zu einer Ablehnung auf politischer Ebene gelangt. In den Tagen des Münchner Abkommens und des Verrats an der Tschechoslowakei, im September 1938, schrieb Barth seinen berühmten Brief an Hromadtka in Prag, in welchem er jede militärische Tat zum Schutz der tschechischen Grenze zugleich als eine Tat des Schutzes der Kirche Jesu Christi bezeichnete. Auch während des Zweiten Weltkriegs rief Barth die Christen aller Länder zu Wachsamkeit und Widerstand auf. Über das Ausland konnte er während der dreißiger Jahre Kontakt zu führenden Theologen der Bekennenden Kirche aufrechterhalten.

Der am 18. März 1936 begründete Rat der Evangelisch-Lutherischen Kirche Deutschlands, in den die Einigungstendenzen des deutschen Luthertums einmündeten, schien zu Kompromissen mit dem Reichskirchenministerium bereit. Barmen und Dahlem gerieten mehr und mehr in Vergessenheit. Sogar mehrere führende Persönlichkeiten der ‚Freien Synoden' sagten ihre Mitarbeit an der ‚Befriedungsaufgabe' des Reichskirchenausschusses Zoellners zu. Als dieser sich mit der Zeit gegen die radikalen ‚Deutschen Christen' wandte und sich vom Reichskirchenministerium mehrfach distanzierte, bekam er Schwierigkeiten mit der Gestapo und wurde gezwungen, seine Entlassung zu beantragen. Kurz darauf erfolgte zur allgemeinen Überraschung die Ankündigung von Kirchenwahlen, die das Zustandekommen einer gewählten Nationalsynode ermöglichen sollten. Mit unterschiedlichen Erwartungen begannen die kirchlichen Gruppen ihre Vorbereitungen. Viele waren noch hoffnungsvoll hinsichtlich der Chancen eines Kompromisses, der die Einheit der Kirche wahren sollte. Im April 1937 wurde von mehreren Seiten damit gerechnet, daß die Kirchenwahlen noch im selben Jahr stattfinden würden.

Scharfe Auseinandersetzungen riefen aber dann das Auftreten des neuen Staatssekretärs im Reichskirchenministerium, Hermann Muhs, hervor. Zeitweilig aus der Kirche ausgetreten, befürwortete der ehemalige Regierungspräsident die kirchlichen Pläne Kerrls. Wegen ihrer Ablehnung der Kirchenwahlen wurde eine Zahl von Personen aus der Leitung der Bekennenden Kirche, darunter auch Niemöller, verhaftet. Da Niemöller eine bekannte Persönlichkeit war, wurde in einer Kanzelabkündigung betont, daß seine Verhaftung die ganze evangelische Christenheit in Deutschland treffe. Freunde Niemöllers alarmierten über Karl Barth Bischoff Bell in London, einen der Führer der ökumenischen Bewegung. Von Bells Hand erschien bereits zwei Tage nach der Verhaftung ein unmißverständlicher Artikel in der ‚Times'. Außerdem schickte er einen seiner Mitarbeiter, um in Berlin offiziell zu protestieren. Ende Juli erhielt Niemöller die Anklageschrift. Zum Prozeß kam es erst im Juni 1938. Im August 1937 fand vor der Kirche Niemöllers eine öffentliche Demonstration statt. Die Gemeindemitglieder und viele andere waren zu einem Gebetsgottesdienst zusammengeströmt, hatten die Kirche aber von einer Polizeipostenkette umstellt angetroffen. Darauf formierte sich ein Zug, und singend und protestierend zogen die Teilnehmer durch die Straßen. Heinemann notierte: „Kampf gegen DC war falsche Front. DC sind nur Attrappe des Staates. Deswegen nicht dogmatischer Ansatz, sondern politischer".[12] Sowohl in Berlin wie auch andernorts war es zu Festnahmen gekommen. Während die Fürbittliste der Bekennenden Kirche 1937 erst ein Dutzend Namen aufwies, waren es 1938 über 800. Auf Befehl Himmlers wurden alle Seminare der Bekennenden Kirche geschlossen, auch das Seminar in Finkenwalde, dessen Direktor Bonhoeffer war.

Am 7. Februar 1938 begann der Prozeß gegen Niemöller. Die Verhandlungen waren nicht öffentlich, und die Presse blieb ausgeschlossen. Lediglich den Richtern war es zu verdanken, daß

Vertreter der Bekennenden Kirche unter Protest des Staatsanwalts als Prozeßbeobachter teilnehmen durften. Belastungsmaterial gab es kaum, und die Erklärungen der zahlreichen Entlastungszeugen sowie das Auftreten Niemöllers selbst machten großen Eindruck. Das Urteil wurde in öffentlicher Sitzung verkündet: 7 Monate Festungshaft und eine Geldstrafe. Da die Zeit bereits durch die Untersuchungshaft verbüßt war, sollte Niemöller auf freien Fuß gesetzt werden. Während er zu Hause erwartet wurde, war jedoch beim Gerichtsgebäude die Gestapo erschienen, und er wurde noch am selben Abend in das Konzentrationslager Sachsenhausen überführt, wo er den Status eines persönlichen Gefangenen des Führers erhielt. Inner- und außerhalb Deutschlands nahm man lebhaften Anteil an seinem Schicksal.

Zur selben Zeit führte eine neue, von oben inspirierte Maßnahme zu neuer Uneinigkeit in den Reihen der kirchlichen Opposition. Im März 1938 erfolgte der Anschluß Österreichs an Deutschland. Im ganzen Land herrschte Jubelstimmung. Auch in evangelischen Kreisen hielt man sich mit Dankestelegrammen für diese ‚Befreiungstat' nicht zurück, wenn es auch hin und wieder an Bedenken nicht ganz fehlte. Zoellners Nachfolger, Friedrich Werner, wollte diese allgemeine Begeisterung nützen, um Hitler an dessen Geburtstag zu melden, daß alle Pfarrer den Treueeid gegenüber dem Dritten Reich und seinem Führer Adolf Hitler geleistet hätten. Obwohl Barth zu einem klaren Nein aufgerufen hatte, legten die meisten Pfarrer, die der Bekennenden Kirche nicht ohne Vorbehalt, den Eid ab. Ein häufiges Argument in der monatelangen Diskussion war die Entschuldigung, man dürfe sich nicht selbst alle Chancen nehmen, gegen ein neues Eingreifen des Staates protestieren zu können. Viele versuchten sich und andere dadurch zu überzeugen, daß sie eine künstliche Unterscheidung trafen zwischen jener Obrigkeit, der man zu gehorchen hatte, und der nationalsozialistischen Ideologie, die man ablehnte: Man wollte ein guter Deutscher bleiben, loyal gegenüber dem Staat.

Nach der Treueeidkontroverse führte die drohende Kriegsgefahr einen neuen Konflikt herbei. Als Hitlers militärischer Kurs immer offenkundiger wurde und seine Truppen durch Berlin paradierten, rief die ‚Vorläufige Leitung' zu einem Gebetsgottesdienst für die Wahrung des Friedens auf. Die Pfarrer Martin Albertz und Hans Böhm hatten die Liturgie zusammengestellt. Das Vorhaben, nicht ganz im Gegensatz zur kirchlichen Traditionslinie, wurde als eine Provokation empfunden. Gerade in jenen Tagen wurde der Inhalt des Briefes von Barth an Hromadtka bekannt. Das Maß war nun voll. Die ohnehin zerstrittene Bekenntnisfront kam in einen tiefen Zwiespalt, und unter dem Vorwurf des Landesverrats distanzierte sich die ‚Vorläufige Leitung' von dem Brief Barths. Dieser lasse sich mit der Politik ein, und damit wollte man nichts zu tun haben. Dazu kam noch im November 1938 die ‚Reichskristallnacht', auf die nur einzelne Pfarrer eine Antwort fanden. In Berlin wurde im Dezember auf einem Kirchentag ein bekennendes Wort zum Thema ‚Kirche und Israel' verabschiedet.[13]

Wie gefährdet die Lage der Kirche war, ließ sich aus einer am 4. April 1939 veröffentlichten Erklärung ablesen, in der das Streben der Nationalsozialisten als eine Fortführung von Luthers Arbeit bezeichnet und ein nicht zu überbrückender Gegensatz zwischen Christentum und Judentum konstruiert wurde. Gleichzeitig wurde jegliche Form überstaatlicher und internationaler Zusammenarbeit auf kirchlichem Gebiet als politische Entartung des Christentums gewertet, die im Widerspruch zur Schöpfungsordnung stehe. Das war also der Kurs der Reichskirche. Nun war der Schrecken groß, und von allen Seiten kamen Protestschreiben. Auch als Kerrl deutlich machte, daß er Gegenvorschläge zurückweise, und sich hinter die Erklärung stellte, hielten die meisten Landeskirchenführer unter Leitung der Bischöfe an ihren Einwänden fest und weigerten sich, die Erklärung zu unterzeichnen. Sie erklärten jedoch, daß sie unterzeichnet hätten, wenn ihre Zusatzanträge berücksichtigt worden wären. Hier hatte der Staat einen Kompromiß verhindert, zu dem bestimmte kirchliche Gruppen, auch aus der Opposition, bereit gewesen wären. Gleichzeitig mit der Veröffentlichung der sogenannten Godesberger Erklärung hatte der Chef der Kanzlei der Reichskirche, Werner, bestimmte Maßnahmen gegen die Bekennende Kirche eingeleitet. So erhielten Gemeinden, die für die Bekennende Kirche sammelten, keine Zulagen mehr für die Pfarrerausbildung, und Niemöller wurde emeritiert. Dagegen protestierte die altpreußische Bekenntnissynode, aber es war die Stimme einer kleinen Minderheit.

Mitte 1939 distanzierten sich schließlich die Bischöfe Wurm und Meiser von dem Kompromißkurs des Landesbischofs von Hannover, Marahrens.

Bei Kriegsbeginn gaben Reichskirche und kirchliche Gruppen, auch aus der Bekennenden Kirche, gegenseitig Burgfriedenserklärungen ab, und der Reichsinnenminister wies darauf hin, daß auf Wunsch Hitlers weitere Streitigkeiten zu unterbleiben hätten. In diesen Rahmen paßten die freundlichen Antworten auf Glückwunschtelegramme der Kirchenführer. Aber hinter diesem scheinbaren Waffenstillstand verbarg sich eine ganz andere Situation, in der die Gestapo auf Grund der Sondervollmachten während der Kriegszeit den Kampf im Verborgenen fortsetzte. Gegen Pfarrer, die in der Bekennenden Kirche eine leitende Stellung innehatten, wurden Maßnahmen eingeleitet. Mehrere von ihnen wurden verhaftet. Andere konnten sich dadurch retten, daß sie Militärpfarrer wurden.

Eine gewisse Unruhe entstand, als bekannt wurde, was in Polen geschehen war und was die Nazis mit dem Warthegau vorhatten.[14] Letzteres würde nach dem ‚Endsieg' auch in Deutschland seine Auswirkungen haben. Dazu kamen die Ermordung Invalider und Geisteskranker und der Massenmord an den Juden. Wer dazu ein Wort des Protestes äußerte, konnte der Verhaftung gewiß sein. Dennoch versiegten die Stimmen des Protestes nicht völlig. Während der Kriegsjahre förderte die Konferenz der Landesbruderräte soweit möglich den Zusammenhalt der Bekenntnisgruppen, protestierte gegen Disziplinarverfahren, half Familien von Inhaftierten und verbreitete Botschaften und Informationen. Auch hielt sie Verbindung mit Landesbischof Wurm, der sich bemühte, sämtliche Bekenntnisgruppen zu sammeln.[15]

Daneben gab es einzelne Pfarrer, die in Predigten versuchten, ihre Gemeinden zu leiten, aufzuklären und zu warnen. Einer davon war Helmut Gollwitzer, der im Dezember 1939 folgendes ausführte: „Gottes Wort sagt uns als Gliedern unseres Volkes, daß unser Volk eingeordnet leben soll in die Gemeinschaft der Völker, daß sein Recht nicht das alleinige Recht ist, sondern eingefügt ist in die Gemeinschaft des Lebensrechtes aller, daß das Ziel des politischen Handelns nicht der Kampf, sondern der Friede sein muß. Gottes Wort warnt uns, zu meinen, daß der Zweck die Mittel heiligt und daß Unrecht gut gedeiht. Es sagt uns, daß das Blut der Unschuldigen eine Stimme hat, die vom Lenker der Geschichte gehört wird. Wer soll dem Volk und allen, die Verantwortung tragen, dies helfende, warnende Wort sagen, wenn die Kirche es nicht tut?" Nicht weniger deutlich äußerte er sich nach dem Waffenstillstand mit Frankreich im Juli 1940: „Was hilft denn alles, was sonst in Deutschland geschieht, was hilft denn alles Erobern und alle große Macht, wenn die Stimme nicht mehr da ist, die allen den Ereignissen die rechte Richtung gibt, wenn dann die Ereignisse uns nur den Weg zu Gott versperren, statt daß sie uns hinführen zu ihm. Merken wir die Verantwortung. Die Bekennende Kirche soll sich nicht umstellen nach Neuem, sie soll sich ja nicht umstellen, sondern in der Richtung, in der sie dient, noch viel treuer gehen."[16]

Während jetzt Niemöller als Leiter der Bekennenden Kirche besonders fehlte, bemühte sich der Landesbischof von Württemberg, Wurm, seit 1941, eine Einigung der Bekenntnisgruppen zustandezubringen und als ihr Sprecher bei staatlichen und anderen Stellen aufzutreten. Dabei setzte er sich für bedrohte kirchliche Arbeit und für den gesetzlich garantierten Religionsunterricht ein, widmete jedoch seine besondere Aufmerksamkeit den Vorgängen um die Ermordung von Invaliden, Geisteskranken und Juden. Widerholt protestierte er gegen die Aktionen und Deportationen. Dabei sprach er sowohl im Namen der ‚intakten' Landeskirchen als auch der Bruderräte. Durch diese Aufgabe kam Wurm auch mit einigen Generälen sowie mit mehreren Personen des bürgerlichen Widerstandes in Verbindung. Durch Vermittlung Bodelschwinghs, der von Bonhoeffer im Zusammenhang mit der Ermordung der Invaliden und Geisteskranken mit dessen Vater in Kontakt gebracht wurde, entwickelte sich auch eine Zusammenarbeit zwischen Wurm und Bonhoeffer. Über andere Kanäle kam Wurm mit dem politischen Widerstand in Berührung, besonders mit der Gruppe um Carl Goerdeler und dem sogenannten Kreisauer Kreis.[17]

Ziehen wir am Ende dieses Kapitels eine Bilanz der Entwicklung zum Widerstand in der evangelischen Kirche, dann kann man mit Ernst Wolf[18] vier Stufen unterscheiden, die sich teilweise auch zeitlich überschnitten haben.

1. Abwehr staatlicher Übergriffe auf die kirchliche Organisation. Die Zwei-Reiche-Lehre war dabei durchweg der Ausgangspunkt.

2. Eintreten für die freie Verkündigung des Evangeliums. In diesem Zusammenhang ist besonders die Barmer Theologische Erklärung von 1934 als Ansatz zu einer theologischen Neuorientierung zu werten.

3. Widerstehen auf Grund des ‚Wächteramts' der Kirche. Die Denkschrift der Vorläufigen Kirchenleitung der Bekennenden Kirche vom Juli 1936 und mehrere Erklärungen von Bekenntnissynoden wie die der Altpreußischen Union vom August 1937 und Oktober 1943 sind dieser Stufe zuzurechnen.

4. Widerstand aus christlicher Mitverantwortung, der sich auf die politische Ebene erstreckte und sich mit Fragen wie Eidesleistung, Wehrpflichtverweigerung, Staatsstreich und Attentat auseinandersetzte. Dieser Widerstand kam durchweg von einzelnen Christen und von kleinen Gruppen.

Die Bekennende Kirche, ein wichtiges Widerstands*potential*, hat nie zum Widerstand aufgerufen. Das wurde nach dem Krieg in der Stuttgarter Erklärung[19] auch zum Ausdruck gebracht. Dennoch können mehrere Aktionen der Bekennenden Kirche als Widerstand bezeichnet werden.

7. Der katholische Widerstand

Während bei der evangelischen Kirche von einer relativ großen, wenn auch nicht sehr homogenen Gruppe gesprochen werden kann, die sich als Organisation der staatlichen Gleichschaltungspolitik widersetzt hat, lagen bei der katholischen Kirche die Verhältnisse anders. Wenn diese sich nach dem Kriege auch nicht dazu durchringen konnte, eine „Schulderklärung" abzugeben, so müssen wir doch feststellen, daß hier weder die Kirche als solche noch eine geschlossene kirchliche Gruppe zum Widerstand aufgerufen hat.

Dennoch wäre es unrecht zu behaupten, es habe keinen katholischen Widerstand gegeben. Daß die Dinge sich in diesem Fall anders entwickelten, hängt auch mit der ganz anderen Ausgangslage und Position der römisch-katholischen Kirche zusammen.

Unter dem Kaiserreich, während der Zeit nach dem Kulturkampf, den Auseinandersetzungen mit dem preußisch-deutschen Staat Bismarckscher Prägung, hatte die katholische Kirche die Regierung im großen und ganzen loyal unterstützt. Daß Preußen in den Jahren vor dem Ersten Weltkrieg so wenig Reformen erlebte, lag mit an der Haltung des Zentrums, das einen Staatssozialismus wie auch die ‚rote' Internationale gleichermaßen ablehnte und unter Beweis stellen wollte, daß Katholiken gute Patrioten sein konnten. Anscheinend hat der Übergang zur Republik den Katholiken trotz mancher Proteste und Vorbehalte von kirchlichen und politischen Führern weniger Mühe bereitet als den meisten Protestanten. Den Grund dafür werden wir vor allem in der dominierenden katholischen Staatsauffassung zu suchen haben, die im Prinzip keine bestimmte Staatsform bevorzugen wollte, was in der Praxis eine Anpassung erleichtern konnte. Außerdem erhielten die Katholiken während der Weimarer Zeit größere Möglichkeiten denn je für eine breite Entwicklung. Das hatte eine ungeheure Aktivität auf verschiedenen Gebieten zur Folge. In Berlin wurde eine Nuntiatur eingerichtet, man schuf katholische Lehrstühle in evangelischen Gebieten, die Zahl katholischer Vereinigungen, Klöster und Ordensgeistlicher nahm erheblich zu; mit einigen Staatsregierungen (Bayern, Preußen, Baden) wurden Konkordate abgeschlossen, und die katholische Partei, das Zentrum, war als Koalitionspartner unentbehrlich und stand in hohem Ansehen. Auch auf kulturellem Gebiet spielten die Katholiken eine bedeutende Rolle.

Dennoch bestand bei vielen Katholiken gegenüber der Weimarer Republik von Anfang an ein gewisses Mißtrauen, das im Lauf der Jahre nie ganz verschwand, sondern auf die Dauer eher zunahm. Trotz kleiner Annäherungen bestand noch eine große Distanz zwischen Sozialdemokraten und Katholiken, wenn auch die letzteren mehrfach durch einen tiefen Graben von ihren evangelischen Landesgenossen getrennt waren. Besonders in der Schulfrage und der Kulturpolitik wurde von katholischer Seite ein relativ rigider Standpunkt vertreten. Außerdem dominierten, wie in der evangelischen Kirche, auch unter den Katholiken nationalistische und autoritäre Auffassungen. Was die Voreingenommenheit gegenüber Weimar und den Sozialdemokraten wie auch die allgemeine Grundhaltung anbelangt, so bestand zwischen beiden Konfessionen bei allen Unterschieden ein hohes Maß an Übereinstimmung.[1]

Dem wachsenden Nationalsozialismus gegenüber[2] hatten mehrere katholische Bischöfe früher als ihre evangelischen Kollegen eine ablehnende Haltung eingenommen. Dabei ist jedoch zu bedenken, daß man sich nicht gegen den Nationalsozialismus als solchen, sondern gegen die nationalsozialistische Ideologie wehrte. Am 27. September 1930 hatte der Gau Hessen der NSDAP einen Brief an das bischöfliche Ordinariat in Mainz gerichtet mit der Frage, ob man sich zu Recht auf eine bischöfliche Weisung berufen könne, die besage, daß Katholiken nicht Parteimitglieder sein, Parteiformationen nicht an Gottesdiensten teilnehmen dürften und daß katholischen Parteimitgliedern die Sakramente verweigert würden. Der Generalvikar bestätigte das und erklärte, kein Katholik könne sich mit dem Paragraphen 24 des Parteiprogrammes identifizieren, es sei denn, er lege seinen Glauben ab. Er erläuterte das anhand von Zitaten aus offiziellen Parteischriften.[3] Einige Monate später erschien die erste öffentliche Warnung eines Bischofs. Kardinal Bertram von Breslau kritisierte den extremen Nationalismus, den Rassenwahn in der nationalsozialistischen Bewegung und die verschwommene Formulierung ‚positives Christentum', worunter jeder das Seine verstehen konnte. Er bezeichnete den Glauben an eine deutsche katholische Kirche, die, von Rom losgelöst, vom Rassegedanken einer arisch-heldischen Heilandslehre beherrscht werde, als Trugbild. Dabei verglich er die damalige Entwicklung mit jener im 16. Jahrhundert, als die Menschen gleichfalls von Agitatoren aufgepeitscht wurden und es schwierig geworden war, die religiösen Fragen klar zu behandeln, weil sie mit politischen und wirtschaftlichen Problemen verknüpft waren. Etwa gleichzeitig hatte jedoch der Bischof von Berlin, Schreiber, erklärt, es sei niemandem verboten, Parteimitglied zu werden. Infolge von Meinungsverschiedenheiten zwischen den Bischöfen bezüglich der Formulierung war es Kardinal Bertram nicht gelungen, eine gemeinsame Erklärung im Namen des Gesamtepiskopats zustandezubringen. Nun wurde das jeder Kirchenprovinz nach eigenem Ermessen überlassen. Am 10. Februar 1931 erschien eine Erklärung der bayerischen Bischöfe unter dem Titel ‚Nationalsozialismus und Seelsorge'. Katholischen Priestern wurde untersagt, in der Partei oder an Zusammenkünften der Partei mitzuwirken; außerdem durften nationalsozialistische Formationen keine Gottesdienste besuchen. Ausdrücklich wurde erwähnt, daß der Nationalsozialismus ursprünglich eine gegen den Marxismus gerichtete politische Bewegung sei, die sich in den letzten Jahren auch mit religiösen Fragen beschäftigt habe und dabei mit der Kirche und den Bischöfen aneinandergeraten sei. Die Mitgliedschaft als solche bedeute keine Sünde. Jeder Beichtvater müßte selbst abwägen, inwieweit dadurch kirchliche Pflichten vernachlässigt würden.

Am 5. März erschien eine Erklärung der Bischöfe der Kölner Diözese. Sie stellten darin fest, daß sich die Erwartungen bezüglich einer Bereinigung der Mißverständnisse und der Beendigung anstoßerregender Äußerungen nicht bewahrheitet hätten, und schlossen sich deshalb den Feststellungen Breslaus und Bayerns an, wobei sie auch auf die Verurteilung der verwandten französischen faschistischen Bewegung ‚Action Française' durch Papst Pius XI. hinwiesen. Solange und insoweit der Nationalsozialismus Auffassungen verkünde, die mit der katholischen Lehre unvereinbar seien, müsse nachdrücklich vor ihm gewarnt werden. Etwa gleichlautende Formulierungen verwendeten die Bischöfe der Paderborner und Oberrheinischen Kirchenprovinzen, im ersten Fall etwas stärker, im zweiten wesentlich zurückhaltender formuliert.

Im August trafen sich die Bischöfe der preußischen Diözesen und des Oberrheins in Fulda zu ihrer alljährlichen gemeinsamen Sitzung. Da der Erzbischof von München und Freising die bayerischen Bischöfe vertrat, handelte es sich dabei um eine Versammlung, auf der das ganze katholische Deutschland repräsentiert war. Als äußerst nachteilig erwies sich freilich, daß die Beschlüsse dieser Konferenz nur den Charakter einer Empfehlung tragen konnten. Diesmal lag der Vorschlag auf dem Tisch, die 1921 erarbeiteten und gegen Sozialdemokraten, Freimaurer usw. zielenden Richtlinien auch auf die Nationalsozialisten anzuwenden. Der Vorschlag wurde jedoch nicht angenommen. Statt dessen einigte man sich auf eine Erklärung, die besagte, daß der extreme Nationalismus ebenso wie der Sozialismus und Kommunismus bekämpft werden müsse, aber nicht unter parteipolitischen Gesichtspunkten, sondern ausschließlich aus religiösen Motiven. Die Folge war, daß die Nationalsozialisten eher mit einer gewissen Kompromißbereitschaft der Bischöfe als mit einem katholischen Widerstand rechneten. Nicht nur die Kirchenführer waren geteilter Meinung. Im katholischen Lager[4] gab es nach dem spektakulären Sieg der NSDAP im Jahre 1930 manche Befürworter einer Taktik, durch die Übernahme bestimmter Parolen dem Nationalsozialismus den Wind aus den Segeln zu nehmen. Andere, darunter der Bruder des späteren Bischofs von Münster Graf Galen, wollten die NSDAP baldmöglichst in die Regierungsverantwortung einbeziehen, in der Hoffnung, daß die Bewegung dann auseinanderfalle. Um 1930 hatte innerhalb der Zentrumspartei[5] der rechte Flügel, in dem klerikalistische und autoritäre Ansichten dominierten, zunehmend an Einfluß gewonnen. Obwohl Brüning gedrängt wurde, mit Hitler in persönlichen Kontakt zu treten, war damals noch keine Rede davon, daß das Zentrum auf eine Zusammenarbeit mit der NSDAP zusteuerte. Erst Ende 1931 liefen Gerüchte über ein solches Zusammengehen auf Zeit um. Die Partei befand sich in einer Krise. Vergeblich wehrte sich der linke Flügel unter Stegerwald gegen einen Rechtskurs. Aber sowohl in Rom wie in bestimmten Zentrumskreisen rechnete man bereits – und das erklärt vieles von dem, was sich 1932 hinter den Kulissen abspielte – mit der Möglichkeit, daß es eines Tages soweit kommen werde und müsse. Beim Sturz des Reichskanzlers Brüning im Jahr 1932, der in katholischen Kreisen große Aufregung hervorrief, scheint das bereits mitgespielt zu haben. Auf die weitere Entwicklung hatten dann einerseits das Bemühen des Vorsitzenden der Zentrumspartei, Ludwig Kaas, ein Reichskonkordat nach dem Muster des Lateranvertrages anzubahnen, und andererseits der Gegensatz zwischen dem Zentrum und Franz von Papen wesentlichen Einfluß. Weite Teile des Zentrums betrachteten von Papen als Abtrünnigen. Dieser wiederum warf der Partei ihre Zusammenarbeit mit den Sozialdemokraten vor. Daß von Papen nach Brünings Sturz Reichskanzler wurde, verübelten ihm viele Katholiken ganz besonders. Als das Zentrum sich nach einem neuen Wahlsieg der NSDAP im Herbst 1932 für Verhandlungen mit der NSDAP entschied, war es von Papen, dem es gelang, mit Hitler eine Übereinstimmung zu erreichen, dabei das Zentrum jedoch herauszuhalten, und Kaas, der im Interesse eines Reichskonkordats eine Annäherung zu Papen durchführte.[6]

Mit Ausnahme einiger Bischöfe erhoben unter den Katholiken nur wenige ihre Stimmen, um öffentlich vor dem Nationalsozialismus zu warnen und jede Form einer Zusammenarbeit abzulehnen. Selbst in der Gewerkschaftsgruppe um Stegerwald gab es Uneinigkeit, als sich der Parteikurs änderte. Vergeblich warnten einzelne wie Konrad Adenauer, Max Pribilla, Fritz

Gerlich und Ingbert Naab in ‚Der Gerade Weg' und Bernhard Letterhaus in Reden und Aufsätzen.[7] Sie waren Ausnahmen.

Die katholischen Bischöfe folgten der politischen Entwicklung mit einer gewissen Distanz. Auf ihrer Konferenz in Fulda, im August 1932, hatten sie festgelegt, daß Katholiken nicht NSDAP-Mitglieder sein konnten. Dahinter stand aber keine einmütige Auffassung. Bischöfen wie Bornewasser und Ehrenfried, die das Zentrum offen unterstützten, Bischöfen wie Preysing und Kaller, die den Nationalsozialismus scharf verurteilten, standen Kollegen wie Berning und Gröber gegenüber, die auf eine freundlichere Haltung gegenüber dem Nationalsozialismus drängten. Diese Meinungsverschiedenheiten führten in der Praxis dazu, daß die Bischöfe nach außen immer weniger als Einheit auftraten und sich in ihre Kirche wie in eine Bastion zurückzogen. Gewissermaßen kehrte man damit wieder in jenes Ghetto zurück, das man nach den Jahren des Kulturkampfs verlassen hatte.

In den ersten Wochen nach der Machtübernahme Hitlers gab es noch kaum Anzeichen für eine Änderung dieser Haltung. Obgleich sich der Bischof von Ermland in einem Leserbrief in der ‚Germania' noch eindeutig für das Zentrum und gegen die NSDAP erklärte, beschränkten sich die Bischöfe in ihrer gemeinsamen Erklärung zu den Märzwahlen 1933 auf den Aufruf, nur solche Abgeordnete zu wählen, welche die katholischen Interessen berücksichtigen wollten, und sich vor Agitatoren zu hüten. Man wollte die politischen Gegensätze nicht auf kirchliches Gebiet übertragen sehen. Von katholischen Nationalsozialisten wurde diese Unsicherheit dankbar ausgenutzt. Im März 1933 trat jedoch eine nicht unwesentliche Änderung in der Haltung der Bischöfe gegenüber dem Nationalsozialismus ein. Noch am 19. März hatte der Vorsitzende der Bischofskonferenz, Bertram, in Beantwortung einer Anfrage des damaligen Vizekanzlers von Papen mitgeteilt, daß er die Zeit für eine Revision der Haltung der katholischen Kirche noch nicht für gekommen halte. Zunächst sollten die Nationalsozialisten ihre Ansichten revidieren. Etwa eine Woche später, am 28. März, wurde eine Kundgebung der Bischöfe veröffentlicht, in der das Parteiverbot für Katholiken zurückgenommen wurde.

Wie läßt sich diese schnelle Wandlung erklären? Am Tag nach der Märzwahl besuchte der Vorsitzende der Zentrumspartei, Prälat Ludwig Kaas, den Vizekanzler von Papen, der am 18. März bei Kardinal Bertram in Breslau erschien. Außerdem verhandelte Kaas mit der neuen Regierung und mit mehreren staatlichen Stellen über Bedingungen für die Zustimmung zum Ermächtigungsgesetz und zur Politik der Regierung Hitler. Dann erfolgte am 3. April auf Initiative Papens die Gründung des Bundes ‚Kreuz und Adler', deren Mitglieder sich am Aufbau des Dritten Reiches beteiligen wollten. Inmitten aller Verfolgung demokratischer Politiker und Gewerkschaftsführer schien das offizielle katholische Deutschland mit seinen politischen und bald auch mit seinen kirchlichen Führern dabei, sich mit Hitler zu arrangieren.

Nachdem Hitler in einer Erklärung vor dem neuen Reichstag am 23. März zugesagt hatte, die Rechte der Kirchen zu respektieren, und seinem Wunsch nach freundschaftlichen Beziehungen zum Vatikan Ausdruck verliehen hatte, fand die Mehrzahl der katholischen Bischöfe und auch der Vorsitzende der Fuldaer Bischofskonferenz, Kardinal Bertram, die Lage dermaßen verändert, daß man eine Revision der ablehnenden Haltung gegenüber dem Nationalsozialismus für möglich erachtete. Zögernd hatten sich die süddeutschen Bischöfe dieser Erklärung angeschlossen. Einige von ihnen, darunter der Bischof von Eichstätt, Graf Preysing, und Bischof Buchberger von Regensburg, zeigten sich von der plötzlichen Eile Bertrams sehr überrascht. War der Vatikan vielleicht auch verwundert? Beim Zustandekommen dieser Entscheidung spielte die wachsende Unruhe beim Kirchenvolk, das sich am Neuaufbau beteiligen wollte, eine nicht unwichtige Rolle. Mag die Entscheidung von manchen bedauert worden sein, so gab es doch nur wenige, die protestierten.[8]

Am 1. April 1933 fand in ganz Deutschland die erste große Aktion gegen die Juden statt. Es hieß, die Aktion, ein allgemeiner Boykott, sei die Antwort auf die Hetzkampagne der Juden aus dem Ausland gegen das neue Deutschland. In Wahrheit war es genau umgekehrt. Die Vorfälle in Deutschland vor dem 1. April, die Verhaftungen und Verfolgungen, hatten zu heftigen Protesten aus dem Ausland geführt, die der neuen Regierung unangenehm waren; daraufhin startete sie diese Aktion. Entgegen ihrer Absicht wurde die katholische Kirche miteinbezogen. Am 31. März erschien der Präsident der Arbeitsgemeinschaft der Konfessionen für den Frieden, Wassermann, mit einer Empfehlung des Berliner Domkapitulars Lichtenberg bei Kardinal Bertram in Breslau. Wassermann ersuchte das Episkopat, bei Reichspräsident Hindenburg und der Regierung zu intervenieren, um den Boykott abzuwenden. Bertram erwiderte, er besitze dazu nicht die Ermächtigung der Bischöfe und kenne den Grund für den Boykott nicht; dennoch versprach er, die Oberhirten der Kirchenprovinzen zu Rate zu ziehen. In einem Rundschreiben vom 1. April schlug dann Bertram vor, sich jeglichen Protestes zugunsten der Juden zu enthalten. Bis auf Gröber aus Freiburg, der eine Intervention befürwortete, stimmten sämtliche Erzbischöfe diesem Vorschlag zu. Erzbischof Klein sandte sogar, ebenso wie mehrere Kirchenführer der evangelischen Kirche, Telegramme ins Ausland, in denen gegen die Hetzkampagne des Auslandes protestiert wurde. Da damals von diesen Überlegungen der katholischen Bischöfe so gut wie nichts bekannt war, erfolgten darauf auch keine unmittelbaren Reaktionen. Nur erschien kurz darauf ein Aufsatz des Paters Eckert, der gegen die Judenverfolgungen protestierte. Kein Mensch dürfe, nur weil er einer anderen Rasse angehöre, verfolgt werden. Das stehe im Widerspruch zur christlichen Ethik, und alle Deutschen sollten sich schämen, daß dies im Namen Deutschlands geschehe.[9]

Die Regierungserklärung Hitlers war in Rom aufmerksam gelesen worden. Die Gefahr einer kommunistischen Revolution schien jetzt jedenfalls gebannt; vielleicht gäbe es Möglichkeiten, mit dieser Regierung das lang ersehnte Konkordat zu schließen.[10] Während der kurzen Kanzlerschaft von Papens hatte der Vatikan die Gelegenheit ergreifen wollen und der deutschen

Regierung Ende Oktober ein Angebot für Konkordatsverhandlungen unterbreitet. Durch die sich überstürzenden Ereignisse war es damals nicht so weit gekommen, aber das Angebot blieb bestehen. Vor allem durch das Zutun von Papens, mittlerweile unter Hitler Vizekanzler, und Monsignore Kaas', der Mitarbeiter Pacellis gewesen war, ging die Hitler-Regierung darauf ein. Anfang April 1933 fuhren Göring und von Papen getrennt – damals durfte noch nichts bekannt werden – nach Rom, und ‚zufällig' traf von Papen im Zug Kaas, der kurz zuvor bei Hitler gewesen war. Der Papst empfing die beiden Minister, die auch mit Kaas mehrere Unterredungen gehabt hatten. Zunächst handelte es sich dabei nur um eine Sondierung. Von Anfang an drängte von Papen auf die Aufnahme eines Artikels in das Konkordat, der es Geistlichen untersagte, politische Ämter – lies: in der Zentrumspartei – zu bekleiden. Dagegen erhob vor allem der Vatikan Einwände, obwohl man dort ebenfalls besorgt die engen Beziehungen zwischen den deutschen Bischöfen und dem Zentrum und die dadurch wachsende Spannung zum Nationalsozialismus verfolgt hatte.

Inzwischen hatte sich herausgestellt, daß mehrere deutsche Bischöfe ernste Einwände gegen ein Konkordat mit einer Regierung Hitler hatten. So lehnte Kardinal Schulte aus Köln jegliche Form von Verhandlungen mit dieser ‚Revolutionsregierung' ab. Auch Bischof Buchberger von Regensburg äußerte Bedenken, und Bischof Preysing von Eichstätt erklärte, eine erneute und klare Verurteilung des Nationalsozialismus sei angemessener. Um solchen Bedenken zu begegnen, wurde beschlossen, daß ein Bischof an den Verhandlungen teilnehmen sollte. Erzbischof Gröber von Freiburg erklärte sich dazu bereit, wenn auch der Münchener Erzbischof Faulhaber lieber Preysing als Verhandlungspartner gesehen hätte. Als Faulhaber auf die zusätzliche Entsendung Preysings drängte, lehnte dieser das verständlicherweise ab. Nach der Rückkehr aus Rom gelang es Gröber, die Mehrheit der Bischöfe für das formulierte Konzept zu gewinnen. Außerdem reagierte Hitler geschickt und entgegenkommend, als die Bischöfe gegen einige Maßnahmen, von denen die katholischen Organisationen betroffen waren,

Einwände erhoben. Zwar hatte er eine Zahl von Änderungswünschen, aber am 20. Juli fand in Rom die feierliche Unterzeichnung des Konkordats statt. Papst Pius XI. hatte freilich erst seine Einwilligung geben wollen, nachdem Hitler ihm ehrenwörtlich versichert hatte, das Christentum als Basis des neuen Deutschland anzuerkennen. Dabei hatte die deutsche Regierung gerade den Erlaß eines Sterilisationsgesetzes beschlossen! Auf Vorschlag von Papens hatte man jedoch mit der Veröffentlichung bis nach der Unterzeichnung gewartet.

Dem Abschluß des Konkordates folgte ein Strom von Reaktionen; zum größten Teil äußerte man in überschwenglichen Tönen Freude und Genugtuung darüber, daß eine deutsche Regierung endlich diesen Schritt getan hatte. Aber auch besorgte Proteste trafen in Rom ein.[11] Mehrere Katholiken stellten sich sogar die Gewissensfrage, ob sie einer solchen Kirche noch angehören könnten. Der Vatikan gab über die österreichischen Bischöfe seine Meinung zu dem Konkordat bekannt. Man solle nicht glauben, daß damit der Nationalsozialismus anerkannt sei. Jeder wisse doch, daß zwischen Kirche und Staat in Deutschland gespannte Verhältnisse herrschten. In mehreren Aufsätzen wurde betont, daß man Deutschland nicht mit Österreich vergleichen dürfe, wo die Bischöfe den Nationalsozialismus verurteilt hatten. In Deutschland war der Nationalsozialismus zur Obrigkeit geworden, und dieser Obrigkeit hatte man zu gehorchen. Überdies steuerte die neue Regierung einen klar antibolschewistischen Kurs.[12] Aber andere kostete es Mühe, sich mit dem Konkordat abzufinden. Reinhold Schneider verhehlte seine Enttäuschung darüber nicht und brachte damit bestimmt auch die Meinung anderer zum Ausdruck.[13] Mit der Unterzeichnung des Konkordats war ein alter Wunsch der Kirche in Erfüllung gegangen. Freilich mußte sie dafür einen hohen Preis bezahlen: sie hatte die Hitler-Regierung offiziell anerkannt, statt sich von ihr und ihren Untaten zu distanzieren, und sie hatte das außerkirchliche Gebiet dem Einfluß des Staates preisgegeben. Während die Führung des Zentrums aus alledem die Konsequenzen zog und die Partei auflöste, beeilten sich andere katholische Organisationen, der Regierung ihre Treue zu bekunden.

Bis jetzt war in diesem Kapitel mehr von Kompromiß und Anpassung als von Opposition und Widerstand die Rede. Dennoch sind bereits zwei Persönlichkeiten erwähnt worden, die im Kirchenkampf gegen die Übergriffe des NS-Staates hervorgetreten sind: Preysing und Lichtenberg. Um die Schwäche des katholischen Widerstandes verstehen zu können, muß man aber zunächst einmal sehen, daß das katholische Episkopat die Republik kaum verteidigt und die Hitler-Regierung mit einer Mischung aus Distanz und Hoffnung anerkannt hat.

Obwohl jetzt die katholischen Bischöfe im Gegensatz zu ihren evangelischen Kollegen ein Dokument besaßen, auf das sie sich berufen konnten, wurden die Schwierigkeiten eher größer als geringer. Und die Hitler-Regierung fühlte sich nicht an die Bestimmungen des Konkordats gebunden. Sollte deswegen der Vertrag gekündigt werden? Das wurde erwogen, aber man klammerte sich weiter an ihn wie an einen Strohhalm. Die Folge davon war, daß die katholische Kirche sich nach wie vor sehr zurückhielt, sobald es um Ereignisse außerhalb des kirchlichen Bereichs ging. Als im November 1933 der ehemalige Leiter der Katholischen Aktion München, Mühler, festgenommen wurde,[14] weil er ‚unwahre' Geschichten über das Konzentrationslager Dachau verbreitet habe, konnte erwartet werden, daß jetzt die Zustände in den Konzentrationslagern von den Kanzeln herab angeprangert würden. Aber das geschah nicht. Viel mußte passieren, ehe es zu einem offiziellen kirchlichen Protest kam. War dieser dann wirklich einmal erfolgt, war man sofort bereit, seinen Einspruch wieder abzuschwächen, wenn Partei und Staat daran Anstoß nahmen.

Das zeigte sich z.B. Ende 1933 bei den Adventspredigten des Münchener Erzbischofs Faulhaber.[15] Dieser, 1869 geboren, war 1917 noch vom letzten regierenden Wittelsbacher ernannt worden. Zugleich war er auch Vorsitzender der Konferenz der süddeutschen Bischöfe, die, ähnlich wie der bayerische Staat, auch nach 1918 ein gewisses Maß an Selbständigkeit behalten hatten. Faulhaber blieb sein Leben lang Monarchist. Das Band zwischen Thron und Altar garantierte für ihn ein gutes Funktionieren der Gesellschaft. Während der Weimarer Republik hatte er sich mehrfach öffentlich vom Staat distanziert. So sagte er auf dem Katholikentag 1922, die Revolution sei Meineid und Hochverrat und bleibe darum in der Geschichte erheblich belastet und mit dem Kainszeichen gebrandmarkt. Eine derart scharfe Erklärung eines katholischen Kirchenführers war sehr ungewöhnlich, und der damalige Vorsitzende des Katholikentags, Konrad Adenauer, distanzierte sich in seiner Schlußansprache von Auffassungen, die, wie er sagte, aus lokalen Verhältnissen zu erklären seien, die aber nicht von den deutschen Katholiken in ihrer Gesamtheit geteilt würden. In den Augen Faulhabers blieben die Sozialdemokraten Revolutionäre, und hinter ihnen stand das Gespenst des Bolschewismus. Wer mit solchen Menschen zusammenarbeite, bewege sich auf gefährlichem Gelände. Deshalb weigerte sich Faulhaber auch, Gottesdienste an Staatsfeiertagen abzuhalten. Nachdem 1924 ein Konkordat mit der bayerischen Regierung zustandegekommen war und im nächsten Jahr der konservative General von Hindenburg den Sozialdemokraten Ebert als Reichspräsidenten abgelöst hatte, unterblieben die provozierenden Bemerkungen der ersten Jahre. Sie entsprachen auch nicht der Art Faulhabers, der eher der Typ eines Diplomaten war.

Immerhin wird damit klar, daß Faulhaber um den Sturz der Weimarer Republik nicht getrauert haben dürfte. Obgleich Befürworter einer skeptischen Haltung gegenüber dem Nationalsozialismus, ermahnte er nach dem Januar 1933 seine Geistlichen, der neuen Regierung als der neuen Obrigkeit zu gehorchen. Einen ersten offenen Konflikt artikulierten erst die Adventspredigten 1933. Darin protestierte Faulhaber gegen Bemühungen, das Alte Testament als minderwertiges Buch hinzustellen. Faulhabers Formulierungen waren gemäßigt und sorgfältig gewählt. Über die Rassenfrage ließ er sich nicht ganz klar aus. Außer Reaktionen aus dem katholischen und evangelischen Lager erreichten Faulhaber vor allem aus jüdischen Kreisen viele dankbare Briefe. Auch im Ausland fanden seine Predigten Aufmerksamkeit, wenngleich ihre Bedeutung sicher etwas überschätzt wurde. Faulhaber selbst war über die Reaktionen des Auslands, die das Mißfallen von Partei und Staat hervorgerufen hatten, ziemlich erschrocken und beeilte sich, staatlichen Bedenken zuvorzukommen. Als ihm von einer ausländischen Zeitung fälschlicherweise eine Predigt zugeschrieben wurde, begnügte er sich nicht mit der Mitteilung, daß er sie nicht gehalten habe, sondern er legte eingehend dar, daß er so etwas – einen Protest gegen den Rassenhaß – niemals gesagt haben könne. Während des ganzen Jahres 1934 bemühte sich Faulhaber, den durch seine Adventspredigten hervorgerufenen Eindruck abzuschwächen und sich zu rehabilitieren.

Stand das Verhältnis Kirche – Staat 1933 noch vorwiegend im Zeichen eines Scheinfriedens, Ende 1933 war das vorbei. Nachdem die NSDAP im Januar 1934 Alfred Rosenberg zu ihrem Ideologen ernannt hatte, setzte die Kirche dessen Werk auf den ‚Index'. Staatliche und Parteistellen griffen in kirchliche Angelegenheiten ein. Das Auftreten katholischer Jugendorganisationen war schon früher durch Erlasse eingeengt worden, was bereits im Juni 1933 zu einem offenen Konflikt auf dem Münchener Gesellentag des Kolpingverbandes geführt hatte. Die Gestapo versuchte Priester, die dem Nationalsozialismus nicht gewogen waren, unter allerlei Vorwänden zu entfernen. So war zum Beispiel Pater Stöger von Waldbüttelbrunn schon im Sommer 1933 verhaftet worden. Obwohl er kurz darauf wieder entlassen worden war, nahm man ihn im Januar 1934 erneut fest. Man ließ ihn gegen das Versprechen, Waldbüttelbrunn nicht mehr zu betreten, wieder frei. Als ihn das bischöfliche Ordinariat 1934 dennoch einmal dorthin beorderte, wurde er zum dritten Mal verhaftet. Nachdem der Bischof sich geweigert hatte, ihn zu entlassen, fand am 7. April die erste organisierte Aktion gegen einen Bischof statt. Eine Gruppe von Demonstranten drang in das bischöfliche Palais von Würzburg ein und richtete Verwüstungen an. Da diese Aktion nur als Warnung gedacht war, schaltete sich die Polizei noch ein.[16] Während der Morde beim sogenannten ‚Röhm-Putsch' im Juni 1934 wurden auch einige führende Katholiken ermordet, die den neuen Machthabern zu lästig geworden waren. Dazu gehörten Erich Klausener, Leiter der Polizeiabteilung im preußischen Innenministerium und Vorsitzender der Katholischen Aktion in Berlin, sowie Adalbert Probst, der in der katholischen Jugendbewegung führend tätig war, und Fritz Gerlich, Redakteur der Zeitschrift ‚Der Gerade Weg'. Ihre Ermordung rief in katholischen Kreisen große Entrüstung hervor.

Priester, die sich in ihren Predigten kritisch über das Regime geäußert hatten, wurden ständig überwacht und schikaniert.[17] In Gestapoberichten wurde darauf hingewiesen, daß die Kirchen gerade dann brechend voll seien, wenn antinationalsozialistische Geistliche predigten. Diesen Berichten zufolge verstärkte sich ganz allgemein auch die Teilnahme an Prozessionen und Wallfahrten. Dann stiegen die Auflagen der kirchlichen Blätter sprunghaft, vor allem als zahlreiche Zeitungen nicht mehr erscheinen durften. In diesen Blättern wurde noch von einem weltanschaulichen Standpunkt aus der Inhalt der Reden, Erlasse und Verlautbarungen der Parteiführung kritisiert. Nicht zu Unrecht hoben die Gestapoberichte hervor, daß diese Kritik einen Zustand der Unzufriedenheit wachhalte, aus dem sich eines Tages eine grundsätzliche Kritik entwickeln könnte. Weil vor 1933 innerhalb der katholischen Kirche eine weltanschauliche Ablehnung des Nationalsozialismus vorgeherrscht hatte, setzten Staat und Partei von dieser Seite stets eine latente Opposition voraus. Aus den Gestapoberichten ist abzulesen, daß es meistens die gleichen Geistlichen waren, die „unliebsam" auffielen. In Berichten und anderen Dokumenten wird immer wieder darüber geklagt, daß viele Geistliche nicht zwischen Partei und Staat zu unterscheiden verstünden. Die Angriffe auf höhere und niedere Geistliche führten zu Abwehrreaktionen des Kirchenvolks. Dabei drohte eine Vertrauenskrise zwischen Gruppen des Kirchenvolks und gewissen Priestern einerseits und zwischen Priestern und Bischöfen andererseits, da klarere Stellungnahmen verlangt wurden.[18]

In den Jahren 1935 und 1936 versuchte der NS-Staat mit einer Reihe von Devisen- und Sittlichkeitsprozessen einen Keil zwischen Geistlichkeit und Kirchenvolk zu treiben.[19] Einige aufgedeckte Einzelfälle wurden verallgemeinert. So wurde der Jesuitenorden in Mißkredit gebracht, indem ihm ein Vergehen gegen die Devisengesetzgebung zur Last gelegt wurde. Anderen Orden erging es ähnlich. Im Mai 1935 begann der erste sog. Devisenprozeß.

Im selben Jahr kamen, teilweise infolge von Klosterdurchsuchungen bei Devisenvergehen, Ermittlungen wegen des Verdachts homosexueller Vergehen in Gang. Sie wurden auch auf andere Sittlichkeitsvergehen ausgedehnt. Die meisten Sittlichkeitsprozesse sind in den Jahren 1936 und 1937 geführt worden. Sie waren von großen Kirchenaustrittskampagnen und einem heftigen Kampf gegen den katholischen Einfluß im Schulbereich begleitet. Ziel der Bemühungen war auch, „politisierenden" Priestern auf die Spur zu kommen und die katholische Kirche zu diffamieren. Im Ausland wurden die Prozesse als Signale einer systematischen Kirchenverfolgung gewertet.

In diesen Jahren spitzten sich auch die Aktionen gegen die katholischen Jugendorganisationen immer mehr zu. Bis dahin war es dem Staat trotz aller Druckmittel und polizeilicher Einschränkungen und Verbote nicht gelungen, die katholischen Jugendverbände zu verdrängen. Jetzt diente auch hier die Anschuldigung, es werde eine „katholisch-kommunistische Einheitsfront" gebildet, als Legitimation für das rücksichtslose Vorgehen des Regimes. Nach einem Jahr waren viele Jugendvereine und Jugendverbände faktisch aufgelöst und war die Mehrzahl der Schuljugend in die Hitler-Jugend eingegliedert. Auch die Zeitschrift der katholischen Jugendbewegung ‚Junge Front' wurde endgültig verboten.[20] Die erste Nummer war im Juni 1932 in einer Auflage von 33000 Exemplaren erschienen; beim Verbot der Zeitschrift, im Januar 1936, betrug die Auflage 300000. Chefredakteur war Johannes Maassen, ein Dreißigjähriger, der zu den ersten Mitgliedern der katholischen Organisation für Mittelschüler, ‚Neudeutschland', gehört hatte. Seitdem er im Februar 1933 die Chefredaktion der ‚Jungen Front' übernommen hatte, machte diese Zeitschrift kein Hehl aus ihrer eindeutig distanzierten Haltung gegenüber allen Annäherungsversuchen der Nazis. Als Göring in Preußen trotz aller gegenteiligen Versprechungen einen Katholiken nach dem anderen entließ, protestierte Maassen, mit dem Erfolg, daß das Blatt vier Wochen lang verboten wurde. In richtiger Einschätzung der

Haltung der Kirchenführung war klare Distanz angesichts der Konkordatsverhandlungen das einzig Mögliche. Dennoch konnte man aber lesen, daß mit einem solchen Vertrag weder der Kirche noch dem Staat gedient wäre. Anfang 1933 rief die Zeitschrift anläßlich der großen antijüdischen Aktion zur Solidarität mit den Juden auf. Im Laufe des Jahres 1934 wurde das Blatt wieder einmal verboten. Als Schirach 1935 verkündete, die einzige ‚junge Front' sei die HJ, wählte man den Titel ‚Michael'. Nach zweimaligem Verbot im Jahre 1935 und nach viermaliger verlangter Abänderung des Untertitels erfolgte im Januar 1936 das endgültige Verbot trotz der Proteste einzelner Bischöfe. Jetzt verlagerte man den Akzent auf die Bildung von Gruppen. Maassen bereiste ganz Deutschland, um Kontakte zu knüpfen. Diese Gruppen gaben manchmal eigene Schriften heraus, die den Mitgliedern später auch in die Kasernen nachgeschickt wurden.

1937 begann eine neue Phase des katholischen Widerstandes.[21] Im Januar hatten die Bischöfe in einer Denkschrift an Kirchenminister Kerrl zur Begründung ihrer ablehnenden Haltung noch das Konkordat angeführt und den Minister auf die großen Unterschiede zwischen Theorie und Praxis hingewiesen. Siebzehnmal kam in diesem Schreiben die Formulierung vor: „Nach dem Konkordat ... – in Wirklichkeit ..." Auch in Rom waren diese Unterschiede nicht unbemerkt geblieben, und nach jahrelangem Schweigen hielt Papst Pius XI. die Zeit für gekommen, seiner großen Besorgnis über die Geschehnisse in Deutschland und über die feindselige Haltung der Regierung gegenüber der Kirche Ausdruck zu verleihen. Im März wurde die päpstliche Enzyklika ‚Mit brennender Sorge' veröffentlicht, für die Faulhaber einen Vorentwurf geschrieben hatte. Nach einer Erörterung des Konkordats und der Motive des Vertragsabschlusses wurden die zahlreichen Vertragsbrüche seitens der Regierung aufgezählt, gegenüber den Auffassungen des Nationalsozialismus wurden die Grundlagen des christlichen Glaubens dargelegt und die Rechte der Kirche präzisiert. Mit einem Aufruf an alle Gläubigen zur Standhaftigkeit und Treue schloß die Enzyklika. Geheim wurde der Text nach Deutschland gebracht. Eine Reihe von Druckereien übernahm die Herstellung der Exemplare, die dann von zahlreichen Geistlichen und Jugendlichen verbreitet wurden. Hitler war wütend. Zwölf Drukkereien wurden enteignet, und Geistliche und Jugendliche, die bei der Verbreitung geholfen hatten, wurden in Gefängnisse oder Konzentrationslager eingeliefert. Das katholische Deutschland hatte einen deutlichen Rückhalt bekommen. Das päpstliche Schweigen war gebrochen.

Im Juli desselben Jahres hatte auch das Kirchenvolk die Lethargie überwunden. Heiligtumsfahrten waren schon immer wichtige Kundgebungen des deutschen Katholizismus. Alle sieben Jahre fand in Aachen eine große Wallfahrt statt. Die Stadt erlebte 1937 einen Massenzulauf wie nie zuvor. Vorsichtige Berechnungen sprachen von 750000–800000 Teilnehmern.[22] In einem Rückblick hieß es: „Unser katholisches Volk steht ungebrochen da".[23] Besonders zwei Aspekte der Aachener Heiligtumsfahrt 1937 sollen hervorgehoben werden: Verbundenheit mit der Kirche und Protest gegen Verfolgung. Das Kirchenvolk, das die vielen Klosterprozesse und Anschuldigungen gegen die Bischöfe als einen Angriff auf die Kirche betrachtete, benutzte die Gelegenheit, den Bischöfen zu huldigen. Ihnen wurden Ovationen gebracht, und sie wurden mit Beifallsstürmen und Hochrufen empfangen. Gerade die Bischöfe, die am stärksten angegriffen und verleumdet waren, wurden durch die größten Ovationen gefeiert. Trotz des Auftretens bestellter Provokateure, die Kirche und Geistlichkeit beleidigten und auch tätlich vorgingen, bildeten sich Sprechchöre auf den Straßen, die riefen: „Wir wollen unsere katholische Schule wieder haben."[24] Hier bot sich eine Gelegenheit, allen Unmut zu äußern und gegen die Kirchenverfolgung zu protestieren. Ohne das Eingreifen der Bischöfe wäre es zu einer offenen Demonstration gegen das Regime gekommen.

Hitler aber, der 1937 den Kampf gegen die katholische Kirche als „die wichtigste innenpolitische Auseinandersetzung der letzten Zeit"[25] bezeichnet hatte, konnte sich nicht gleichzeitig innen- und außenpolitische Konflikte wünschen. Weil er ab Ende 1937 zunächst seine außenpolitischen Pläne verfolgen wollte, hatte die Innenpolitik und damit die Kirchenpolitik zurückzutreten. Die Position der katholischen Kirche war also viel stärker als von den Bischöfen angenommen. Sie bremsten Unruhe und Wut des Kirchenvolks und beglückwünschten Hitler in zahlreichen Telegrammen und Schreiben zu seinen politischen und militärischen Erfolgen. Darüber kam es schließlich 1940 im Kreis der Bischöfe zu einem Konflikt. Dabei spielte der damalige Bischof von Berlin, Graf von Preysing, die Hauptrolle.

Konrad Graf von Preysing[26] war einer der wenigen Bischöfe, die von Anfang an eine klar antinationalsozialistische Haltung bezogen hatten. Im Kreis der Bischöfe infolge seiner Unerschrockenheit eher eine Ausnahmeerscheinung, war er eine der bedeutendsten Personen des katholischen Widerstandes. 1880 geboren und einem alten bayerischen Adelsgeschlecht entstammend, hatte er die Rechte studiert und war damit fast der einzige der Bischöfe, der eingehende Rechtskenntnisse besaß, was ihm vor allem in den Jahren des Nationalsozialismus sehr zustatten kam. Nach der Priesterweihe wurde er Sekretär des Erzbischofs von München-Freising. In dieser Zeit konnte er eine Menge Erfahrungen auf den verschiedensten Gebieten sammeln. Nach dem Tod des Erzbischofs war er mehrere Jahre Domprediger. In dieser Zeit entwickelte sich zwischen dem damaligen Nuntius in München, Pacelli, und Preysing ein beinahe freundschaftliches Verhältnis. In vielen Fragen beriet er den Nuntius. Als dieser 1929 wieder nach Rom zog, war Preysing der letzte, der Abschied von ihm nahm. 1932 wurde er zum Bischof des Bistums Eichstätt ernannt. Obwohl der Prozentsatz an Nationalsozialisten in dieser Gegend nicht sehr hoch war, machte Preysing klar, daß er sich der großen Gefahr des Nationalsozialismus voll bewußt war. Von Anfang an hat er sich konsequent gegen den Nationalsozialismus gerichtet und das auch gegenüber Partei- und Staatsfunktionären unter Beweis gestellt. Zusammen mit Fritz Gerlich und Ingbert Naab, den Redakteuren der Zeitschrift ‚Der Gerade Weg', gehörte er dem sogenannten ‚Konnersreuther Kreis' an, in welchem die Entwicklung des Nationalsozialismus genau verfolgt wurde und wo man überlegte, welche Gegenmaßnahmen am zweckmäßigsten seien. Nachdem Gerlich im Juni 1934 ermordet wurde, ermöglichte Preysing Naab die Flucht in die Schweiz. Da Preysing von der Mehrheit der Eichstätter Bevölkerung unterstützt wurde, ließen ihm die Nazis eine gewisse Handlungsfreiheit. Im Kreis der Bischöfe hatte er wiederholt vor dem Nationalsozialismus gewarnt, und er war auch ein Gegner des Konkordats. 1935 zum Bischof von Berlin ernannt, ergriff Preysing die Gelegenheit, in der Reichshauptstadt in Predigten, Eingaben und Denkschriften der Verfolgung entgegenzutreten. Außerdem informierte er Pacelli in Rom über viele Vorgänge.[27]

Bereits 1937 hatte er beim Vorsitzenden der Fuldaer Bischofskonferenz, Bertram, darauf hingewiesen, daß die Haltung der Kirche gegenüber Partei und Staat falsch sei: Um papierene Proteste scherten sich die Nazis nicht; mit den Mitteln der Diplomatie sei nichts zu erreichen. Gerade die Kirche könne die entscheidenden Dinge noch beim Namen nennen und eine Massenreaktion zuwege bringen. Der zu anpassungsfähige Kirchendiplomat Bertram lehnte eine solche Haltung ab und ließ auch weiter seine Glückwunschtelegramme an Hitler senden. Wieder protestierte Preysing und trat schließlich 1940 als Pressesekretär der Fuldaer Bischofskonferenz zurück. Trotzdem konnte er erreichen, daß Bertram seine Telegramme künftig mit ‚Erzbischof von Breslau' unterzeichnete.

Wenn auch Hitler während des Krieges aus außenpolitischen Gründen die Auseinandersetzungen mit den Kirchen für die Nachkriegszeit „aufsparen wollte", waren Radikalere wie Martin Bormann nicht so leicht zu bremsen. Als 1941 sogar ein Klostersturm anfing und von der Gestapo eine große Zahl von Klostern aufgelöst wurde, bemühte sich ein inzwischen zustandegekommener ‚Ausschuß für Ordensangelegenheiten', den Gesamtepiskopat zu einer entschiedeneren Abwehrhaltung gegenüber dem NS-Staat zu bewegen. Der süddeutsche Jesuitenprovinzial Rösch schrieb nach Rom: „Er [der Protest, vR] muß gemacht werden, schon um der Geschichte wegen; aber es muß viel mehr getan werden in solchen Fällen. Aber Eminenz [Faulhaber, vR] wagt nichts mehr ...".[28] 1940 hatte Faulhaber mit kräftigen Worten bei Justizminister Gürtner gegen die Ermordung von Geisteskranken und Invaliden protestiert. Im nächsten Jahr fragte er Bertram, ob die Kirche nun nicht auch endlich gegen die unmenschlichen Judenverfolgungen protestieren müsse, auch wenn es vielleicht nicht viel nütze.[29] Eine breite Wirkung hatten drei Predigten des Bischofs von Münster, Graf von Galen, gehalten am 14. und 21. Juli und am 3. August 1941.[30] Die Predigten, in denen gegen den Klostersturm und die Ermordung von Geisteskranken und Invaliden protestiert wurde, hatten einen doppelten Erfolg. Das Kirchenvolk und darüber hinaus weite Kreise der Bevölkerung atmeten auf. Die Predigten, die immer wieder abgeschrieben wurden und daher eine weite Verbreitung fanden, riefen aber auch eine Gegenreaktion hervor. Die nationalsozialistische Führung erwog Galens Verhaftung, mußte diesen Plan aber aufgeben, als klar wurde, wie groß sein Anhang war. 1942 ließ Bischof Preysing einen Hirtenbrief über das Recht von der Kanzel verlesen, der innerhalb und außerhalb Deutschlands tiefen Eindruck machte.

Das waren jedoch Ausnahmen. Daher schrieb Rösch Anfang 1943 nach Rom: „Aber – unter uns gesagt – wir haben zunächst wenig Hoffnung, daß wir da viel Hilfe finden; denn man hat ja leider entsetzlich geschwiegen zu so Vielem und Furchtbarem in Polen, Slovenien, Luxemburg, von den Juden und Kommunisten ganz zu schweigen ... Ob ein Schritt des Hl. Vaters in mehr oder weniger offiziöser oder offizieller Form in Frage kommt?“[31]

Wie Rösch und andere sich allmählich auch der politischen Implikationen des Kirchenkampfes bewußt wurden, kann man an Hand der nach Rom übermittelten Briefe genau verfolgen: „Ebenso eindeutig ist klar, daß der eigentlich und *in allem* entscheidende Urheber die allerhöchste Spitze selber ist. Er inspiriert alles und er hat einen glühenden Haß gegen alles Christliche. Die rücksichtslosen Forderungen eines totalen Staates verlangen ein geschlossenes, einheitliches Vorgehen sämtlicher Bischöfe, ohne Zugeständnisse, die dem Ganzen zum Nachteil gereichen ... Die Verantwortung vor Gott und dem katholischen Volk, den andersgläubigen Menschen und der Weltöffentlichkeit."[32]

Katholiken, die in politische Konfliktsituationen geraten waren, fühlten sich manchmal von ihren kirchlichen Oberen im Stich gelassen. Einer von ihnen war Franz Reinisch.[33] Er war Priester und hatte infolge seiner kritischen Bemerkungen die Aufmerksamkeit der Gestapo auf sich gelenkt. 1941 erhielt er einen Einberufungsbefehl. Er weigerte sich, den Eid auf Hitler abzulegen. Ein Offizier, ein anderer Priester und ein Richter, alle drei Katholiken, versuchten ihn umzustimmen. Vergeblich. Reinisch blieb bei seiner Entscheidung, die sein Gewissen ihm befahl. Am 21. August wurde er hingerichtet. Ein anderes Beispiel ist Max Josef Metzger,[34] gleichfalls ein Priester. Sein Leben lang hatte er für den Frieden und die Einheit aller Christen gewirkt. Seine Aktivitäten waren der Gestapo bekannt, und er war schon mehrmals verhaftet worden. Aus dem Gefängnis in Augsburg hatte er 1939 dem Papst geschrieben und ihn aufgefordert, ein allgemeines Konzil einzuberufen, um Katholiken und Protestanten zu vereinen. 1943 wurde er zusammen mit anderen Mitgliedern des Solf-Kreises wieder verhaftet und hingerichtet.

Wenn wir den katholischen Widerstand mit dem von Ernst Wolf[35] formulierten Stufenmodell beschreiben wollen, so ist festzustellen, daß die katholische Kirche eigentlich nie über die erste Stufe, die Abwehr staatlicher Übergriffe, hinausgelangt ist. Im Konkordat hatte sie sich dafür eine Grundlage geschaffen. Nur eine kleine Zahl von Katholiken ist darüber hinausgegangen. In mehreren Hirtenbriefen und Predigten lassen sich Beispiele aus der zweiten Stufe finden, wobei die Freiheit des Evangeliums im Mittelpunkt stand. Proteste einzelner Geistlicher, Provinzialen und Ordensangehöriger sind der dritten Stufe zuzurechnen, in welcher die Welt außerhalb des kirchlichen Bereichs nicht mehr dem Regime überlassen wird, sondern auf der Grundlage elementarer Grundprinzipien des Christentums gegen die Untaten und Verfolgungen protestiert wurde. Noch weniger Beispiele lassen sich für die vierte Stufe nennen, in der katholische Laien in einer politischen Konfliktsituation (Eidesfrage, Kriegsdienstverweigerung) standhaft blieben oder sich am politischen Widerstand beteiligten.[36] Der katholische Widerstand war im Grunde ein Widerstand einzelner und kleiner Gruppen.

8. Die Goerdeler-Gruppe

In den Monaten nach der Annahme des Ermächtigungsgesetzes vollzog sich während einer Hochkonjunktur der Anpassungsbereitschaft und des Legalitätsdenkens die Auflösung der nicht in der Regierung Hitler vertretenen bürgerlichen Parteien. Den Mehrheiten in den Parteiführungen, die Loyalitätsillusionen hegten und Verhandlungen mit der Regierung oder der NSDAP befürworteten, standen kleine Minderheiten gegenüber, die eine solche Taktik grundsätzlich ablehnten. Vergeblich bemühten sich einzelne wie Brüning, Dingeldey, Leuschner, Kaiser, Luppe, Schumacher und Letterhaus, dieser Entwicklung entgegenzutreten. Sie konnten sich nicht durchsetzen. Aus solchen Bemühungen bildeten sich halblegale kleine Kreise, die, soweit möglich, die Verbindung aufrechterhielten, sich gegenseitig berieten und trotz der Entwicklungen um den 30. Juni 1934 auf die Reichswehr hofften.

Daß im Laufe der Jahre eine Zusammenarbeit mehrerer solcher Kreise erreicht wurde, war in erheblichem Maße Carl Goerdeler zu verdanken, der bereits bei den Bemühungen Anfang 1933 eine gewisse Rolle gespielt hatte.[1]

Goerdeler wurde 1884 in einer westpreußischen Kleinstadt, in der sein Vater Richter war, geboren. Treue zur Monarchie und zum Staat waren in seiner Jugendzeit eine Selbstverständlichkeit. Als Nationalkonservativer hatte er während der Weimarer Republik zur Opposition gehört. Dennoch hatte er sich für den Staatsdienst entschieden. Nachdem er in den Jahren 1920–1930 zweiter Bürgermeister von Königsberg gewesen war, wurde er 1930 Oberbürgermeister von Leipzig, ein Beweis, daß seine Fähigkeiten als Kommunalpolitiker Anerkennung gefunden hatten. Der Jurist Goerdeler hatte sich den Ruf eines sparsamen Verwalters erworben. Außerdem hatte er Erfahrungen als stellvertretender Vorsitzender des Arbeitgeberverbandes deutscher Gemeinde- und Kommunalverbände gesammelt. Entschieden hatte er sich gegen die Zentralisierungspolitik des Reiches und der Länder gewandt und sich für die Stärkung der Selbstverwaltung der Kommunen – auch auf finanziellem Gebiet – eingesetzt.

Ende 1931, während der Weltwirtschaftskrise, wurde er von Reichskanzler Brüning zum Reichskommissar für die Preisüberwachung ernannt. Dabei unterstützte Goerdeler den Vertrauensmann Hindenburgs und dessen Deflationspolitik. Mäßigkeit und Sparsamkeit konnten seiner Meinung nach die Wirtschaft retten, nicht aber staatliche Kreditausweitung und ein Programm zur Arbeitsbeschaffung. Wirtschaftlich waren diese Auffassungen relativ überholt, und es kostete sogar Brüning Mühe, Goerdeler von seinen Dogmen abzubringen. Wegen seiner Unterstützung der Politik Brünings bekam Goerdeler Schwierigkeiten mit der eigenen Partei, den Deutschnationalen, die ihn aber Mitte 1932 als Kanzler einer Rechtsregierung präsentieren wollten. Goerdeler jedoch hätte die Leitung der preußischen Regierung unter Einbeziehung der Nazis bevorzugt. Ein Ministeramt in der Regierung Papen lehnte er ab.

Wenn ihm auch bestimmte Dinge in der NSDAP nicht paßten und er sich weigerte, der Partei beizutreten, sah Goerdeler doch auch Gutes in dieser Bewegung. Hitler seinerseits schätzte den fähigen Bürgermeister und ernannte ihn im November 1934 wiederum zum Reichskommissar für die Preisüberwachung. Ende 1935 war Goerdeler auch beim Zustandekommen eines neuen Gesetzes für die städtische Verwaltung beteiligt. In jenen Jahren glaubte er, durch persönlichen Einfluß auf Hitler, dem er verschiedentlich Denkschriften zugehen ließ, den Gang der Dinge in Deutschland günstig beeinflussen zu können. Als Optimist glaubte er bedingungslos an den Sieg des gesunden Menschenverstandes. Zunehmend mußte er erfahren, daß die neuen Machthaber auch auf finanziell-wirtschaftlichem Gebiet eigene Wege gehen wollten. Dabei war Schacht sein großer Gegenspieler. Dessen Kreditpolitik, die Versuche zur staatlichen Kreditausweitung und zur Autarkie standen in völligem Gegensatz zu den Auffassungen Goerdelers, der auf Sparsamkeit und Maßhalten drängte und dessen Vorschläge in dieser Richtung Hitler als „völlig unbrauchbar" bezeichnet hatte. Unter dem Eindruck dieser Ablehnung wurde der Fachmann Goerdeler seit 1937 ein immer heftigerer Opponent.

Ziemlich überraschend kam es dann zum Bruch mit der Partei. Schon zuvor war es zu mehreren Differenzen zwischen der Kommunalverwaltung und den örtlichen Parteiführern gekommen, die seit Anfang 1936 auf die Entfernung des Leipziger Denkmals für den Komponisten Mendelssohn gedrängt hatten. Goerdeler weigerte sich, dem nachzukommen. Da benützten sie eine Reise Goerdelers nach Finnland im Herbst, um eigenmächtig zu handeln. Nach seiner Rückkehr zog Goerdeler seinen Stellvertreter, einen Nationalsozialisten, zur Verantwortung, und als die Partei sich weigerte, nachzugeben und die Maßnahme rückgängig zu machen, trat Goerdeler aus Protest zurück.[2] Ganz abgesehen davon, daß der Antisemitismus seiner persönlichen Überzeugung zuwiderlief, erschien es ihm – der immer für die Selbstverwaltung der Kommunen eingetreten war – prinzipiell unrecht, daß der Oberbürgermeister und die Stadtverwaltung in dieser Weise von der Partei abhängig wurden. Vor allem diese Tat machte Goerdeler bekannt und populär.

Zunächst hielt Goerdeler sich noch im Hintergrund. Nach dem Konflikt mit der Partei schied die Übernahme eines öffentlichen Amtes aus. Er wollte deswegen eine Stellung in der Wirtschaft annehmen. Infolge der Bedenken der Partei und des ausdrücklichen Verbots Hitlers wurde ihm verwehrt, eine ihm bereits früher angebotene Anstellung im Krupp-Konzern zu übernehmen. 1936 war er aber auch mit einer Gruppe in Berührung gekommen, die sich um den Industriellen Robert Bosch in Stuttgart gesammelt hatte. Einer der Direktoren, Hans Walz,[3] hatte Goerdeler 1933 kennengelernt, als dieser vor einem Kreis von Industriellen sprach. Mit Einverständnis Boschs suchte Walz ihn 1936 zusammen mit einigen anderen in Leipzig auf, um sich mit ihm über die Lage in Deutschland auszusprechen. Auf Bitte Goerdelers erklärte sich Robert Bosch bereit, Kriegsminister Blomberg aufzusuchen und bei ihm auf ein Abbremsen der Aufrüstung zu drängen, da sonst die Gefahr einer übermäßigen Kreditexpansion entstünde, die Hitler nutzen könne. Dieser Besuch im September 1936 verlief völlig negativ. Als die Firma Bosch einen Berater in Berlin suchte, der dort gut eingeführt war, mit den verschiedenen Instanzen verhandeln und Informationen über die Absichten dieser Kreise liefern konnte, trat man an den damals gerade zurückgetretenen Goerdeler heran, der diese Aufgabe auch übernahm. Die neue Tätigkeit sollte ihm mehr mit Wirtschaftskreisen in Verbindung bringen. Außerdem hegte Goerdeler den Wunsch, durch Auslandsreisen seinen Horizont zu erweitern und die wirtschaftlichen Verhältnisse anderer Länder aus eigener Sicht kennenzulernen. Im Hinblick auf die deutschen Wirtschaftsprobleme schien Goerdeler das Zustandekommen einer ‚Großraumwirtschaft' auf Deutschland orientierter Länder erforderlich.

Bereits 1937 fanden mehrere Reisen statt. So besuchte er in der zweiten Jahreshälfte Belgien, England, die Niederlande, Frankreich, Kanada und die Vereinigten Staaten. 1938 wurde Goerdeler von englischen Bekannten zu einer Reihe von Vorträgen eingeladen. Im gleichen Jahr besuchte er auch Italien und verschiedene Balkanländer und 1939 Nordafrika und den Nahen Osten. Über seine Reisen, seine Eindrücke und Gespräche berichtete Goerdeler nicht nur Bosch, Schacht und Göring detailliert, sondern auch einigen Generälen, mit denen er in Verbindung gekommen war.

1935 war ein Kontakt mit dem Chef des Heeres, Beck, zustandegekommen. Über Beck wird Goerdeler in Verbindung mit dem Oberbefehlshaber, Fritsch, gekommen sein, denn dieser empfahl Goerdeler auf dessen Reisen den verschiedenen Militärattachés. Auch General Halder, der spätere Nachfolger Becks, und General Thomas gehörten zu den damaligen Kontakten Goerdelers. Nach seiner Rückkehr schickte er ihnen nicht nur ausführliche Berichte, sondern führte auch ausgedehnte Gespräche mit ihnen.

Auch Schacht gehörte zu den neuen Kontakten Goerdelers. Vermutlich betrachtete dieser ihn als einen Bundesgenossen gegen die Kriegsvorbereitung. Die wirtschaftspolitischen Divergenzen zwischen Schacht und dem preußischen Ministerpräsidenten und Vierjahresplanbevollmächtigten Göring führten 1937 zum Ausscheiden Schachts aus der Regierung. Das soll natürlich nicht heißen, daß er von dieser Zeit an dem Widerstand angehört hätte. Schacht hat eine sehr eigene Stellung eingenommen, dabei gewisse Aktivitäten Dritter zugunsten des Widerstandes gedeckt,[4] dem Widerstand selbst aber nie angehört. Was ihn dabei bewegte, blieb meistens verborgen. In dieser Hinsicht könnte, mutatis mutandis, fast eine Parallele zu der Haltung des Staatssekretärs im Auswärtigen Amt, Ernst von Weizsäcker, gezogen werden.[5]

Des weiteren stand Goerdeler in Beziehung zu dem früheren Botschafter von Hassell, der bereits unter der Monarchie in den diplomatischen Dienst eingetreten war. Ende 1937 war er als Botschafter in Rom in Ungnade gefallen, weil er sich gegen das Bündnis mit Italien gewandt hatte. Bereits früh hatte er mit der Gedankenwelt der völkischen Bewegung sympathisiert und schrieb noch 1937, daß er in der Schweiz „völkisches deutsches Empfinden mit warmem Verständnis für das Dritte Reich und scharf-antikommunistischer Einstellung“ gefunden hatte.[6] Er hatte wie Goerdeler eine Tätigkeit in der Wirtschaft übernommen. Deswegen war es auch ihm möglich, gelegentlich Auslandsreisen zu unternehmen, vor allem auf den Balkan. Im Ausland genoß er beträchtliches Ansehen. Das zeigte sich noch bei Verhandlungen mit Großbritannien im Frühjahr 1940. Andererseits ließ er sich noch Ende August 1939 vom Auswärtigen Amt eine Mission übertragen, die darin bestand, die skandinavischen Staaten zu einer deutschfreundlicheren Politik zu drängen.

Ende 1939 schloß sich Johannes Popitz[7] dieser Gruppe an, nachdem er bereits 1938 gelegentlich bei Bekannten seine Mißstimmung über den Gang der Dinge hatte durchblicken lassen. In den zwanziger Jahren war er Staatssekretär im Reichsfinanzministerium gewesen, hatte jedoch nie ein positives Verhältnis zur Weimarer Republik gehabt. Weiter war er Vorsitzender einer Kommission gewesen, der auch Goerdeler angehört hatte, die das finanzielle Verhältnis zwischen Reich und Kommunen regeln sollte. Seit 1930 hatte er die staatliche Erneuerung

Deutschlands als das wichtigste anstehende Problem betrachtet. April 1933 war er preußischer Staatsminister und Finanzminister geworden. Zunächst hatte er die Anfänge des Dritten Reiches als eine echte Revolution verstanden, gehofft, daß ein autoritärer Führerstaat das Problem des Neuaufbaus leichter würde lösen können, und Hitler daher aus voller Überzeugung gedient. Zunächst der Kirchenkampf, vor allem jedoch bestimmte Ereignisse des Jahres 1938, öffneten ihm dann die Augen. Nach der „Reichskristallnacht" beantragte er seine Entlassung, die aber abgelehnt wurde. Seither hielt er es für seine Pflicht, das Regime von innen her zu unterhöhlen und einen Regierungswechsel vorzubereiten. Dabei setzte er eine Zeitlang gewisse Hoffnungen auf Göring. Weiter hatte er, als nach Kriegsbeginn der Terror der SS in Polen bekannt wurde, bei mehreren Generälen auf ein sofortiges Handeln gedrängt, jedoch wenig Verständnis gefunden. Als eine der ersten Aufgaben einer neuen Regierung betrachtete er eine Reichsreform mit einer Neueinteilung in Länder.

Eine in gewissem Sinn ähnliche Gestalt war der mit Popitz befreundete Jens Jessen, der wie Hassell, Popitz und Beck zur Mittwochs-Gesellschaft gehörte, einer alten wissenschaftlichen Sozietät, deren Mitglieder 1933 zum Teil den neuen Führerstaat begrüßt, sich zum Teil angepaßt hatten, wo jedoch ab 1938 auch oppositionelle Töne laut wurden.[8] Jessen war ein begeisteter Nationalsozialist gewesen und hatte schon seit 1929 mit der Münchner Parteizentrale in Verbindung gestanden. Er war Wirtschaftswissenschaftler und wurde 1935 zum Professor in Berlin ernannt. Im Nationalsozialismus sah er die einzige Möglichkeit, Deutschland vor dem Kommunismus zu retten. Damals hoffte er noch, daß es der SS als einer Elite gelänge, die Führung im Staat an sich zu reißen, und er forderte seine Studenten zum Beitritt zu dieser Organisation auf. Da er aber gegenüber bestimmten Mißständen in der Partei nicht blind war und jegliche Form von Korruption verabscheute, geriet er im Lauf der Jahre mit der Partei in Konflikt, weil diese das Verhalten gewisser Mitglieder deckte. Seit 1939 beteiligte er sich in zunehmendem Maße an oppositionellen Gesprächen mit Popitz, Hassell und anderen. In Jessens Wohnung wurde Beck im Juli 1941 gedrängt, gegen die verbrecherischen Befehle für den Rußlandfeldzug zu protestieren.[9] Auch das führte aber zu großen Enttäuschungen. Da er sich zu sehr mit dem Regime identifiziert hatte, mußte er nun eine Doppelrolle spielen. Auf diese Weise konnte er doch noch das eine oder andere für den Widerstand tun. Trotz seiner engen Bindung an Goerdeler hatte er gewisse Sympathien für den Kreisauer Kreis und tat sein Möglichstes, die Gegensätze zwischen beiden Gruppen zu überbrücken. Im Krieg hatte er eine militärische Funktion, wobei er den Kontakt zwischen oppositionellen Militärs an der Front und dem Widerstand in Deutschland aufrechterhielt.

Zu dieser Gruppe gesellte sich auch der frühere Landesgeschäftsführer der Christlichen Gewerkschaften, Jakob Kaiser,[10] der einer der Gewerkschaftsvertreter in der Reichstagsfraktion des Zentrums gewesen war. Dort hatte er sich gegen die Wahl von Kaas als Parteivorsitzenden und den Kompromißkurs gegenüber der Regierung Papen gewehrt. Noch vor der Auflösung der Christlichen Gewerkschaften 1933 hatte er sich an geheimen Besprechungen über einen Zusammenschluß der großen Gewerkschaftsbünde beteiligt. In den folgenden Jahren hatte er sich des Schicksals der entlassenen Gewerkschaftsangestellten angenommen. Er war mehrfach verhaftet worden.

1940 hatte er Goerdeler den Kontakt zu Wilhelm Leuschner[11] vermittelt. Leuschner war Gewerkschaftsführer, Abgeordneter und von 1928–1933 Innenminister in Hessen gewesen. Weil er damals mit seiner Polizei den Gewalttaten der Nazis kräftig entgegengetreten war, war er besonders verhaßt. Als die Machtübernahme stattfand, war er gerade in den Bundesvorstand des Allgemeinen Deutschen Gewerkschaftsbundes gewählt worden und hatte Aussicht, den Posten des Vizedirektors des Internationalen Arbeitsamtes in Genf zu bekommen. Er traf sich mit Oppositionellen, mußte aber auch an Verhandlungen zwischen der ADGB und der NSBO teilnehmen. Da er sich geweigert hatte, seine Gewerkschaftsverbindungen in den Dienst der neuen Machthaber zu stellen, und sich sogar durch sein Schweigen auf einer internationalen Konferenz öffentlich von ihnen distanziert hatte, war auch er ‚zur Besserung' in ein Konzentrationslager geschickt worden. Hier hielt er aber alle Qualen und Bedrängnisse mutig aus und wurde nach zwei Jahren zu seiner nicht geringen Verwunderung wieder entlassen. Er konnte in Berlin eine Fabrik übernehmen. Sein großes Ziel war die Vorbereitung einer Einheitsgewerkschaft, die eine stärkere Waffe der Arbeiter darstellen sollte. Mit Hilfe von Hermann Maass, Ernst Lemmer, Max Habermann, Jakob Kaiser und anderen wurden im ganzen Land Vertrauenspersonen geworben und der Aufbau der zukünftigen Organisation der Gewerkschaften vorbereitet.

Über Beck lernte Goerdeler im Laufe des Jahres 1941 den Studienrat und Hauptmann der Reserve Hermann Kaiser kennen. Dieser arbeitete beim Befehlshaber des Ersatzheeres, Fromm. Diese Dienststelle wurde im Lauf der Jahre eines der wichtigsten Zentren der Widerstandsbewegung in Berlin. Hatte Kaiser sich am Anfang von den Nationalsozialisten eine Änderung in den innen- und besonders den außenpolitischen Verhältnissen seines Landes erhofft, so war ihm bald klargeworden, daß Hitler sich der preußisch-deutschen Tradition nur als eines Instrumentes für seine Politik bediente. Damit war er immer mehr zum Gegner des Regimes geworden. Er soll relativ früh zu der Meinung gekommen sein, daß eine gewaltsame Beseitigung Hitlers die notwendige Voraussetzung für das Gelingen eines Staatsstreichs sei. Goerdeler schätzte Kaiser, der sein Berliner Kontaktmann zum Militär wurde. Auf Bitte Goerdelers hat er auch manchmal Nachrichten und Dokumente an Beck übermittelt. Mehrere Gespräche mit dem Historiker Meinecke hatten ihn in seiner Widerstandshaltung bestärkt. Im Sommer 1940 schrieb er seiner Schwester: „Vielleicht kommt es doch so, daß eine siegreiche Armee dann auch innenpolitisch durchgreift und alle unreinen Elemente aus der Verwaltung wieder beseitigt, Schulen und Universitäten wieder aufbaut, die Wirtschaft reinigt, die Kirche achtet als höchste Instanz eines gläubigen Volkes, das durch ein tiefes Tal mußte, um geläutert zu werden."[12] Vor allem hatte Kaiser ein gutes Verhältnis zum Chef des Allgemeinen Heeresamtes, Olbricht. Dieser zog Kaiser oft ins Vertrauen und deckte seine Tätigkeit. So wurde Kaiser eine

Art von Vermittler zwischen militärischem und zivilem Widerstand. Henning von Tresckow von der Heeresgruppe Mitte besprach mit ihm beispielsweise mehrfach Details einer Aktion. In Kaisers Dienstzimmer haben sich Goerdeler und Stauffenberg kennengelernt.

Durch den Großgrundbesitzer Wenzel-Teutschenthal war Goerdeler mit einem Kreis von Industriellen und Wirtschaftlern in Verbindung gekommen, dem sogenannten ‚Reusch-Kreis', der sich regelmäßig bei Wenzel traf. Verschiedentlich hat Goerdeler an Diskussionen in diesem Kreis teilgenommen und dessen Mitglieder auch über seine persönlichen Auffassungen informiert. So blieb er auch mit den wirtschaftlichen Verhältnissen Deutschlands und den diesbezüglichen Fachinformationen aus dem Ausland vertraut.

Über die Wirtschaftsprobleme nach dem Sturz des Hitlerregimes sprach Goerdeler mehrfach mit dem späteren Wirtschaftsminister und Bundeskanzler Ludwig Erhard. Dieser sandte Goerdeler Anfang 1944 ein Exemplar seiner Denkschrift ‚Kriegsfinanzierung und Schuldenkonsolidierung'. In seinem politischen Testament bemerkte Goerdeler: „Dr. Erhard vom Forschungsinstitut der deutschen Industrie in Nürnberg hat über die Behandlung dieser Schulden eine sehr gute Arbeit geschrieben, der ich im wesentlichen beistimme. Er wird euch gut beraten."[13] Zu den engen Mitarbeitern Goerdelers gehörte auch Hans Bernd Gisevius.[14] Er hatte zum jungkonservativen Juni-Klub gehört. Zunächst bei der Polizei tätig, wurde er von der Gestapo übernommen. Daher verfügte er über viele Informationen und wichtige Kontakte. Von 1938 bis 1940 hat er im bürgerlichen Widerstand eine wichtige Rolle gespielt; die späteren Entwicklungen konnte er nur aus der Ferne verfolgen. Weiter wäre als Mitarbeiter Goerdelers noch der Oberst Wilhelm Staehle zu erwähnen, der zuletzt Kommandant der Invalidensiedlung in Berlin-Frohnau war.[15]

Die Goerdeler-Gruppe war also vor allem ein Zusammenschluß von nationalkonservativen und älteren Persönlichkeiten und fast eine Art von Schattenkabinett. Als Mittelpunkt dieser Gruppe entfaltete Goerdeler eine ungeheuere Aktivität. Er war es, der unaufhörlich die zögernden Generäle zum Handeln drängte. Von seiner Aufgabe gleichsam besessen, bediente er sich nicht immer der richtigen Taktik bei Beratungen mit Gesprächspartnern. Diese konnten sich von ihm zuweilen mit Recht überfahren fühlen. Dabei war er ziemlich unvorsichtig. Vielleicht müssen wir einräumen, daß das im Wesen dieser Arbeit lag. Niemand aber kann behaupten, es habe Goerdeler an Mut und Energie gefehlt. Auch hat er sich für eine breite Zusammenarbeit von oppositionellen Kreisen zur Bekämpfung des Regimes eingesetzt. Als Anfang 1938 – er war eben von einer Auslandsreise zurückgekehrt – die sogenannte Fritsch-Krise ausbrach, war Goerdeler einer der wenigen, der darin eine Chance erblickte, Deutschland vom Hitler-Regime zu befreien. Generäle, die er kannte, ersuchte er – vergeblich –, gegen die Gestapo vorzugehen und einen Staatsstreich zu unternehmen. Dennoch trug diese Aktivität dazu bei, daß sich im Lauf des Jahres 1938 in bürgerlichen Kreisen eine Oppositionsgruppe bildete, mit Goerdeler und den vorher Genannten als Kern. Damit gab es immerhin eine Gruppe, die sich, wenn sich eine günstige Chance bot, einschalten und zum Handeln drängen konnte. Aber Goerdeler war ihr Motor. Als Beck 1938 in mehreren Denkschriften seine Bedenken gegen Hitlers Kriegspolitik formulierte, stützten sich seine Begründungen vor allem auf Unterlagen Goerdelers. Als in den Wochen nach dem Münchener Abkommen allgemeine Erleichterung über die Abwendung der drohenden Kriegsgefahr bestand, war es der sehr enttäuschte Goerdeler, der seine Kontaktpersonen zu neuer Aktivität ermunterte und auf Umwegen die englische und französische Regierung zu einer härteren Politik gegenüber Hitler aufforderte. So wandte er sich im September 1939 in einem in Brüssel diktierten Memorandum für die englische Regierung gegen einen Verständigungsfrieden mit Hitler und warnte die neutralen Staaten, dabei zu vermitteln. Und als Ende 1939 der Angriff im Westen bevorstand, war es wiederum Goerdeler, der keine Gelegenheit versäumte, mit der Heeresführung und dem Westen Verbindung aufzunehmen und vor Hitler und seiner Politik zu warnen. Weiter betonte er in einem Brief vom 1. Juli 1940 das

Friedensbedürfnis der Westmächte und schrieb: „Aber die Reichsregierung zog den Krieg vor ...".

Beck mußte ihn oft zur Vorsicht mahnen und war über Goerdelers sanguinische Art häufig beunruhigt. Auch Hassell hatte verschiedene Bedenken gegen Goerdeler und verglich ihn in Auftreten und Auffassungen mit Kapp.[16] Aber beide waren froh, inmitten so vieler Zögerer und Anpasser einen Mann wie Goerdeler zu haben. Wenn Goerdeler sich einmal optimistisch, dann wieder pessimistisch hinsichtlich der Chancen äußerte, so hielt sein Pessimismus doch nie lange vor. Das entsprach einfach nicht seinem Temperament. Immer wieder glaubte er neue Möglichkeiten entdeckt zu haben und spornte seine Mitarbeiter an, noch auszuhalten und alle verfügbaren Kontakte zu nutzen. Dabei spielte Goerdeler eine Zeitlang mit dem Gedanken, Göring gegen Hitler ausspielen zu können, hoffte sogar auf die Möglichkeit eines Gespräches mit Hitler, von dem er sich übertriebene Vorstellungen machte. Während des Krieges besuchte Goerdeler mehrere Generäle – auch an der Front –, ohne auch nur ein einziges Mal verraten zu werden, und bat sie, sich an einem Staatsstreichsversuch zu beteiligen und die Initiative dazu zu übernehmen. So fuhr er 1942 zu einer Aussprache mit Generalfeldmarschall von Kluge nach Smolensk. Immer wieder mußte er aber erleben, daß auf die Generäle, von einigen Ausnahmen abgesehen, nicht zu zählen war. Alle diese Reisen wurden durchweg durch Aufträge der Firma Bosch gedeckt, und General Oster von der Abwehr half mit falschen Dokumenten, um es Goerdeler zu ermöglichen, auch die Generäle an der Front zu besuchen. Das war einem Zivilisten streng untersagt. Goerdeler mußte sich auf diesen langen Reisen schweren Anstrengungen aussetzen. Aber er gab nicht auf, obgleich immer wieder von der kühlen und abweisenden Reaktion seiner Gesprächspartner tief enttäuscht. Im Mai 1943 hat er sich an den Stabschef beim Befehlshaber des Ersatzheeres, Olbricht, mit der Bitte gewandt, den psychologisch richtigen Moment herbeizuführen und zu handeln.

Welche Ansichten bestanden nun in dieser Gruppe im allgemeinen und bei Goerdeler im besonderen über die politische

Entwicklung?[17] Man forderte in diesem Kreis nicht nur eine Liquidierung des Dritten Reiches, sondern strebte auch ganz bestimmte Veränderungen an. Dabei ist zu bedenken, daß die oft schnell wechselnde internationale Lage von starkem Einfluß war und daß die erhalten gebliebenen Dokumente nur Momentaufnahmen sind. Außerdem steht fest, daß innerhalb der Goerdeler-Gruppe hinsichtlich mehrerer Fragen auch unterschiedliche Meinungen bestanden. Dennoch lassen sich einige gemeinsame Gedanken aufzeigen. Den Nationalkonservativen der Goerdeler-Gruppe galt das alte Europa noch immer als Nabel der Welt, und die ‚weiße Rasse' als allen anderen Rassen überlegen. Und in der Vorstellungswelt dieses Personenkreises besaß das große Reich Bismarcks, ergänzt durch Teile der früheren Donaumonarchie, Modellcharakter. Es war der Kern eines politisch und wirtschaftlich vereinten Mitteleuropa, das als unabhängige Weltmacht aus Gründen der Selbstachtung und wegen der Rohstoffversorgung auf Kolonialbesitz Anspruch erheben konnte, ja mußte. Statt eine eventuelle Begrenzung der nationalen, auch der deutschen Souveränität ins Auge zu fassen, strebte die Gruppe eher eine deutsche Hegemonie an. Ihr außenpolitisches Programm läßt sich auf die Formel bringen: Revision des Versailler Vertrages – nicht wegen seines nationalistischen Inhalts, sondern weil er das deutsche Nationalgefühl verletzt hatte. Als Hitler diese Revision mit einem europäischen Krieg erreichen wollte, wurde das von dieser Gruppe abgelehnt. Das war einer der Gründe für die Staatsstreichvorbereitung von 1938. Nachdem Hitler eine Zahl von außenpolitischen Erfolgen erzielt hatte und Deutschland zu großen Kraftanstrengungen und Leistungen imstande schien, beeinflußte das auch die Gedankengänge dieser Gruppe. Ziemlich genau läßt sich das bei einem Mann wie Goerdeler verfolgen. Sein Revisionsprogramm dehnte sich zu einer Großraumpolitik aus, und das war nicht gerade eine geeignete Grundlage für Verhandlungen mit dem Ausland. Überdies hätten solche Vorstellungen eine spätere europäische Zusammenarbeit gewiß erschwert.

Der Hitler-Stalin-Pakt vom August 1939 brachte Unsicherheit und die Rückkehr der Sowjetunion in die Politik Kontinentaleuropas bei gleichzeitiger Distanzierung zu Großbritannien, und damit eine wachsende Isolierung Deutschlands. Um diese Gefahr zu vermindern, trat die Gruppe mit Großbritannien in Verbindung und bemühte sich erneut, einen Staatsstreich herbeizuführen, überschätzte dabei aber zwei Dinge: die englische Angst vor dem Bolschewismus und den Wunsch Englands, zu einem Interessenausgleich mit Deutschland zu kommen – einem Deutschland, das in seiner damaligen Position bereits zu einer starken Bedrohung geworden war.

Die schnellen Erfolge des Hitlerschen Blitzkriegs brachten diese Gruppe zwar nicht ins Wanken, beeinflußten aber doch ihre Haltung. Deutschland war jetzt Großmacht geworden, und seine Hegemonie beschränkte sich nicht länger auf Mitteleuropa. In mehreren Ausarbeitungen begegnen wir dem Gedanken an eine Wiedergeburt des Reiches in einem an mittelalterliche Zeiten erinnernden Umfang. Produkt dieser Phase ist unter anderem das Memorandum Goerdelers ‚Das Ziel', das in gemeinsamen Überlegungen mit Beck zustandekam. Die Endredaktion erfolgte 1941, also noch vor dem Angriff auf die Sowjetunion. Im außenpolitischen Teil dieser Denkschrift steht zu lesen, daß für Deutschland nur dann eine echte Lösung erreicht sein werde, wenn es gelänge, den Gedanken des Nationalstaates mit dem notwendigen Anspruch auf einen Großraum zu vereinen. Genau wie Bismarck die deutsche Einheit unter preußischer Führung zustande gebracht habe, so müsse Deutschlands Vormachtstellung in Europa allgemein anerkannt werden. Dazu wurden vor allem geopolitische Begründungen herangezogen und wiederholt Worte aus dem sozialdarwinistischen Denkmodell – wie Rasse, Blut, Boden und Kampf – verwendet. Um die erwähnte Aufgabe erfüllen zu können, brauche Deutschland eine starke Armee, die, wie man hoffe, einst zum Kern aller europäischen Streitkräfte werde!

Auch Hassell zeigte sich von Hitlers Erfolgen beeindruckt und trug zum Wiederaufleben des Reichsgedankens bei. Er betonte die europäische Führerrolle Deutschlands und hegte die Hoffnung, jetzt könne es gelingen, die europäischen Völker unter der Fahne des Antikommunismus hinter dem Dritten

Reich zu sammeln und die Neuordnung Europas in Angriff zu nehmen.[18] Seit 1941 wurde allerdings weniger von einer deutschen Hegemonie als vielmehr von einem europäischen Bund selbständiger und gleichberechtigter Nationalstaaten gesprochen. Diese Veränderung ist sicher von der militärischen Entwicklung beeinflußt, von der Teilnahme der Sowjetunion und der Vereinigten Staaten am Krieg und von dem „Meer von Haß" (Hassell), das durch die deutschen Verbrechen in den besetzten Gebieten geschaffen worden war. Damit schienen die früheren Vorstellungen ihren Wert eingebüßt zu haben, und so wurden auch die Nationalkonservativen Gedanken anderer Gruppen des Widerstandes zugänglicher. Das Ereignis dieser Wandlung, dieser Loslösung von früheren und überholten Gedankengängen, fand in Ausarbeitungen späteren Datums seinen Niederschlag, etwa in ‚Der Weg', einer Anfang 1944 abgeschlossenen Schrift.[19] Sie bietet eine Übersicht der Entwicklungen in Deutschland während des Kaiserreiches, der Weimarer Republik und des Nationalsozialismus. Dieses dort entworfene Geschichtsbild kann dazu gedient haben, die verschiedenen Strömungen innerhalb des Widerstandes enger zusammenzuschmieden. Es kommt darin eine stärkere Distanzierung von der Politik Bismarcks und eine eingehendere und positivere Bewertung der Weimarer Zeit zum Ausdruck. Bei der Darstellung der nationalsozialistischen Außenpolitik wird einerseits die Kriegspolitik Hitlers scharf verurteilt, andererseits mehrere frühere Äußerungen aus der Schrift ‚Das Ziel' korrigiert. Wenn auch – als eine gewisse Entschuldigung – die Politik der übrigen Länder gegenüber Deutschland und Hitler angeprangert wird, so liegt der Schwerpunkt doch auf der Verurteilung der egoistischen Machtpolitik und der begangenen Verbrechen und Gewalttaten. Eine wenige Monate später konzipierte vorläufige Regierungserklärung bringt zum Ausdruck, daß es ein völlig falscher Ausgangspunkt war, zu glauben, die Zukunft Deutschlands ließe sich auf dem Unglück, der Unterdrückung und Geringschätzung anderer Völker aufbauen.

Wie stand es in dieser Gruppe um die Auffassungen über die Innenpolitik?[20] Der für die deutsche Entwickung auf diesem

Gebiet charakteristische Dualismus, der nach 1918 ein ernstes Hindernis für eine Einwurzelung des demokratisch-parlamentarischen Systems dargestellt hatte, durch die nationalsozialistische Revolution mit ihrem Schlagwort von der ‚Volksgemeinschaft' jedoch überwunden schien, hat die Ansichten der Goerdeler-Gruppe stark beeinflußt. Ein wichtiger Teil der Goerdeler-Gruppe gehörte zu den traditionellen Eliten und war mehr oder weniger von elitären Gedankengängen geprägt. Hassell und Popitz waren der Meinung, die gesamte Gesellschaft müsse dem Staat untergeordnet sein, wenn auch Hassell ein mehr dezentralisiertes Modell befürwortete. Goerdelers Staatsauffassung war typisch liberal. Betrachtet man die Konzepte, die als Entwurf eines Grundgesetzes erarbeitet wurden, so fallen bei Popitz, Jessen und Hassell stark autoritäre, sogar faschistoide Züge auf – „völkischer Führerstaat ohne Hitler" –, bei den anderen liegt der Schwerpunkt auf dem Prinzip der Selbstverwaltung für die unteren Organe und Behörden. Parteien stand man außerordentlich kritisch gegenüber. Die öffentliche Meinungsbildung spielt eine recht geringe Rolle. Während einerseits der starke Wunsch nach einer eigenen ‚deutschen' Entwicklung zu spüren ist, die von der geographischen Mittellage zwischen Ost und West auszugehen hätte, weisen einige Vorstellungen eine gewisse Ähnlichkeit mit Gedanken aus den Widerstandsbewegungen anderer Länder auf. Im allgemeinen überwogen antiliberale und romantische Ideen. Auf sozialwirtschaftlichem Gebiet neigte Goerdeler eher zu liberalen Vorstellungen, im Gegensatz zu den staatssozialistischen Ansichten eines Mannes wie Jessen. Goerdeler zufolge mußte sich der Staat den liberalen Prinzipien des Wirtschaftslebens beugen. Aus einer fast patriarchalischen Haltung lehnte Goerdeler eine Ausweitung der Sozialpolitik ab; die existierende Sozialgesetzgebung erschien ihm ausreichend. Arbeitslosigkeit sah er in einem gewissen Umfang als unvermeidbar an. Vor allem wegen solcher Auffassungen wurde Goerdeler von anderen als ‚Reaktionär' bezeichnet. Im Lauf der Jahre läßt sich bei ihm aber eine zunehmend positive Haltung zur Sozialpolitik feststellen. Das wird vor allem auf den Einfluß eines Mannes wie Leuschner zurückzuführen sein, der nicht nur als ehemaliger Gewerkschaftsführer manchmal andere Ansichten hatte als der von einer Art von Ständestaat träumende Goerdeler, sondern sich auch mittels Skizzen für ein zukünftiges Regierungsprogramm besonders intensiv mit den Forderungen der Zukunft befaßte. In diesem Rahmen interessierten ihn vor allem Fragen einer neuen Sozialordnung wie z.B. Arbeitszeit und Arbeitsrecht. Wenn auch in manchen Einzelfragen keine Einigkeit erzielt wurde, hatte Goerdeler schließlich der Bildung einer Einheitsgewerkschaft zugestimmt.[21]

Hinsichtlich der Staatsform neigte die Goerdeler-Gruppe zu einer Wiedereinführung der Monarchie unter einem Hohenzollernprinzen und einer etwaigen Rückkehr des Hauses Wittelsbach in Bayern. Vor allem Popitz, aber auch Goerdeler waren Befürworter der Monarchie. Das Parlament sollte nach der Ansicht der Goerdeler-Gruppe aus zwei Kammern bestehen. Eine zweite Kammer (Reichstag) sollte zur einen Hälfte von den Provinziallandtagen gewählt werden, zur anderen auf dem Weg einer allgemeinen direkten Wahl. Die erste Kammer (Reichsständehaus) sollte aus Vertretern der Kirchen, den Rektoren der Universitäten, aus Vertretern von Arbeitgebern und Arbeitnehmern und aus fünfzig angesehenen Deutschen aller Stände bestehen. Der Verwaltungsorganisation legte man die in der nationalsozialistischen Zeit geschaffenen Gaue zugrunde. Leitgedanke war, daß die Parlamentsmitglieder eine geschulte Elite darstellen sollten, und deshalb galt als Grundregel, daß ein Parlamentskandidat zuerst in den unteren Organen und den Berufsorganisationen Erfahrungen gesammelt haben mußte, ehe er wählbar war.

Einen schwachen Punkt bildete die Gestaltung des kulturellen Lebens. Dieser Bereich lag eigentlich völlig jenseits der Interessensphäre Goerdelers, der hier von recht überholten Ideen ausging.[22] Eine wirkliche Reform des Schulwesens oder des wissenschaftlichen Unterrichts wurde von der Goerdeler-Gruppe nicht erarbeitet. Auf kirchlichem Gebiet wollte Goerdeler die evangelischen Landeskirchen in einer Gesamtkirche vereinigen und für die katholische Kirche einen deutschen Primas vorsehen. Bezeichnend war der Vorschlag einer Einstellung der finanziellen Unterstützung der Kirche durch den Staat. Im allgemeinen stand Goerdeler der katholischen Kirche mit einer gewissen Distanz gegenüber. Obwohl er evangelischer Christ war, besaß die Kirche bis dahin für ihn nur eine traditionelle Funktion. Vor allem Gespräche mit Asmussen und Bonhoeffer[23] in den Kriegsjahren führten in dieser Hinsicht eine Wandlung herbei.

Im Lauf der Kriegszeit machte sich in verschiedenen Gruppen des Widerstandes eine Entwicklung bemerkbar, die mit dem Begriff ‚Generationsunterschied' zwar nicht ganz erklärbar ist; gleichwohl hat dieser Umstand einen großen Einfluß gehabt. Zunehmend übten vor allem Jüngere, geprägt von der Weltwirtschaftskrise und deren Folgen, Kritik an den ‚Honoratioren' und an deren Gedanken über die Entwicklung nach einem Sturz des Hitlerregimes. Die führenden Personen der Goerdeler-Gruppe waren zu einem großen Teil noch in der Zeit vor dem Ersten Weltkrieg aufgewachsen. Während der Weimarer Republik hatten sie zur politischen Opposition gehört. Sie waren sich der Bedingungen der modernen Gesellschaft nur unzulänglich bewußt und waren infolgedessen derart von der Vergangenheit geprägt, daß sie sich, wie die anderen meinten, auf die Forderungen der Zukunft nur unzureichend einstellen konnten. Dazu kam, daß sie auf Grund ihrer Erfahrungen gegenüber den Jüngeren, denen diese Erfahrung noch fehlte, eine gewisse Überheblichkeit an den Tag legten. Die Differenzen wurden nicht immer ausgetragen, denn sie alle waren in dieser Zeit des Hitlerregimes zum Theoretisieren verurteilt. Personen beider Gruppen, wie Schulenburg, Jessen und Yorck, haben sich für einen Ausgleich eingesetzt. Goerdelers Hang, jeglichen Unterschied zu verwischen, reizte die anderen zum Widerspruch. Darauf kam es am 8. Januar 1943 zu einer Aussprache im Hause des Peter Yorck von Wartenburg;[24] sie wurde von Beck geleitet. Aus der Goerdeler-Gruppe waren Goerdeler, Hassell, Popitz und Jessen anwesend; von den Jüngeren Helmuth von Moltke, Peter Yorck, Adam von Trott und Eugen Gerstenmaier. Nicht zuletzt wegen einer etwas unglücklichen

Taktik Goerdelers mißlang eine Überbrückung der Differenzen. Zwar war man sich darin einig, daß jetzt so bald wie möglich ein Staatsstreich zu erfolgen habe. Doch waren damit die Differenzen nicht vom Tisch. Gerade jene, die zuvor vermittelt hatten, zeigten jetzt für die Gedanken der Jüngeren mehr Verständnis. Sie wollten mit Goerdeler über die kontroversen Punkte sprechen. Jessen, der die Einladung zu diesem Gespräch an Goerdeler überbracht hatte, erklärte: „Der junge Kreis lehne Goerdeler ab, dies müsse ihm klargemacht werden und ermittelt werden, was er selbst wolle."[25] Solche Bedenken wurden auch von seiten mehrerer jüngerer Offiziere, wie Schulenburg[26] und Schwerin von Schwanenfeld[27], geäußert.

Wenn auch Stauffenberg von den Ideen Goerdelers wenig hielt, hatte er ihm sein Ehrenwort gegeben, daß er zu „einem gemeinsamen Gewaltakt gegen den Führer" fest entschlossen sei. Die Ereignisse des 20. Juli mußte Goerdeler aus der Ferne erleben, denn am 17. Juli war gegen ihn ein Haftbefehl ergangen. Nach dem Mißlingen des Attentats wurden die meisten Personen der Goerdeler-Gruppe, deren Namen bekannt waren oder wurden, festgenommen. Erst am 12. August 1944 wurde Goerdeler nach wochenlanger Flucht verhaftet. Ihm und den meisten dieser Gruppe wurde der Prozeß gemacht. Nur einzelne wie Jakob Kaiser wurden nicht gefunden oder kamen mit dem Leben davon.

gehörte Moltke

9. Der Kreisauer Kreis

1938 gebildet
1941 ausgebaut

Dieser Name[1] wurde von Theo Haubach in einer Vernehmung verwendet und dann von der Gestapo übernommen. Auf dem Gut Kreisau in Schlesien trafen sich die Vertreter der Gruppen dieses Kreises dreimal in den Jahren 1942 und 1943. Der Kreis hatte einen Kern von etwa 20 Personen, der als Initiativgruppe sich bei der Ausarbeitung ihrer Zielsetzungen beraten ließ von älteren Sachverständigen aus unterschiedlichen Parteien, die während der Weimarer Zeit noch weit von einander entfernt standen. Nach einer erst vor kurzem entdeckten Erläuterung zu einem außenpolitischen Memorandum aus dem Frühjahr von 1942 setzte sich der Kreisauer Kreis aus Verbindungspersonen von fünf Gruppen zusammen: „Verbindungsleute aus den Arbeiterkreisen (frühere sozialistische und christliche Gewerkschaftler, besonders auch der jüngeren Generation) mit Verbindungsleuten aus dem staatlichen und dem kommunalen Verwaltungs- bzw. Behördenapparat, mit Verbindungsleuten zu führenden Kreisen der kämpfenden Kirche (Protestanten und Katholiken), mit Verbindungsleuten zu militärisch einflußreichen Kreisen und mit jüngeren Wirtschaftsführern."[2] Die meisten Kreisauer hatten die demokratische Republik von Weimar unterstützt, mehrere in staatlichen Funktionen. Drei der Kreisauer, die Sozialdemokraten Mierendorff, Leber und Haubach, hatten mehrere Jahre in Gefängnissen und Konzentrationslagern verbracht, bevor sie Ende der dreißiger Jahre freigelassen wurden. Weitere wie Reichwein, Einsiedel, Lukaschek, Steltzer und nachher auch Gablentz und Husen hatten in der NS-Zeit ihre Ämter und Funktionen verloren. Neben zwei evangelischen Theologen gehörten auch vier Jesuiten zum Kreisauer Kreis. Die zahlreichen Übergriffe des Staates im kirchlichen Bereich sowie die Attacken auf Priester und Ordensleuten während der Zeit des Kirchenkampfes hatten sie zu politischen Gegnern des Naziregimes gemacht.

Die Personen, die sich später zum Kreisauer Kreis zusammenschlossen, wurden entscheidend von Bewegungen und Ereignissen während des Ersten Weltkriegs und danach geprägt. Die Jugendbewegung, die Arbeitslager für Studenten, Bauern und Arbeiter, der religiöse Sozialismus, der Jungsozialismus und Wandlungen in den sozialen Auffassungen auf katholischer Seite gaben viele Anregungen; die Folgen des Ersten Weltkriegs, die Jahre der Weltwirtschaftskrise und der Massenarbeitslosigkeit, der Aufstieg und die Ausbreitung des Nationalsozialismus waren persönliche Erfahrungen.

In keinem anderen Land hat die Jugendbewegung einen solch großen Einfluß ausgeübt wie in Deutschland. Sie war eine Protestbewegung und hat diesen Charakter behalten. In ihr protestierte die junge Generation gegen die Gesellschaft und den Materialismus der Erwachsenen. Die meisten Kreisauer haben in dieser oder jener Form den Einfluß der Jugendbewegung erfahren. Der nationalistische Charakter der Jugendbewegung in ihrer späteren Phase hatte auf sie eine geringe Wirkung. Von entscheidender Bedeutung für sicher sieben von ihnen waren die Arbeitslager in Schlesien, wo Studenten, junge Bauern und junge Arbeiter zusammen lebten, arbeiteten und diskutierten. Hier kamen Gruppen miteinander in Berührung, die sonst aneinander vorbeigingen. Bewußt wurden für die einzelnen Arbeitslager konkrete Themen gewählt. In Schlesien herrschte große Arbeitslosigkeit; die Industriewerke waren veraltet und es gab viele Flüchtlinge aus jenen Gebieten, die auf Grund des Versailler Vertrages an Polen gekommen waren. Die Aufgaben waren also vielfältig, und jedes Arbeitslager nahm sich eines bestimmten Problems an. Zum Zwecke einer möglichst umfassenden Information über die Maßnahmen, die Regierungsstellen und Berufsverbände auf diesem Gebiet bereits getroffen hatten, und auch, um die Wünsche der jungen Generation vorzutragen, wurde während jedes Arbeitslagers eine Aussprache mit Erwachsenen in führenden Positionen veranstaltet, was auch verhindern sollte, daß sich Erwachsene und Jugendliche als zwei getrennte Gruppen betrachteten. Die Erwachsenen machten auf diesen Treffen die Teilnehmer mit den Problemen vertraut und berichteten, was bereits unternommen wurde und welche Pläne bestanden, die Jüngeren hörten zu und trugen ihre Gedanken vor. Als Schluß einer solchen Aussprache wurden gemeinsame Empfehlungen formuliert. Auf diese Weise wurde die junge Generation mit der Arbeit der Erwachsenen konfrontiert, während sich diese ihrerseits daran gewöhnten, auch auf die Jugend zu hören. Dem späteren Kreisauer Kreis gehörte eine Zahl von Teilnehmern dieser Arbeitslager aus den Jugendgruppen und von den Erwachsenen an. Einige von ihnen gehörten sogar zu der Gruppe der Veranstalter. Ihnen war die Zusammenarbeit von Alt und Jung zur gemeinsamen Lösung bestimmter Probleme eine Selbstverständlichkeit. In Gesprächen während des Zweiten Weltkriegs kam man mehrfach auf diese Zeit der Löwenberger Arbeitsgemeinschaft zurück, die sich in gewissem Sinne als eine Art Vorphase der späteren Kreisauer Arbeit bezeichnen läßt.

Der religiöse Sozialismus in Deutschland stellte einen Versuch dar, Kirche und Arbeiterwelt, die einander entfremdet waren, wieder zusammenzubringen und soziale Gegensätze zu überbrücken. Die Veröffentlichungen Tillichs und seiner Gesinnungsgenossen boten Gelegenheit, für Formen der Zusammenarbeit von evangelischen Christen und Arbeitern neue Wege zu finden und über die auf breiten Gebieten notwendige Erneuerung zu diskutieren. Außerdem wurde von ihnen auf die Gefahr des Nationalsozialismus hingewiesen. Mehrere Kreisauer waren Schüler religiöser Sozialisten. Drei von ihnen, Reichwein, Mierendorff und Haubach, gehörten dem Beirat einer ihrer Zeitschriften, der ‚Neuen Blätter für den Sozialismus',[3] an. Der Jungsozialismus, der eng mit dem Namen ‚Hofgeismar' verbunden ist, befürwortete eine Verjüngung und Erneuerung der deutschen Sozialdemokratie. Carlo Mierendorff, kurze Zeit Reichstagsabgeordneter und politischer Kopf des Kreisauer Kreises, schrieb damals: „Aus dem Revisionismus von gestern ist der Konservativismus von heute geworden, der dem ganzen rechten Flügel der Sozialdemokratie das Gepräge gibt. Wenn die neue Linke sich entwickeln will, so muß sie sich im Gegensatz zu diesem Konservativismus aus der Zusammenfassung aller aktivistischen Kräfte konstituieren."[4] In mehreren Äußerungen der katholischen Jugend war während dieser Zeit eine starke Auflockerung der ideologischen Vorbehalte und eine Aufgeschlossenheit für das Neue spürbar. Es handelte sich mehr oder weniger um eine Emanzipationsbewegung, die sich an der neuen Volksgemeinschaft berauschte; ihr waren Begriffe wie ,Klasse' und ,Partei' verdächtig. Dazu aber trat ein wachsendes Interesse für soziale Fragen und für das Verhältnis zwischen Katholizismus und Sozialismus. In der Zeitschrift der süddeutschen Jesuiten, ,Stimmen der Zeit', zu der die Patres Rösch, Delp, König und von Galli gehörten, wurde zum Beispiel eine Bewegung wie die des religiösen Sozialismus positiv bewertet.

Zu den gemeinsamen persönlichen Erfahrungen gehörte zunächst der Erste Weltkrieg. 1917 schrieb Adolf Reichwein an seinen Vater: „Der moderne Krieg wühlt derart alle Kräfte und Gegenkräfte durcheinander, daß keine Partei ohne ernste Krise ihn überstehen kann. Diese Krise birgt unwillkürlich das wirklich positive Kulturmoment des Krieges, indem sie als Heilmittel gegen sich selbst soziale Reformen auslöst. Wenn wir einen kulturellen Gewinn mit zu dem Frieden nehmen wollen, müssen wir uns diese Reformen sichern."[5]

Auch wenn sie anfangs noch begeistert waren, so kühlte sich dieser Enthusiasmus bald ab und machte nüchternen Betrachtungen Platz. So schrieb Julius Leber: „Lüge und Leichtsinn, Leidenschaft und Furcht von 30 Diplomaten, Fürsten und Generälen hatten friedliche Millionen vier Jahre lang in Mörder, Räuber und Brandstifter aus Staatsraison verwandelt, um am Ende den Erdteil verroht, verseucht, verarmt zurückzulassen. Kein Volk erwarb sich dauernden Gewinn. Alle verloren, was nicht Jahrzehnte wiederbringen."[6] Sie hegten keine Illusionen und waren keine Befürworter militärischer Abenteuer. Theodor Steltzer, der Generalstabsoffizier war, schrieb: „Es kann nicht deutlich genug betont werden, daß wir besiegt sind, und daß jeder Gedanke, uns mit militärischen Maßnahmen zu helfen, Wahnsinn wäre. Das gilt auch für den Osten."[7] Über Versailles dürfe man sich auch nicht so stark erregen, denn dieser Vertrag sei die logische Folge der bis dahin verfolgten Politik gewesen, und die Deutschen ihrerseits hätten nicht gezögert, andere ebenso zu behandeln. Dagegen traten er und andere, weil sie diesen furchtbaren Krieg erlebt hatten, für ein gutes Verhältnis zu den Nachbarvölkern ein, damit sich so etwas nie mehr wiederhole.

Im Rahmen des Völkerbundes trugen Hans Lukaschek und Paulus van Husen zu der Lösung der Differenzen mit Polen im Grenzgebiet bei. Lukaschek war zunächst Leiter der deutschen Propaganda für die Abstimmung in Oberschlesien, dann deutsches Mitglied der Gemischten Kommission des Völkerbundes für Oberschlesien. Dabei betonten sowohl er wie sein Nachfolger Husen, daß die Streitigkeiten im Grenzgebiet nur durch eine vernünftige Zusammenarbeit zwischen Deutschland und Polen gelöst werden könnten. Beide beteiligten sich im Dienst des Völkerbundes an der Ausarbeitung des Minderheitenrechtes. Es waren gerade diese Erfahrungen, die ihnen und interessierten Jüngeren, wie Moltke und Einsiedel, die Augen für die Gefahren eines extremen Nationalismus öffneten und sie zu Befürwortern einer europäischen Zusammenarbeit machten, in deren Rahmen solche Probleme eine Lösung finden könnten.

Die Zeit der Weltwirtschaftskrise und der Massenarbeitslosigkeit hinterließ bei den Kreisauern einen tiefen Eindruck, der in ihren Briefen, Reden und Stellungnahmen deutlich zutage tritt. Keiner sah so klar wie Moltke die verheerenden Folgen der Krise, schrieb Furtwängler später. Horst von Einsiedel studierte in den Vereinigten Staaten die praktischen Auswirkungen der New Deal-Politik Roosevelts. Nach dem Kriege schrieb er: „Seit diesen Jahren wurde für mich deutlich, welche Bedeutung einer geordneten beruflichen Umwelt für die geistige Einstellung jedes einzelnen zukommt.“[8]

Deswegen wurde einer der vordringlichsten Punkte in dem Kreisauer Programm, daß die Lehren der Weltwirtschaftskrise beachtet werden sollten. Das bedeutete eine staatliche Wirtschaftspolitik, ein Nothilfeprogramm für die Arbeiter und bessere wirtschaftliche Existenzmöglichkeiten für die Menschen.

Die meisten Kreisauer waren sich der Gefahren des Nationalsozialismus bereits früh bewußt. Carlo Mierendorff[9], seit Ende 1928 im hessischen Innenministerium verantwortlich für die Presse- und Öffentlichkeitsarbeit, gab 1931 eine scharfe Analyse dieses Phänomens. Seiner Meinung nach konnte man von einer wirtschaftlichen, einer ideologischen und einer psychologischen Wurzel dieser Bewegung sprechen. Die wirtschaftliche Wurzel lag in der sozialen Notlage der Bauern, des kleinen Mittelstandes und der Beamten. Die ideologischen Wurzeln lagen im Rassismus, im Nationalismus und im Antiparlamentarismus, die psychologischen in der Generationenfrage. Daher war der Nationalsozialismus zugleich eine soziale, eine Freiheits- und eine Jugendbewegung. Infolgedessen wies diese Bewegung antikapitalistische, antiproletarische, antidemokratische und antisemitische Tendenzen auf. Etwa zur selben Zeit schrieb Reichwein an Ernst Robert Curtius; „Verteidigt werden muß die Person heute mit allen Mitteln gegen den neuen, lebensgefährlichen Kollektivismus der Blutjünger, für die Blutverehrung und Blutvergießen gleichermaßen Ersatz für Geist und Religion ist. Wir wissen, daß die Position des Geistes schwach ist in diesem irdischen Kampf, der nun anhebt. Vital sein ist billiger als wissend sein; und verlockender für die Kreatur."[10]

Seit Ende 1929 hatte Mierendorff angefangen die Nationalsozialisten in Hessen öffentlich zu bekämpfen. Im Reichstag war er einer der wenigen, die den demagogischen Tiraden von Goebbels entgegenzutreten wagten. Er leitete in Hessen mehrere Aktionen gegen die Nazis und hatte die berüchtigten sogenannten Boxheimer Dokumente enthüllt. Sowohl Mierendorff wie Theo Haubach bekämpften die Nationalsozialisten auch im politischen und organisatorischen Rahmen der ‚Eisernen Front'. Dabei wurde gegen das Symbol des Hakenkreuzes das Symbol der ‚Drei Pfeile' gerichtet. Auf Kundgebungen wurden Teile der Arbeiterschaft gegen die Nationalsozialisten aktiviert. Als Pressereferent in Berlin, zunächst im Reichsinnenministerium und später im Polizeipräsidium, versuchte Haubach die dortigen demokratischen Kräfte in dem Kampf gegen den Nationalsozialismus zu stärken.

Mittelpunkt des Kreisauer Kreises war der junge Helmuth James Graf von Moltke, zum Zeitpunkt der Machtübernahme 25 Jahre alt. Er war zwar Träger eines berühmten Namens, aber kein direkter Nachfahre des großen Feldmarschalls aus dem 19. Jahrhundert. Helmuth James[11] hatte Jura studiert und besaß ein ausgeprägtes soziales Interesse. Darum war er einer der Initiatoren der Löwenberger Arbeitsgemeinschaft gewesen. Seine Mutter war eine Südafrikanerin englischen Ursprungs. Vor allem durch ihr Zutun war die Atmosphäre auf Kreisau besonders weltoffen und durchaus nicht von der Art des ostdeutschen Junkermilieus. Mit dem Sieg des Nationalsozialismus war Helmuths Plan, Richter zu werden, endgültig undurchführbar geworden. Er wurde Anwalt für internationales Recht, bemühte sich, jüdischen Bekannten zur Auswanderung zu verhelfen, und hörte sich bei Älteren, u. a. im sog. Schifferkreis, nach deren Plänen um. Auf Anraten seiner Großeltern besuchte er England, traf sich dort mehrfach mit dem früheren Reichskanzler Brüning und beschloß, die erforderlichen Examina abzulegen, um auch in England eine Kanzlei eröffnen und dadurch mit dem freien Ausland in Verbindung bleiben zu können.

Träger eines nicht weniger berühmten Namens war Peter Graf Yorck von Wartenburg[12]. Einer seiner Vorfahren hatte in der Schlußphase des napoleonischen Kaiserreichs ein Abkommen mit den einziehenden russischen Truppen geschlossen und damit das Zeichen zum Aufstand Preußens gegen die französische Herrschaft gegeben. Seither galt der Vertrag von Tauroggen in der deutschen Außenpolitik als Symbol für eine Orientierung auf Rußland. Auch Peter Graf Yorck von Wartenburg wuchs in Schlesien auf. Weil sein älterer Bruder den Familienbesitz erben sollte, mußte er einen Beruf wählen. Er studierte Jura und bekundete bereits früh Interesse für die Wirtschaft. Zögernd suchte er sich seinen Weg in der Republik von Weimar, stark mit seiner Familie und der Vergangenheit verbunden, andererseits immer nachhaltiger davon überzeugt, daß diese Vergangenheit überlebt war. Zunächst sah er im Nationalsozialismus eine Möglichkeit, die Erniedrigung Deutschlands zu tilgen. Einige Jahre übte er eine Verwaltungsfunktion in Breslau aus, wo er sich mit Agrarproblemen und der Preispolitik beschäftigte. Ende 1936 nahm ihn sein Chef, der zum Reichskommissar für die Preisüberwachung ernannt worden war, mit nach Berlin. Dieser Chef war zwar ein alter Nazi, hatte aber nicht mit der Kirche gebrochen und auch mehrere Nichtnazis unter seinen Mitarbeitern. Hier arbeitete Yorck von Wartenburg an dem Erlaß eines allgemeinen Preisstops und hatte dabei mit staatlichen Stellen und einer Zahl von Verbänden zu tun. Mit der Zeit wandte er sich bewußter vom Nationalsozialismus ab. Er war ein Gegner der zentralistischen Politik des Dritten Reiches. In erster Linie aber waren es die Rechtlosigkeit, die vielen Gewalttaten und die Verfolgung der Juden, die ihm die Augen für die Gefahren des Nationalsozialismus öffneten.[13] Er äußerte sein Unbehagen immer stärker und suchte Verbindung mit Gleichgesinnten. Eine Reise ins Sudetenland und eine längere Aussprache mit dem Oberstleutnant Groscurth überzeugten ihn von den wahren Absichten Hitlers. Ende 1938 fing er an, kleine Zusammenkünfte in seinem Haus abzuhalten, wo Verwaltungsbeamte, Diplomaten, Offiziere u. a. Grundsätze für eine Reichsreform erörterten. Während dieser Zeit traf er wieder mit Helmuth von Moltke zusammen, den er von früher her kannte. Vielleicht hat Schulenburg dabei eine Rolle gespielt.

Zum Kern des Kreises gehörten auch ein Vetter Moltkes, Carl Dietrich von Trotha, und dessen Freund Horst von Einsiedel.[14] Beide hatten sich engagiert an der Organisation der Arbeitslager beteiligt und waren Schüler des religiösen Sozialisten Adolf Löwe. Einsiedel war viel gereist und hatte auch in Amerika studiert. Er wurde 1933 entlassen, fand aber durch von Trotha eine Anstellung in der Reichsstelle Chemie, wo er zum Leiter der Planungsabteilung avancierte. Daneben wurde die Verbindung zu alten schlesischen Bekannten aufrechterhalten. Dazu gehörte besonders Helmuth von Moltke, mit dem sie ab 1938 an dem arbeiteten, was später der Kreisauer Kreis wurde. Auch der Pädagoge Adolf Reichwein[15] kannte von Moltke aus der Arbeitslagerzeit in Schlesien. Er war 1927–1930 persönlicher Referent des preußischen Kultusministers Becker gewesen. Darauf übernahm er eine Professur an der Pädagogischen Akademie in

Halle, wurde aber 1933 entlassen. Da er Deutschland nicht verlassen wollte und keine anderen Möglichkeiten sah, ließ er sich als Lehrer an eine kleine Dorfschule versetzen. Reichwein wußte selbstverständlich, daß sich seine Gegnerschaft nicht auf pädagogische Opposition beschränken konnte, sondern daß er politische Konsequenzen daraus ziehen mußte. Die Nazis erleichterten ihm das. Sie ermöglichten ihm, nach Berlin zurückzukehren, wo er seine früheren Freunde wieder regelmäßig traf und bald auch wieder mit Moltke in Verbindung kam.

Hans Peters[16] kannte Moltke aus seiner Zeit in Breslau. Damals war er als Professor für Staatsrecht in Berlin tätig. Als Dozent an der Universität Breslau hatte er bei der Gründung der Löwenberger Arbeitsgemeinschaft mitberaten. Unter Minister Becker hatte er an einer Universitätsreform gearbeitet. 1932 hatte er sich zum Mitglied der Zentrumsfraktion des preußischen Landtags wählen lassen. Peters war ein enger Mitarbeiter Brünings. Nach dem Staatsstreich Papens im Juli 1932 vertrat er seine Partei vor dem Reichsgerichtshof in Leipzig in der Strafsache gegen das Reich. Nach 1933 hielt Peters daran fest, den Nationalsozialismus und den totalen Staat abzulehnen. Bei Kriegsausbruch wurde er eingezogen, erhielt aber eine Funktion in Berlin. Dort stand er mit verschiedenen Widerstandsgruppen wie der ‚Onkel-Emil-Gruppe' und Harro von Schulze-Boysen, aber auch mit Helmuth von Moltke in Verbindung.

Zum schlesischen Bekanntenkreis Moltkes gehörte auch der 1933 entlassene Oberpräsident von Oberschlesien, Hans Lukaschek,[17] der nach seiner Entlassung eine Anwaltspraxis in Breslau führte. Nachdem er sich zunächst in mehreren Funktionen mit den deutschpolnischen Divergenzen im Grenzgebiet beschäftigt hatte, wurde er Bürgermeister der neuen Industriestadt Hindenburg und 1929 Oberpräsident der preußischen Provinz Oberschlesien. Er hatte die Regierungspolitik Brünings tatkräftig unterstützt. Als er sich 1933 nach einem vergeblichen Entlassungsgesuch weigerte, bestimmte Maßnahmen der Nazis durchzuführen, wurde er entlassen. Von da an unterhielt er eine Anwaltspraxis und war einer der wenigen, bei dem Juden und andere Verfolgte Hilfe finden konnten.

Die oben genannten Personen kannten sich bereits aus der Zeit der Löwenberger Arbeitsgemeinschaft. Seitdem hatten sie mehr oder weniger den Kontakt untereinander aufrechterhalten. Als um 1938 ein Staatsstreich gegen das nationalsozialistische Regime vorbereitet wurde, waren sie der Ansicht, daß es keine Restauration der früheren Zustände geben dürfe, sondern daß fundamentale Erneuerungen notwendig seien. Das führte dazu, daß sie nach dem Ausbleiben des Staatsstreichs anfingen, ihre Auffassungen zu konkretisieren und Verbindung zu gleichgesinnten Sachverständigen zu suchen; außerdem hielten sie nach weiteren vertrauenswürdigen Persönlichkeiten Ausschau, die sie für ihre Vorstellungen gewinnen wollten. Auf diese Weise kamen sie mit anderen Personen und Gruppen in Verbindung. So entstand der Kreisauer Kreis.

Einsiedel war es zum Beispiel, der Moltke mit Otto Heinrich von der Gablentz[18] und mit Fritz Christiansen-Weniger[19] zusammenbrachte. Von der Gablentz war Sachverständiger in Staats- und Wirtschaftsfragen und konnte außerdem wertvolle Informationen über Ansichten in evangelischen und ökumenischen Kreisen beibringen. Christiansen-Weniger, ein Agrarexperte, kannte Moltke auch aus der Löwenberger Zeit. Er hatte sich eine Zeitlang in der Türkei aufgehalten. Auf Wunsch Moltkes befaßte er sich mit der Ausarbeitung des agrarischen Teils des Kreisauer Programms. Moltke lernte Theodor Steltzer[20] durch von der Gablentz kennen. Steltzer hatte Wirtschaftswissenschaften bei Lujo Brentano studiert, war aktiver Offizier geworden und hatte am Ersten Weltkrieg teilgenommen. Als langjähriger Landrat in Rendsburg hatte er sich für eine Zusammenarbeit mit der dänischen Volkshochschulbewegung und eine verstärkte Selbstverwaltung eingesetzt und sich an Gesprächen über Recht und Staat beteiligt. 1933 war er von den Nazis wegen seiner Regimekritik entlassen worden. Kirchlich und ökumenisch interessiert, war er einer der ersten, der Bonhoeffer in dessen Seminar Finkenwalde besuchte. Beim Ausbruch des Krieges wurde er eingezogen und bald darauf als Transportoffizier dem Stab des Militärbefehlshabers in Norwegen zugeteilt. Dort lernte er Bischof Berggrav von Oslo kennen, kam auch mit anderen Norwegern zusammen. So wurde Steltzer der Verbindungsmann des Kreisauer Kreises für Norwegen. Auch nahm er gelegentlich an Gesprächen in Berlin teil und gehörte zu den Teilnehmern an der ersten Tagung in Kreisau 1942.

In dieser Zeit war Moltke auch mit einigen der jüngeren sozialdemokratischen Arbeiterführern in Verbindung gekommen, unter anderen mit Carlo Mierendorff[21] und Theo Haubach.[22] Mierendorff hatte Moltke bei dem Gewerkschaftsführer Wilhelm Leuschner[23] eingeführt. Dieser nahm an verschiedenen Gesprächen der Kreisauer in Berlin teil und ließ sich bei den größeren Zusammenkünften in Kreisau von Hermann Maass[24] vertreten. Über Mierendorff kam der Kreis später auch mit Julius Leber[25] in Kontakt, der wie Mierendorff der SPD-Fraktion im Reichstag angehört und mehrere Jahre in Konzentrationslagern verbracht hatte. Leber war eine besonders starke Persönlichkeit. In ihn setzten die Kreisauer große Hoffnungen.

Auch Peter Yorck hatte mehrere Bekannte im Kreis eingeführt, wie den Finanzwissenschaftler Günter Schmölders,[26] den Bankier Hermann Josef Abs,[27] Ernst von Borsig,[28] der ein Landgut bei Berlin besaß, das er für Zusammenkünfte zur Verfügung stellen konnte, und Karl Blessing, der eine bedeutende Stellung im Wirtschaftsleben innehatte.

Auf einer seiner Englandreisen 1937 hatte Moltke den Diplomaten Adam von Trott zu Solz[29] kennengelernt. Dessen Vater war von 1909 bis 1917 preußischer Kultusminister gewesen. Als Person war der SPD-Wähler Trott eine Mischung aus Grandeur und Selbstironie. Zusammen mit Hans-Bernd von Haeften,[30] der zur Bekennenden Kirche gehörte und wie Trott im Auswärtigen Amt arbeitete, war er in diesem Kreis für außenpolitische Fragen zuständig. Haeften brachte Moltke wiederum in Kontakt zu Harald Poelchau,[31] einem Gefängnisgeistlichen und Schüler Paul Tillichs. Poelchau besaß gute Beziehungen zu Arbeiterkreisen und tat viel für Juden und andere Verfolgte.

Über den bei der Abwehr tätigen Freiherrn von Guttenberg[32] lernte Moltke den Provinzial des Jesuitenordens Rösch kennen, der während des Dritten Reiches in Rom als der stärkste Mann des deutschen Katholizismus galt. Er hatte einen eigenen Kurierdienst und war mehr als hundert Mal bei der Gestapo.[33] Nach seinem ersten Gespräch schrieb Rösch nach Rom: „Dabei die furchtbare Not so vieler Menschen, das grausige Ende der Juden, die jetzt zu Tausenden in die polnischen Ghettos verladen werden, der russischen Gefangenen, die massenhaft zugrundegehen, vor Hunger Mitgefangene umbringen und roh auffressen. Apokalypse des 20. Jahrhunderts ... Und mehr als je blicken und hoffen Millionen von uns, gerade auch von gläubigen Protestanten, der Hl. Vater werde doch noch der große Helfer und Retter Europas und der Welt werden."[34] Auf Veranlassung von Rösch haben sich auch weitere Jesuitenpatres wie Alfred Delp, Lothar König und Hans von Galli an der Arbeit des Kreisauer Kreises beteiligt.[35] Delp, vielleicht die geistig bedeutendste Persönlichkeit des Kreises, formulierte einmal als eines der Ziele des Kreises: „Wiederherstellung des Bewußtseins von naturgegebenen, von jeder staatlichen und politischen Ordnung unabhängigen *Menschenrechten*, deren Beschneidung oder Vergewaltigung den Menschen zerstört und jedem gemeinschaftlichen Leben Sinn und Berechtigung nimmt."[36]

Von jenen, die dem Kreisauer Kreis später beitraten, erwähne ich hier noch den Juristen Paulus van Husen,[37] der von Lukaschek eingeführt wurde. Während seiner Tätigkeit in Oberschlesien wußte er dort die Judenverfolgung aufzuhalten. Seit 1940 arbeitete er beim Wehrmachtsführungsstab. Über Trott war Eugen Gerstenmaier[38] Mitte 1942 mit dem Kreis in Kontakt gekommen. Er war Oberkonsistorialrat und arbeitete im Kirchlichen Außenamt der evangelischen Reichskirche.[39] Er brachte die Kreisauer mit dem Landesbischof von Württemberg, Wurm, zusammen.

Außer den oben genannten Mitgliedern der Kerngruppe gab es noch eine Zahl von Mitarbeitern und Mitwissern. Aus Sicherheitsgründen wurde bei der direkten Arbeit nur eine beschränkte Zahl von Personen, die jeweils andere vertraten, eingeschaltet. Lediglich Moltke und Yorck waren über alle Kontakte informiert. Auf dem Moltkeschen Gut Kreisau fanden drei größere Zusammenkünfte statt, wobei eine durch Sachverständige erweiterte Gruppe die Grundsätze für das Sofort- und das Dauerprogramm des Kreises formulierte. Damit wurde gleichzeitig beabsichtigt, jene Gruppen, die ihrer Meinung nach einen wichtigen Beitrag zu der erwünschten Neuordnung würden leisten können – nämlich die Arbeiterbewegung und die Kirchen –, zueinander zu bringen. Hinter dem Programm, das in zahlreichen Besprechungen und einigen größeren Zusammenkünften zustande kam, standen führende Persönlichkeiten – auf seiten der Arbeiter der frühere Minister und Gewerkschaftsführer Wilhelm Leuschner, auf seiten der Kirche Bischöfe wie Preysing, Faulhaber, Dietz und Wurm. Der Kontakt mit den Bischöfen zielte auch darauf, in ihnen eine kritischere Haltung gegenüber dem Regime zu wecken. Gewisse Einflüsse sind in mehreren Hirtenbriefen Preysings, in verschiedenen Protestschreiben Wurms und in der Fuldaer Bischofserklärung des katholischen Gesamtepiskopats von 1943 spürbar.

Über bestimmte Kontaktpersonen stand der Kreisauer Kreis auch mit anderen Personen und Gruppen des deutschen Widerstandes in Verbindung. Durch Vermittlung der Jesuiten waren sie mit einer süddeutschen Gruppe zusammengekommen, deren Mittelpunkt der ehemalige Gesandte Franz Sperr bildete. Sperr stand auch mit verschiedenen hohen Offizieren in Kontakt. Da beide Gruppen im wesentlichen das gleiche Ziel hatten, wurde eine Zusammenarbeit vereinbart.[40] Über Delp bestand Verbindung mit einer Gruppe katholischer Arbeiterführer in Köln, u.a. mit Bernhard Letterhaus und Nikolaus Gross. Bei den Gesprächen ergab sich ein großes Maß von Übereinstimmung, vor allem auf wirtschaftlich-sozialem Gebiet. Peters bemühte sich die Kreisauer in Kontakt zu bringen mit katholischen Persönlichkeiten aus Berlin. Über Yorck bestand eine lose Verbindung zum sogenannten Freiburger Kreis, der zur Bekennenden Kirche gehörte. Auf Einladung Yorcks, der Protokolle der Freiburger erhielt, hat Constantin von Dietze an einer Agrartagung des Kreisauer Kreises teilgenommen.[41] Es ist trotz der Bemühungen Michael Brinks nicht gelungen, die Münchener Gruppe ‚Weiße Rose' mit Alfred Delp in Kontakt zu bringen.

Ab 1938 bildeten sich um Moltke und Yorck zwei Gruppen,

aus denen später der Kreisauer Kreis entstanden ist. Inmitten des Siegesrausches über die Erfolge der Hitlerschen Kriegspolitik im Sommer 1940 wurden dann die Grundlagen einer gemeinsamen Planungsarbeit erörtert. Darauf wurden Vertreter derjenigen Gruppen, die nach dem Zusammenbruch den Wiederaufbau auf sich nehmen mußten, miteinander in Verbindung gebracht. Es folgten die Diskussionen über ein gemeinsames Programm und die praktisch-organisatorischen Vorbereitungen.

So wie man von einem Kreisauer Kreis sprechen kann, so lassen sich auch mehrere Stufen des politischen Denkens und Handelns dieses Kreises benennen, auch wenn die Briefe und Dokumente Momentaufnahmen sind: Antinationalsozialismus als Voraussetzung, Politischer Widerstand als Aufgabenbereich, Integration als Arbeitsrahmen, Kampf für Menschenrechte als Sofortziel, Neuordnung der Gesellschaft als Dauerziel, Europa als internationaler Bezugsrahmen. Bei der ersten Tagung, Pfingsten 1942, wurde über die Notwendigkeit einer engen Zusammenarbeit von Kirchen und Staat beim Wiederaufbau gesprochen. Dabei dachte man weder an Staatskirchen noch an einen neuen Klerikalismus, sondern man hielt es für wünschenswert, daß die Kirchen vom Staat rechtliche Garantien in Form eines Konkordats erhielten, damit sie vor staatlichen Eingriffen geschützt seien. Ein zweites Thema war die Reform der Erziehung. Man stellte fest, daß die übergroße Mehrheit der Jugend von den nationalsozialistischen Parolen vergiftet worden war. Daher sollte nach der Ansicht des Kreises die staatliche Normalschule eine christliche, undogmatische Gemeinschaftsschule sein, mit der alternativen Möglichkeit privater Schulen. Ausführlich beschäftigte man sich in diesem Kreis auch mit einer Universitätsreform.

Während einer zweiten Tagung Ende 1942 wurden die Grundsätze des Staats- und Gesellschaftsaufbaus erörtert. Die Kreisauer waren zu sehr an der Praxis orientiert, als daß sie mit fertigen Ideen hätten aufwarten wollen, da deren Realisierung von der jeweiligen Situation abhängig war und Flexibilität er forderte. Deshalb beschränkten sie sich großenteils darauf,

Leitlinien zu entwerfen, und das mußte ihren Vorstellungen eine gewisse Unbestimmtheit verleihen. In der damaligen Lage schien es jedoch wichtiger, Leitlinien zu formulieren, wobei die Eigenverantwortung und Mitbestimmung des einzelnen den Ausgangspunkt bildete. Aufbauprinzip war die Selbstverwaltung, und die Integration der gesellschaftlichen Gruppen ein wichtiges Ziel. Besonders hervorzuheben ist das Konzept der „kleinen Gemeinschaften" als Grundebene für den Staats- und Gesellschaftsaufbau, das einen Bruch mit dem Obrigkeitsstaat bedeutete.

Bereits 1939 hatte Moltke geschrieben: „Gegenüber der großen Gemeinschaft, dem Staat, oder etwaigen noch größeren Gemeinschaften wird nur der das rechte Verantwortungsgefühl haben, der in kleineren Gemeinschaften in irgendeiner Form an der Verantwortung mitträgt, andernfalls entwickelt sich bei denen, die nur regiert werden, das Gefühl, daß sie am Geschehen unbeteiligt und nicht dafür verantwortlich sind, und bei denen, die nur regieren, das Gefühl, daß sie niemandem Verantwortung schuldig sind als der Klasse der Regierenden."[42] Deswegen wurde ein Verwaltungsaufbau angestrebt, der dem einzelnen ein Maximum an Eigenverantwortung beließe und sein Verantwortungsgefühl stärkte. An die Stelle der Zwangsorganisationen des Dritten Reiches sollte eine Vielzahl von sich spontan bildenden, einander überlappenden kleinen Gemeinschaften treten, die sich bei begrenztem Tätigkeitsfeld der Gesellschaft verantwortlich fühlten. Es bestand also – wie heute bei den Bürgerinitiativen – die Absicht, durch verstärkte Partizipation die politische Struktur zu demokratisieren. Das System eines gestuften allgemeinen Wahlrechts sollte die Menschen wieder an ihre unmittelbare Umgebung binden und die Bildung einer erfahrenen und fähigen Gruppe von Politikern begünstigen, die mit lokalen und regionalen Problemen vertraut waren. Parteien auf Reichsebene sollten sich dieser Verwaltungsorganisation anpassen müssen. Statt der Zentralisation wurde von den Kreisauern eine weitgehende Föderalisierung befürwortet.

Leitlinie für die wirtschaftlich-soziale Entwicklung sollte die soziale Gerechtigkeit sein. Ausdrücklich wurde das Recht auf

Arbeit erwähnt. Bei zu großer Machtkonzentration auf wirtschaftlichem Gebiet sollte der Staat eingreifen können. Er war für Vollbeschäftigung verantwortlich, mußte die Richtung der Wirtschaftspolitik bestimmen und darauf achten, daß diese Entwicklung den Forderungen einer gesunden Sozialpolitik entsprach. Anstelle zentralisierter Gewerkschaften befürworteten die Kreisauer ein System von Betriebsräten, in etwa der heutigen Arbeiterselbstverwaltung in Jugoslawien vergleichbar. Die Arbeiter sollten ein großes Maß an Mitbestimmung erhalten, und in den Betrieben sollte eine Arbeitsgemeinschaft aufgebaut werden.

Themen der dritten Tagung, Pfingsten 1943, waren die Außenpolitik und die Bestrafung der Kriegsverbrecher. Außenpolitik bedeutete für die Kreisauer Begrenzung der nationalen Souveränität und eine Europapolitik auf integral-föderalistischer Basis.[43] Sie glaubten nicht mehr an einen absoluten Wert des Nationalismus. Deshalb lehnten sie Versailles als Produkt eines nationalistischen und überlebten Denkens ab. Dabei wollten sie freilich keine deutsche Hegemonie, sondern betonten die Notwendigkeit guter Beziehungen zu anderen Ländern, auch zur Sowjetunion. Natürlich gab es in diesem Kreis auch Unterschiede. Trott, der Diplomat, erkannte besser, daß die souveränen Staaten noch Realitäten waren und es einer Utopie gleichkam, in der damaligen Situation auf deren totale Abschaffung zu drängen. Das hatte Moltke, der in seiner Radikalität vorhersah, daß diese Nationalstaaten die großen Probleme kaum mehr selbständig würden bewältigen können, eigentlich ursprünglich befürwortet. Andererseits fiel es Trott schwerer als den anderen, Territorialfragen als weniger bedeutend zu empfinden. Dagegen sträubte sich sein Nationalgefühl.

Der Kreisauer Kreis strebte eine gesamteuropäische Zusammenarbeit an, wobei er sich teilweise an den Vereinigten Staaten orientierte. „Die organische Verknüpfung einer föderalistischen, auf Selbstverwaltung aufgebauten Staatsgestaltung mit einem föderalistisch aufgebauten Europa bildet die weitere Grundvoraussetzung jeder umfassenden Neugestaltung“, heißt es in einem der Dokumente. Bezeichnend für die europäische

Einstellung dieses Kreises war auch die Tatsache, daß sie als Konsequenz dieser politischen Einstellung Kontakte mit Widerstandsgruppen in den besetzten Gebieten suchten und zu beträchtlichen Konzessionen bezüglich territorialer Fragen bereit waren. Darüber hinaus befürworteten sie eine Weltorganisation mit gleichen Rechten für alle Länder, die stärker sein sollte als der Völkerbund. In Zusammenhang damit warnten sie davor, den Friedensvertrag mit der Frage einer Weltorganisation zu verbinden. Nach ihrer Vorstellung sollten sich die Kriegsverbrecher vor einem internationalen Gerichtshof, zum Beispiel in Den Haag, nicht aber vor einem Gerichtshof der Sieger verantworten müssen. Sehr wichtig erschien ihnen die Frage, wie das deutsche Volk, das sich in so großer Zahl mit dem Hitlerregime identifiziert hatte und in dessen Namen so viele Verbrechen begangen wurden, innerlich von diesem Nationalsozialismus befreit werden konnte. Das deutsche Volk, so dachte man in diesem Kreis, sei nur dann zur Umkehr und inneren Erneuerung bereit, wenn es einsehen würde, daß die nationalsozialistische Führung es in die Niederlage und ins Chaos geführt hatte.

Weil keiner der Kreisauer jedoch Truppen hinter sich hatte, waren sie für das Gelingen eines Umsturzes vom Militär abhängig. Dazu heißt es in einem Dokument vom November 1941: „Da die Fortsetzung des Systems auf jeden Fall, unabhängig vom außeren Geschehen, für den inneren Bestand von Volk und Reich verderblich ist, stellt sich die Frage nach den vorhandenen Kräften und den Möglichkeiten einer organischen und möglichst verlustlosen Ablösung ... Ergebnis: Bleibt nur die ... notwendige Übernahme der Verantwortung durch die Wehrmacht in Verbindung mit einer ziemlich starken und wirtschaftlich-bedeutsamen zivilen Gruppe, am besten mit der Arbeiterschaft. ...Am besten eine Kombination zwischen Wehrmacht, Industrie, einer neuorientierten Arbeiterbewegung und den geistig-politisch schöpferischen Kräften.[44] Anhand mehrerer Briefe Moltkes kann nachgewiesen werden, wie er und Yorck mehrfach, z.B. Ende 1941, die Generäle und vor allem Beck und Halder zum Eingreifen gedrängt haben.[45] Nach Ansicht der

Kreisauer wäre der 18. Dezember ein geeigneter Augenblick gewesen, weil in dieser Zeit eine deutsche Niederlage vor Moskau unabwendbar schien, und Hitler seine Generäle mit Vorwürfen überhäufte. Yorck und Moltke wollten die Entrüstung in Offizierskreisen ausnutzen und sie zum Handeln drängen. Leuschner soll einen Generalstreik vorbereitet haben. General Halder hielt jedoch das Unternehmen für verfrüht. Auch waren die Kreisauer im August 1943 an der Vorbereitung eines Staatsstreichversuches beteiligt. Moltke, der wußte, wie viele Generäle verbrecherische Führerbefehle ausführten, traute es fast keinem deutschen General mehr zu, einen Staatsstreichversuch auszuführen. In einem in Verbindung mit anderen Gruppen inspirierten Memorandum schlug Moltke daher während zweier Dienstreisen in der Türkei im Jahre 1943 den Amerikanern die politische und militärische Zusammenarbeit mit einer vom deutschen Widerstand geleiteten Gegenregierung vor. Für die wichtigsten Städte Deutschlands wurde um alliierte Luftlandetruppen zur Unterstützung des geplanten Umsturzes gebeten.[46]

Als Moltke im Januar 1944 aus einem ganz anderen Grund – er hatte einen Kollegen vor einer bevorstehenden Verhaftung gewarnt[47] – festgenommen wurde, zerfiel die Gruppe weitgehend. Ein Teil schloß sich nun Stauffenberg an, zu dem bereits Kontakte bestanden, und unterstützte seinen Attentatsversuch vom 20. Juli 1944. Moltke stand damals gerade kurz vor der Haftentlassung.

Nach dem Scheitern des Attentats kam die Gestapo bei den Verhören der vielen Verhafteten Mitte August auch dem Kreisauer Kreis auf die Spur, obwohl es ihr nicht gelang, alles in Erfahrung zu bringen. Etwa die Hälfte der Kerngruppe – Yorck, Trott, Haeften, Leber, Reichwein, Delp, Moltke und Haubach wurde nach mehrfachen schweren Folterungen und einem Prozeß vor dem ‚Volksgerichtshof' umgebracht. Andere kamen mit leichten Strafen davon, wurden nicht gefunden oder blieben unbekannt.

10. Der militärische Widerstand

Im Juni 1934 schrieb die Mutter Helmuth von Moltkes aus der Tschechoslowakei einen langen Brief an ihre Eltern in Südafrika, in dem es unter anderem hieß: „Was für ein Trost, zu wissen, daß es in der Reichswehr noch Menschen gibt, die von den nationalsozialistischen Ideen weniger angesteckt sind als die meisten anderen.“[1] Eine solche Auffassung war damals weit verbreitet. In die Reichswehr wurde nicht nur in Kreisen des bürgerlichen Widerstandes, großes Vertrauen gesetzt. Dennoch sollte die Reichswehr wenige Tage, nachdem Moltkes Mutter den Brief geschrieben hatte, die Aktion des SD und der SS gegen die SA unterstützen.[2]

Konnte die Reichswehr die Hoffnungen erfüllen, als Hüterin der Menschenrechte aufzutreten und eine Wiederherstellung von Freiheit und Demokratie herbeizuführen? Größere Teile der Offizierskorps hatten kaum ein positives Verhältnis zur Weimarer Republik gewonnen. Erst nachdem der Feldmarschall von Hindenburg Reichspräsident geworden war, hatten die Bedenken abgenommen, jedoch hatte man in der besonderen innenpolitischen Stellung, die die Reichswehr innehatte, faktisch allein Hindenburg gedient. Und Hindenburg hatte Hitler – der Form nach legal – zum Reichskanzler berufen. Außerdem hatten Nationalismus, Wehrfreudigkeit und Antibolschewismus des neuen Regimes bei vielen Offizieren eine positive Einstellung zu Hitler bewirkt. Dazu kam, daß eine Zahl der jüngeren Offiziere von vornherein mit dem Nationalsozialismus sympathisierte.

Nach dem Ersten Weltkrieg und dem Versailler Vertrag war das Millionenheer auf eine Reichswehr von 100000 Mann reduziert worden. Während innerhalb und außerhalb der Armee die ‚Dolchstoßlegende‘ kultiviert wurde,[3] wurde die neue Republik vielfach als eine Übergangserscheinung betrachtet. Eine Demokratisierung der Armee kam nicht zustande. Die neue Republik wurde zur Gefangenen der in ihren Machtpositionen verbliebenen antidemokratischen Kräfte. Die Reichswehrführung, die sehr gut verstand, daß die Republik für die Aufrechterhaltung der Ordnung auf das Heer angewiesen war, fing an, eine eindeutig militärische Interessenpolitik zu betreiben.[4] Aus geheimen militärischen Fonds wurden antirepublikanische Organisationen unterstützt. So hatte beispielsweise nach dem Ersten Weltkrieg die Marine in Kiel eine große Menge Material ins Ausland verkauft, um es auf diesem Wege vor der Vernichtung zu bewahren. Mit dem dafür erzielten Erlös wurden Organisationen wie ‚Consul' und ‚Wiking' unterstützt, die man notfalls aus Geheimvorräten bewaffnen und zur Armee einteilen konnte. Die zahlreichen Freikorps und Frontkämpferbünde galten als willkommene Heeresreserve, und man baute eine eigene Organisation auf, um diese Heeresreserve instand zu halten und auszubilden. Geheime Waffenlager wurden angelegt, und die Militärverträge mit der Sowjetunion ermöglichten die Herstellung schwerer Waffen sowie die Spezialausbildung der bedienenden Soldaten. Das alles wurde von den Reichswehrministern gedeckt. Wohl protestierten die Sozialdemokraten energisch gegen die Existenz der sogenannten ‚Schwarzen Reichswehr', doch blieb das im Grunde wirkungslos.

Verkörperung dieser eigenen Interessenpolitik der Reichswehr war jener Mann, der 1920 zum Chef der Heeresleitung ernannt worden war, General von Seeckt. Da er die Reichswehr nicht als Stütze einer Regierung, sondern nur als Stütze des Reiches betrachtete, verlangte er an der Spitze der Reichswehr einen Mann ohne parteiliche Bindung. An Staatsfeiertagen war er stets auf Dienstreise, um nicht an Feierlichkeiten teilnehmen zu müssen. Im Parlament war er nur ein einziges Mal. Als schlechtes Vorzeichen mußte gelten, daß Seeckt beim Kapp-Putsch 1920 die Armee nicht für die Republik einsetzen wollte, deren Schwäche sich so deutlich zeigte. Daß dies damals und in den Jahren danach keine schlimmeren Folgen hatte, läßt sich durch den Umstand erklären, daß von Seeckt zwar ein Antidemokrat, nicht aber ein Abenteurer war. Es gelang ihm, die

Mehrheit des Offizierskorps davon zu überzeugen, daß die Reichswehr sich aus der Politik herauszuhalten hätte. Auf diese Weise konnte sie sich um so besser ihrer eigentlichen Aufgabe widmen, dem Aufbau eines starken Instruments für jenen Staat, der der Republik folgen würde. Nach dem Sturz Seeckts im Jahre 1926 bemühten sich seine Nachfolger, Heye und Hammerstein, um ein besseres Verhältnis zwischen Reichswehr und Republik. Vor allem der neue Reichswehrminister Groener war der Meinung, daß die Reichswehr sich im Interesse ihrer Rolle in der deutschen Politik mit dem neuen Staat abfinden sollte. Von der Seite vieler Offiziere begegnete ihm dabei nur Skepsis und Ablehnung. Weiter war es General von Schleicher, der diese Kursänderung für notwendig hielt. Schleicher war in einer steilen Karriere zum politischen Ratgeber des Ministers aufgestiegen; in dieser Funktion unterstand er nicht mehr der Heeresleitung, sondern unmittelbar dem Minister. Im allgemeinen galten seine Sympathien der gemäßigten Rechten. Gemeinsam mit Reichswehrminister Groener, mit dem er bereits in den Jahren nach dem Ersten Weltkrieg zusammengearbeitet hatte, setzte er sich 1930 dafür ein, daß nicht dem Sozialdemokraten Müller, sondern dem Zentrumspolitiker Brüning die Bildung einer neuen Regierung anvertraut wurde. Damit hoffte er das Zustandekommen eines gemäßigten rechten Blockes anzuregen, durch den den Extremisten von rechts der Wind aus den Segeln genommen werden sollte. Mit Groener und Brüning einigte er sich im Lauf des Jahres 1931 darauf, daß es vernünftig sei, die NSDAP in die Regierung aufzunehmen. Damit könne man sie leichter unter Kontrolle halten. Im Glauben, Hitler überspielen zu können, trat er der Regierung von Papen bei und war später selbst etwa anderthalb Monate Regierungschef, nachdem er die Stellung des von ihm ins Spiel gebrachten Papen wieder untergraben hatte. Dabei überschätzte er seine eigenen Fähigkeiten und unterschätzte den politischen Machtwillen Hitlers und der NSDAP.

Nach der Machtübernahme 1933 wurde General von Blomberg Reichswehrminister. Er unterstützte die Wiederaufrüstung, hatte als Wehrkreiskommandeur in Ostpreußen zur

NSDAP ein gutes Verhältnis, war leicht zu beeinflussen und impulsiv. Von vornherein aufgeschlossen für den Nationalsozialismus war Blombergs direkter Mitarbeiter und Chef des Ministeramtes, von Reichenau. Dieser sprach öffentlich aus, daß es nun endlich einen Staat und eine Regierung gebe, die die Reichswehr nicht mehr wie einen Fremdkörper, sondern als selbstverständliche Stütze betrachte. Außerdem hatte er schon vor 1933 mit Hitler korrespondiert und galt als ehrgeizig. Als Chef des Ministeramtes hatte er eine politische Schlüsselstellung inne und war seinen Ministern überlegen. Der Überzeugung, die Armee könne von einer neuen nationalen Bewegung nur profitieren, war er jeder Kritik abgeneigt. Nach dem Tod Hindenburgs legte die Reichswehr einen Eid auf Hitler ab; diese verfassungswidrige Neuerung war das Ergebnis von Verhandlungen zwischen Hitler und Blomberg, wurde mit großer Eile eingeführt und hatte später verhängnisvolle Folgen. Daß mehrere Generäle abgesetzt oder ermordet worden waren, daß sie Hitler in einer neuen Eidesformel Treue hatten schwören müssen, daß der Arierparagraph auf die Wehrmacht angewendet wurde, das alles hatte die Reichswehr hingenommen. Offensichtlich fanden viele ihrer Mitglieder den Tag von Potsdam, die Zerschlagung der SA, die Aufrüstung und die Einführung der allgemeinen Wehrpflicht wesentlich wichtiger.[5] Das also war die Armee, zu der die Opposition während der Jahre des Dritten Reiches zunächst ein gewisses Vertrauen hegte.

Außerdem hatten vor allem jüngere Offiziere die Machtübernahme Hitlers begrüßt. In ihren Kreisen bestand eine erhebliche Sympathie für bestimmte Parolen des Nationalsozialismus; Ehrgeiz und Streben nach Aufstieg spielten dabei ebenfalls eine Rolle. Es waren dann vor allem die kirchenfeindliche Haltung des Regimes und die Praktiken der Gestapo, die eine gewisse Unruhe unter den älteren Offizieren erzeugt hatten. Von einer Aktion war aber keine Rede. Es handelte sich stets nur um einzelne, die Kritik äußerten. Die Mehrheit beschränkte sich auf das rein Militärische, verhielt sich neutral oder war nationalsozialistisch. Ein Mangel an politischer Vernunft, ein Festhalten an veralteten Traditionen und ein stark nationalkonservatives und antidemokratisches Denkklima waren ungeheure Hindernisse auf dem Weg zum Widerstand. Gegenüber dem revolutionären Nationalsozialismus bildete die Armee kaum ein Gegengewicht.

Wenn auch Hitler in Gesprächen mit Generälen bereits klare Akzente setzte, so waren einige Generäle noch der Ansicht, es werde sich schon alles einrenken. Als General Adam im Sommer 1933 in einem Kreis hoher Offiziere kritische Bemerkungen machte, schloß er mit den Worten: „Aber denken Sie daran, daß wir in einer Revolution leben. Noch immer trieb in solchen Zeiten zuerst der Schmutz an die Oberfläche, um später wieder zu Boden zu sinken. So ist unsere Aufgabe, zu warten und zu hoffen.“[6] Die in Offizierskreisen existierenden Verstimmungen hatten zunächst noch ein Ventil. Wenngleich die SA meistens abgelehnt wurde – wobei nicht nur Armeeinteressen auf dem Spiel standen, sondern auch der Mentalitätsunterschied eine Rolle spielte –, war man deswegen noch nicht antinationalsozialistisch; wenngleich die Korruption einzelner Parteiführer, der sogenannten ‚Bonzen‘, kritisiert wurde, wandte man sich deswegen noch nicht gegen Hitler. Es wurde durchweg zwischen dem Führer, der selbst wiederum die Reichswehr schonte, auf der einen und der Partei und SA auf der anderen Seite unterschieden. Zwar wollte die übergroße Mehrheit der Offiziere, daß nur die Reichswehr für die Landesverteidigung eingesetzt würde und über Waffen verfügen könnte, und daß dieser Reichwehr gewisse Rechte zugestanden würden, wie die begrenzte Anwendung des Arierparagraphen und die Verpflichtung zur kirchlichen Trauung für Offiziere, aber Blomberg war nicht der Mann, auf diese Rechte zu bestehen. Er machte eine Konzession nach der anderen. Der neuen Eidesformel folgten das Hakenkreuz auf der Uniform und eine Schulung der Soldaten im nationalsozialistischen Sinne. Die sich häufenden Zwischenfälle mit Parteiinstanzen wurden diskret erledigt.

Anfang 1934 begannen sich die ersten Anfänge einer konservativen Opposition abzuzeichnen. Der Kirchenkampf hatte angefangen, in gewissen deutschnationalen Kreisen war man enttäuscht über das neue Regime, und unter den älteren Offizieren war die Sympathie für den Nationalsozialismus gesunken. So waren in der damaligen Situation vielleicht gewisse Chancen für einen Umsturzversuch vorhanden. Wenn auch an einige Generäle in diesem Zusammenhang herangetreten wurde, fanden bei der Reichswehrführung solche Gedanken kein Gehör. Im Gegenteil, von dieser Seite wurde die SA als die größte Gefahr und die SS als „befreundete Seite" betrachtet.[7] Die Politik Hitlers wurde gebilligt.

Bei den Aktionen am 30. Juni 1934 gegen die SA haben Dienststellen und Truppen der Reichswehr Hilfe geleistet. Die Ermordung der Generäle Schleicher und Bredow wurde zwar von manchen Offizieren und Generälen abgelehnt, aber es folgte kein Protest des Reichswehrministers. Blomberg war mit der Festnahme Schleichers einverstanden, und Reichenau formulierte den Bericht, warum er ermordet werden müsse. Und obgleich manche Offiziere mit der Erklärung Blombergs nicht einverstanden waren, ließen sie es dabei bewenden. Von Fritsch, der auf Wunsch Hindenburgs anstelle Reichenaus mit der Heeresleitung beauftragt wurde, entschuldigte sich später mit der Bemerkung, daß es zu dem erwarteten Aufstand der SA nicht gekommen sei. Sonst hätte die Armee eingegriffen.

Man muß jedoch Krausnick zustimmen, wenn er schreibt, daß man zwar von Generälen wie Fritsch und Beck unter solchen Umständen keinen Staatsstreich erwarten durfte, daß aber ein klarer Protest das Mindeste gewesen wäre, was sie hätten tun können.[8] Bemühungen von General von Hammerstein und dem Großgrundbesitzer von Oldenburg-Januschau, Hindenburg zu einem anderen Kurs zu bewegen, scheiterten. Hammerstein war bis 1934 Chef der Heeresleitung gewesen und mußte im Januar 1933 den Plan, die Reichswehr gegen die Nationalsozialisten einzusetzen, auf Hindenburgs Befehl fallen lassen. Er war einer der wenigen, die es wagten, dem Begräbnis Schleichers beizuwohnen. Während die Reichswehr nach der Niederschlagung des sogenannten ‚Röhm-Putsches' eine lästige Konkurrenz ausgeschaltet wähnte, zeigte sich aber, daß nicht die Reichswehr, sondern die SS die Früchte dieser Aktion pflücken konnte. Vergeblich hatte der Chef der Abwehr, Patzig, vor einer solchen Entwicklung gewarnt.

Bereits kurz nach der Liquidierung der SA-Rivalen begannen die Differenzen zwischen Reichswehr und der SS, die modern bewaffnet wurde und einen selbständigen Status erhielt. Als der General Adam seine Bedenken darüber vortrug, lehnte die Reichswehrführung diese ab. Dazu kamen die Spannungen wegen des Kirchenkampfes, der sich mehr und mehr zuspitzte. Der neue Artillerieführer in München, Halder, befürchtete Gewaltanwendungen. Auch wurde von ihm und anderen höheren Offizieren zu kritischer Wachsamkeit gegenüber expansiven Bestrebungen der Partei aufgerufen. Halder befürwortete sogar ein Eingreifen der Reichswehr. Dennoch nahm die Kritik keine oppositionellen Formen an, auch wenn die Spannungen um die Jahreswende 1934/35 zum zweiten Mal einen Höhepunkt erreichten. Das lag vor allem daran, daß im Offizierskorps erhebliche Differenzen über das Verhalten der Reichswehr bestanden. Weiter hat dann die Erneuerung der allgemeinen Wehrpflicht den Einfluß der älteren Offiziere verringert. Schließlich hat die Wehrmachtsführung auf einer regimekonformen Anpassungspolitik bestanden. Auch der Chef der Heeresleitung, von Fritsch, hatte sich angepaßt.

Fritsch war ein Mann alter Schule. Bar jeder politischen Einsicht, suchte er Befriedigung in der Erfüllung seiner militärischen Pflichten und in Treue zu Hitler, wie er sie früher dem Kaiser entgegengebracht hatte. Sein Bemühen, dennoch eine Sonderstellung des Heeres gegenüber Partei und SS beizubehalten, war dem des Reichswehrministers entgegengesetzt. Auch wurde er deshalb in zunehmendem Maße von Partei und SS angegriffen. Als der Heiratsskandal Blombergs im Januar 1938 das auslösende Moment für den Beschluß Hitlers wurde, zweifelhafte Beschuldigungen gegen Fritsch zu benutzen, um ihn loszuwerden,[9] bildete sich eine Gruppe von Oppositionellen, aber es gelang nicht, Generäle für eine Aktion zu gewinnen.

Anfang 1938 entstand so etwas wie ein erster Kontakt zwischen militärischen und zivilen Oppositionellen. Von Seiten des Militärs waren dabei Reichskriegsgerichtsrat Sack und Oberst

Oster von der Abwehr beteiligt sowie die Generäle Halder, Stülpnagel und Hammerstein und der Befehlshaber von Berlin, von Witzleben. Der ehemalige Bürgermeister von Leipzig, Carl Goerdeler, der Fritsch bereits vor Monaten gewarnt hatte, er werde das nächste Opfer sein, drängte auf eine Aktion des Militärs gegen die Gestapo. Es war besonders Hans Bernd Gisevius, der die Kontakte zwischen den verschiedenen Gruppen aufrechthielt. Man wollte Himmler und Heydrich verhaften, den Hergang der Fritsch-Affäre bekannt machen und Hitler vor vollendete Tatsachen stellen. Wenn er den Forderungen der Oppositionellen nicht nachkäme, würden die Generäle handeln.

Ob das die Generäle wirklich getan hätten? Einer nach dem anderen erging sich in Entschuldigungen, als man ihn bat, die Initiative zu ergreifen. Als Halder seinen unmittelbaren Chef, Beck, von der Notwendigkeit eines militärischen Eingreifens überzeugen wollte, bemerkte dieser, die Untersuchung sei noch nicht abgeschlossen und Halders Verlangen sei Meuterei, Revolution. Diese Worte kamen aber im Wörterbuch des deutschen Offiziers nicht vor.[10] Ein großes Handikap war die plötzliche Erkrankung von Witzlebens. Darauf erklärte sich Oberst von Hase, der ein in Neuruppin stationiertes Regiment kommandierte, zu der geplanten Aktion bereit. Aus mehreren Gründen kam es dann doch nicht so weit; einer dieser Gründe war der Anschluß Österreichs an Deutschland. Etwa ein halbes Jahr vorher hatte der frühere Reichskanzler Brüning, der in den Vereinigten Staaten im Exil lebte, geschrieben: „Immer wieder verschafft eine neue internationale Situation den Nazis plötzlich unerwartete Chancen. Die Wehrmachtsführer scheuen sich, zur Tat zu schreiten. Ich fürchte, wenn sie noch ein Jahr zögern, wird es zu spät sein, überhaupt noch etwas zu unternehmen."[11] Nachdem Fritsch und Blomberg entlassen waren, übernahm Hitler selbst den Oberbefehl. Von Brauchitsch, ein Mann, der Hitler keineswegs gewachsen war, wurde Oberbefehlshaber des Heeres. Dieses Heer hatte sich inzwischen aber gewandelt. Infolge der allgemeinen Wehrpflicht und der damit einsetzenden Heeresvergrößerung hatte der Einfluß der älteren Offiziere abgenommen. Außerdem hatten es die Generäle mit jüngeren, aus der HJ hervorgegangenen Offizieren zu tun, die dem Regime vorbehaltlos dienten und die Wehrmacht in der Hand hatten. So war die Wehrmacht unter der neuen Führung, beseelt mit einem neuen Geist, zu einem willfährigen Werkzeug in Hitlers Händen geworden. Wem das nicht paßte, der wurde versetzt oder pensioniert. Wer Hitler treu diente, wurde mit Geschenken bedacht. Den Verdacht der Bestechung lud Brauchitsch bereits bei seiner Amtsübernahme auf sich, indem er aus Hitlers Händen eine große Geldsumme annahm, um sich von seiner ersten Frau scheiden zu lassen und wieder heiraten zu können.

Im Lauf des Jahres 1938 stellte sich Generalstabschef Ludwig Beck Hitlers Kriegsplänen entgegen. Er hatte den Sieg des Nationalsozialismus begrüßt und die Aufrüstung gefördert. Wenn Beck sich schließlich zu bestimmten Schritten durchrang, war das nur der ständigen Überredung Osters zu verdanken.[12] Seine Kritik entsprang vor allem der Furcht, mit einem Krieg zu große Risiken einzugehen. Er drängte bei Brauchitsch darauf, sich gegen die Umwandlung der militärischen Organisation und gegen eine Kriegspolitik zu stemmen. Brauchtisch zeigte sich zwar von Becks Bedenken beeindruckt, wagte aber nichts. Im Mai 1938 sprach Hitler vor einem größeren Kreis über seine Pläne und kündigte einen baldigen Überfall auf die Tschechoslowakei an. Beck, der anwesend war, aber keinen unmittelbaren Zugang zu Hitler besaß, machte seinen Chef sofort auf die großen Gefahren aufmerksam, die Deutschland daraus erwüchsen. Er schlug einen gemeinsamen Protest der höchsten Generäle vor. Kurz darauf wiederholte er seine Bedenken. Bei dieser Gelegenheit sprach er die bekannten Worte: „Ihr soldatischer Gehorsam hat dort eine Grenze, wo ihr Wissen, ihr Gewissen und ihre Verantwortung die Ausführung eines Befehls verbietet. Finden ihre Ratschläge und Warnungen in solcher Lage kein Gehör, dann haben sie das Recht und die Pflicht vor dem Volk und vor der Geschichte, von ihren Ämtern abzutreten. Wenn sie alle in einem geschlossenen Willen handeln, ist die Durchführung einer kriegerischen Handlung unmöglich. Sie haben damit ihr Vaterland vor dem Schlimmsten, vor dem Untergang bewahrt."[13]

Weil Beck von Brauchitsch zu wenig unterstützt wurde, sah er keine andere Möglichkeit, als seine Entlassung einzureichen. Vergeblich drängten ihn seine Gesinnungsgenossen zu bleiben, weil er dann noch einen gewissen Einfluß auf die Wehrmacht hätte. Beck wollte die Verantwortung für militärische Abenteuer nicht übernehmen. Auf Verlangen Hitlers wurde sein Rücktritt nicht bekannt gemacht. So war Beck, der keinen Apparat mehr hinter sich hatte, zum Zuschauer geworden. Sein Nachfolger wurde Halder, ein entschiedener Gegner des Nationalsozialismus. Weil Beck immer noch großes Ansehen genoß, wurde er zum Mittelpunkt des gesamten bürgerlichen Widerstandes. Einzelne und Gruppen suchten Kontakt zu ihm und erkannten seine Führung an. Weil er von der Gestapo bespitzelt wurde und jeder seiner Besucher von einem Beamten in einem gegenüberliegenden Haus fotografiert wurde, mußte er sich meist im Hintergrund halten; auch war er oft krank.

Im Lauf des Jahres 1938 entstanden Pläne für eine Aktion gegen Hitler. Bei einem deutschen Einmarsch in die Tschechoslowakei wurde die sofortige Kriegserklärung Englands und Frankreichs erwartet. In diesem Fall sollten einige Generäle mit zuverlässigen Truppen Hitler und seine Umgebung verhaften, wichtige Gebäude, wie das Gestapohauptquartier, den Rundfunksender und das Propagandaministerium, besetzen und einen eventuellen Gegenschlag der SS aus Süddeutschland verhindern. Dieser Plan, bereits vor der Entlassung Becks entstanden, stammte von einem Triumvirat: Halder, Witzleben, Oster. Auch als ersterer Becks Nachfolger geworden war, hatte er nicht die Absicht, seine antinationalsozialistische Haltung aufzugeben. Das Urteil über Halder ist zu stark durch dessen Passivität während der Kriegsjahre beeinflußt. In den dreißiger Jahren war er sich weit eher als Beck der Gefahren des Nationalsozialismus bewußt und bereit zu handeln. Als Süddeutscher besaß er auch eine andere Mentalität als der aus Hessen stammende Beck, der eher den Eindruck eines Gelehrten als eines Generals machte. Witzleben war kommandierender General von Berlin und besonders populär. Ihm standen die Generäle Graf Brockdorff-Ahlefeld, Hoepner und Oberst von Hase zur Verfügung. Oster war vor allem der Motor des Aktionsplans und Verbindungsmann. Seine Kontakte reichten von Canaris zu Witzleben, Stülpnagel, Halder und Brauchitsch und von Goerdeler zu Justizminister Gürtner und zum Auswärtigen Amt. Halder entfaltete große Aktivität. Er nahm mit Witzleben, mit dem Polizeipräsidenten von Berlin, Helldorf und dessen Stellvertreter Schulenburg, mit Canaris und mit Weizsäcker Verbindung auf. Auch konnte er den Befehlshaber des Gruppenkommandos in Kassel, Adam, für den Plan gewinnen. Brauchitsch wurde bewußt nicht eingeweiht. Gisevius erhielt in der Dienststelle Witzlebens ein Zimmer zugewiesen, wo er die polizeilichen Maßnahmen vorbereiten sollte. Heinz, ein ehemaliger Freikorpsangehöriger, wurde mit der Bildung eines Stoßtrupps beauftragt, der Witzleben auf seinem Gang zu Hitler begleiten sollte. Was mit Hitler geschehen sollte, darüber bestand Uneinigkeit. Falls er nicht nachgab, was anzunehmen war, sollte er sich vor einem Gericht dem deutschen Volk gegenüber zu verantworten haben. Auch wurde erwogen, ihn auf Grund eines Gutachtens bekannter Psychiater – unter ihnen der Vater Dietrich Bonhoeffers – als geisteskrank abzusetzen. Ein Attentat lehnten Halder und Witzleben ab.

Daß dieser Plan bestanden hat und auch vorbereitet war, ist belegt.[14] Die Befürworter der Aktion waren von der Möglichkeit ihrer Ausführung überzeugt. Der schwache Punkt war jedoch die Abhängigkeit der Begründung der Aktion von der außenpolitischen Lage. Denn was geschah? Trotz des von Mittelsmännern des Widerstandes überbrachten Wunsches, dem Verlangen Hitlers nicht nachzugeben, erklärten sich Frankreich und England, die wegen der Tschechoslowakei keinen Präventivkrieg führen wollten, verhandlungsbereit. Das Ergebnis der Verhandlungen war das Münchener Abkommen – der Friede schien gerettet, aber wieder war eine Chance für eine Staatsstreichaktion vorbei. Darauf wurden die Planungen abgeblasen; man war überwiegend der Auffassung, daß die Deutschen einen Putsch zu diesem Zeitpunkt nie begreifen würden.

Den Hoffnungen der „Verschwörer" war damit der Boden entzogen. Die Enttäuschung saß tief, und von regelmäßigen Kontakten ließ sich kaum mehr sprechen. Zu jener Zeit war vor allem eine Gruppe in der Abwehr der Mittelpunkt neuer Planungen. Chef der Abwehr war Admiral Canaris,[15] ein Monarchist, dessen Herz durchaus nicht für die Republik geschlagen hatte. Aber er unterstützte die Bemühungen der Kriegsverhinderungspartei. Damals und später hat er auch zahlreiche Aktivitäten von Regimegegnern gedeckt. Zu seinen wichtigsten Mitarbeitern zählten Hans Oster, Hans von Dohnanyi und Helmuth Groscurth. Oster, Canaris' rechte Hand und wie sein Chef Monarchist, war Sohn eines Pfarrers und ein Mann von christlicher Überzeugung. Weil Fritsch ihm als eine Art von Vorbild gegolten hatte, war es, neben den vielen Rechtsbrüchen, die ihm unerträglich wurden, vor allem Hitlers Vorgehen gegen Fritsch, das ihn zu einem erbitterten Gegner des Regimes gemacht hatte. In ihm wuchs auch Entrüstung über die geplanten Verletzungen der Neutralität Belgiens und Hollands, die einen klaren Bruch internationaler Rechtsnormen bedeuten würden. Darum warnte er den niederländischen Militärattaché in Berlin, Oberst Sas, und teilte ihm Datum und Zeitpunkt des deutschen Überfalles auf die Niederlande mit, in der Hoffnung, daß der Angriff durch schnelle Reaktionen der Westmächte vereitelt und viele Menschenleben gerettet würden.[16] Ein anderer Mitarbeiter von Canaris, Hans von Dohnanyi,[17] war lange Zeit persönlicher Referent mehrerer Justizminister gewesen, bis der letzte ihn 1938 auf Betreiben Bormanns entlassen mußte. In dieser Tätigkeit hatte er auch Einblick in eine stattliche Zahl von Geheimakten gehabt und kannte daher die Praktiken der Nazis aus nächster Nähe. 1939 kam er durch Canaris zur Abwehr, wo er in der Dienststelle Osters arbeitete und sich unablässig für den Widerstand einsetzte. Er war mit einer Schwester Dietrich Bonhoeffers verheiratet. Oberst Helmuth Groscurth[18] war Chef der Verbindungsgruppe der Abwehr beim Generalstab des Heeres. In den Jahren 1938 bis 1940 war er an zentraler Stelle an den Vorbereitungen einer Aktion beteiligt. Dabei bemühte er sich um Sprengstoffbeschaffung, Truppeneinsatz usw. Aus eigener

Initiative war Groscurth, als er Informationen aus Polen über die Mordaktionen erhalten hatte, den halben Dezember lang bei den Kommandeuren an der Westfront herumgereist, um sie für eine Aktion gegen Hitler zu gewinnen. Er stand der Bekennenden Kirche sehr nahe. Im Januar 1940 ließ er sich durch die Pfarrer Niesel und Scharf über die Schikanen der Behörden gegen Pfarrer und Gemeinden der Bekennenden Kirche informieren. Außerdem war Groscurth einer der ganz wenigen Offiziere der Wehrmacht, die im Osten unter Androhung von Gewalt – wenn auch nur zeitweilig – eine Erschießungsaktion von Einsatzgruppen zu unterbrechen wagten.[19]

Die Bemühungen dieser Personen, die Westoffensive im Herbst 1939 zu verhindern, stellen eine weitere Phase des militärischen Widerstandes dar.[20] Nachdem Hitler am 27. September 1939 Brauchitsch und Halder seine Angriffspläne gegen Frankreich, Belgien und Holland dargelegt hatte, reichte Halder am 30. September seinen Abschied bei Brauchitsch ein. Brauchitsch lehnte das Gesuch ab, und beide kamen überein, daß sie gemeinsam Hitlers Pläne verhindern und notfalls gemeinsam zurücktreten sollten. Einer der kommandierenden Generäle im Westen, von Leeb, hatte sich in einer Denkschrift vom 11. Oktober an Brauchitsch gleichfalls gegen die Offensive ausgesprochen. Brauchitsch stimmte mit Halder darin überein, daß sie aus militärischen Gründen versuchen müßten, die Offensive zu verhindern, aber er weigerte sich, politische Konsequenzen damit zu verbinden. Nachdem Hitler den 12. November als vorläufiges Angriffsdatum festgesetzt hatte, beauftragte Halder Groscurth mit der Ausarbeitung eines Aktionsplanes. Inzwischen hatte Halder ebenfalls Informationen über die in Polen durchgeführten Erschießungen erhalten. Diese hatten auf das Heer einen niederschmetternden Eindruck gemacht und mehrere Proteste ausgelöst. Im Auftrag Halders besuchte von Stülpnagel die Generäle im Westen, um in Erfahrung zu bringen, ob sie sich an einer Aktion beteiligen würden. Etwa zu dieser Zeit traf eine weitere Nachricht Leebs ein, in der dieser seinen Entschluß bekundete, jede gewünschte Konsequenz zu ziehen. Anfang November besuchten Halder und Brauchitsch die kommandierenden Generäle an der Westfront. Im Auftrag Becks überreichte ihnen General Thomas eine von Oster, Dohnanyi und Gisevius ausgearbeitete Denkschrift über die Notwendigkeit einer Aktion. Halder beauftragte Oster, die Pläne von 1938 zu überarbeiten und Groscurth, Beck und Goerdeler mitzuteilen, sie sollten sich bereithalten.

Nachdem Hitler das Angriffsdatum auf den 19. November verschoben hatte, fand im Hauptquartier Leebs eine Besprechung der drei kommandierenden Generäle im Westen, Leeb, Rundstedt und Bock, statt. Obwohl die beiden letzteren die militärischen Bedenken Leebs teilten, waren sie nicht zu Konsequenzen bereit. Darauf fand auch eine eingehende Aussprache zwischen Brauchitsch und Halder statt, wobei ersterer jede direkte Aktion gegen Hitler ablehnte. Bald darauf resignierte Halder. Er sehe kaum eine Erfolgschance, teilte er Beck mit, und sei der Meinung, daß es in Kriegszeiten sehr gefährlich sei, eine solche Aktion zu unternehmen. In dieser Zeit eröffnete sich nur noch eine einzige neue Möglichkeit. General Hammerstein, wegen seiner linken Sympathien auch der ‚rote General' genannt, hatte wieder ein Heereskommando und damit Truppen bekommen. Hitler sollte die Truppen besuchen, und diese Gelegenheit wollte Hammerstein nützen, um Hitler zu verhaften. Im letzten Moment sagte Hitler aber den Besuch ab, und kurz darauf wurde Hammerstein wieder in Pension geschickt.

Der Siegesrausch vom Frühjahr und Sommer 1940 machte die Planung einer Aktion in dieser Zeit zu einer Illusion. Wieder schien Hitler Recht gehabt zu haben, und jetzt nicht nur auf außenpolitischem, sondern auch auf militärischem Gebiet. Mit einem Schlag war viel Skepsis verschwunden, und davon wurden auch Teile der Opposition beeinflußt.[21] Jetzt konnte man erkennen, wer überzeugter Gegner Hitlers war und wer nicht. Der Krieg wirkte aber auch als ein Katalysator. Zunächst kam es zu einer Verbindung zwischen der militärischen Gruppe in Berlin und dem Militärbefehlshaber in Belgien, von Falkenhausen. Dieser war Ende der dreißiger Jahre aus China zurückgekehrt. Der Nationalsozialismus war ihm zuwider. Von 1939 bis zu seiner Abberufung im Jahre 1944 war er eine der Hoffnungen der Regimegegner. Außerdem trat der Widerstand mit dem Militärbefehlshaber in Frankreich, von Stülpnagel, in Verbindung. Unter dessen Nachfolger und Namensgenossen, der auch seit Jahren der Opposition angehört hatte, wurde die französische Hauptstadt ein weiteres Zentrum des Widerstandes. Daß innerhalb der Wehrmacht die Bereitschaft für eine Aktion Ende 1941 zunahm, war zunächst auch die Folge davon, daß Hitler – im Widerspruch zu einer 1939 getroffenen Abmachung – die Armee immer tiefer in seine Verbrechen verstrickte. Während der Vorbereitungen zum Rußlandfeldzug wurde die Armee mit der Durchführung des berüchtigten ‚Kommissarbefehls' beauftragt. Um die feindliche ‚Führungsgruppe' zu schwächen, mußte jeder gefangengenommene Zivil- oder Militärkommissar sofort getötet werden. Daß mehrere Proteste eingereicht wurden und der Befehl mehrfach nicht ausgeführt wurde, zeigt die Atmosphäre des Unbehagens bereits. Dazu kamen weitere Mordaktionen, der russische Winter und die Dauer dieses Krieges. Jetzt bildeten sich auch Zellen des Widerstandes an der Ostfront; vor allem die Heeresgruppe Mitte wurde ein wichtiges Zentrum. Hier wurde Oberst Henning von Tresckow[22] zum Mittelpunkt einer Gruppe von Widerständlern. Nun waren es nicht mehr nur ältere Offiziere, die sich am Widerstand beteiligten, sondern auch jüngere. Sie hatten sich im Kampf ausgezeichnet und dem Regime oft sehr ergeben gedient. Was sie aber in Polen und Rußland erlebt hatten, lehnten sie entschieden ab. Eine Regierung, die solche Verbrechen befahl, konnte den Namen Obrigkeit nicht mehr für sich beanspruchen. Sie war ein Werkzeug des Teufels. Gerade diese Offiziere forderten immer entschiedener ein Attentat auf Hitler. Allerdings handelte es sich nur um eine kleine Minderheit, die auf diese Weise reagierte. Eine größere Gruppe war sich zwar dessen bewußt, daß die Mordtaten alles Deutsche mit einem ewigen Makel beflecken würden, aber sie schwieg und machte sich dadurch mitverantwortlich.

Tresckow war inzwischen nicht untätig geblieben. Er nahm Ende 1941 Verbindung mit Berlin auf, als sich eine neue Aktionsmöglichkeit zu ergeben schien. Wenn Hitler nicht der

Forderung der Wehrmacht nachkäme, den Belagerungszustand zu verkünden, würde diese selbst die Macht übernehmen. Von Brauchitsch schien mit einem solchen Schritt einverstanden zu sein. Aus den Kreisen des zivilen Widerstandes wurde Druck auf die Militärs ausgeübt, jetzt zu handeln. Verschiedene Vorbereitungen wurden getroffen, von denen heute nur wenig bekannt ist. Offensichtlich verweigerte aber Halder seine Mitarbeit. Er hielt den rechten Zeitpunkt noch nicht für gekommen.[23] Außerdem konnte Tresckow seinen Kommandanten, Bock, nicht von der Notwendigkeit einer Aktion überzeugen. Brauchitsch wollte Hitler zwingen, den Forderungen der Generäle nachzukommen, indem er mit seinem Rücktritt drohte. Hitler jedoch akzeptierte den Rücktritt und übernahm selbst den Oberbefehl.

Da Hitler sich immer seltener in der Öffentlichkeit zeigte und kein Widerständler in seine direkte Umgebung kommen konnte, bestand während des Krieges lange Zeit kaum eine Möglichkeit, ein Attentat auszuführen. Dennoch hat es vor dem 20. Juli 1944 mehrere Versuche dazu gegeben. Vor der sich abzeichnenden Katastrophe bei Stalingrad hatte der Stabschef und stellvertretende Befehlshaber des Ersatzheeres, Olbricht, sich Ende 1942 auf Bitten Tresckows bereit erklärt, einen Staatsstreich zu unterstützen und Aktionen in mehreren deutschen Städten vorzubereiten. Das Attentat sollte in Rußland erfolgen.[24] Im Januar 1943 war Tresckow wieder in Berlin erschienen. Wegen der Lage an der Ostfront drängte er auf Beschleunigung. Dabei übermittelte er folgende Reaktion des Generals von Kluge: „Keine Teilnahme an einem Fiasko-Unternehmen. Ebensowenig an einer Aktion gegen Hitler. Ist nicht im Wege, wenn Handlung beginnt.“[25] Mit Olbricht besprach Tresckow den Stand der Vorbereitungen. Nach der Abfahrt Tresckows ließ er freilich mitteilen, daß auf keinen der Befehlshaber an der Ostfront zu rechnen sei. Darauf notierte der beim Befehlshaber des Ersatzheeres tätige Hermann Kaiser[26] die folgende Reaktion Goerdelers: „Er steht ab 15. II. nicht mehr zur Verfügung. Die Autorität der obersten Generäle ist erschüttert, falls bis zum 15. II. nicht gehandelt werde.“[27] Tresckow, der ein drittes Mal nach Berlin gekommen war, teilte die Meinung Goerdelers: „Kein Tag sei zu verlieren. Es sei so bald als möglich zu handeln. Von den Feldmarschällen sei keine Initialzündung zu erwarten. Sie folgen nur einem Befehl, genau wie die Stelle hier.[28] Der Befehl müsse von anderer Seite kommen. Das habe er auch Beck gesagt.“[29]

Anfang Februar 1943 wurde mitgeteilt, daß in zehn Tagen alles fertig sein könne. Gegen Mitte Februar erschienen Oberst Jäger und der bei der Abwehr tätige Hauptmann Gehre bei Kaiser und wollten sich auf ihre Aufgaben vorbereiten. Jäger sollte den Befehl über das Berliner Wachbataillon übernehmen und Gehre einen Stoßtrupp bilden – Kaiser mußte sie noch eine Weile vertrösten. Inzwischen war auch von Witzleben, der als Oberbefehlshaber der Wehrmacht vorgesehen war, nach Berlin gekommen.[30] Olbricht zeigte sich „sehr befriedigt“, bat aber, den Termin auf Anfang März zu verlegen.[31]

Aus dem Tagebuch Hermann Kaisers geht also klar hervor, daß um die Jahreswende 1942/43 wieder ein Staatsstreichversuch vorbereitet wurde und daß der Attentatsversuch bei der Heeresgruppe Mitte mit einer größeren Aktion verbunden war, als bisher bekannt war.

Die vorbereitenden Maßnahmen waren jedoch offenbar nicht unbemerkt geblieben. Mitte Februar warnte Fritz-Dietlof von der Schulenburg Kaiser, daß bald ein Eingreifen der Gestapo zu erwarten sei.[32] Ferner wird von einer Haussuchung im Februar bei Goerdeler berichtet. Unsicher blieb, wie der Befehlshaber des Ersatzheeres, Fromm, sich einem Staatsstreich gegenüber verhalten würde. Obwohl er damals als „empfänglich und einsichtig“[33] galt – recht zu trauen war Fromm nicht. Und ob Olbricht tatsächlich bereit war, ohne Fromm zu handeln, blieb auch unklar. Für eine Aktion im Westen war die Mitarbeit der dem militärischen Widerstand zugehörenden Militärbefehlshaber Falkenhausen und Stülpnagel wichtig. Sie sollten außerdem die Lage im Westen sichern. Das war ganz im Sinne Tresckows, dem es darauf ankam, die Ostfront zu halten.[34] Kluge, der schwankend war und daher als möglicher Partner dauernd im Gespräch blieb, ließ Anfang März durch Schlabrendorff bei

Olbricht anfragen: „Geht Termin zum Bereitstehen in Ordnung, wenn nicht, bitte ihn aufgrund der Kenntnis der Verhältnisse zu beschleunigen."[35] Bedauerlich war, daß gerade Anfang März Beck sich einer Darmoperation und anschließend noch mehreren Nachoperationen zu unterziehen hatte.[36] Damit war das Haupt des bürgerlichen Widerstandes für längere Zeit, bis Anfang August, nicht aktionsfähig.[37]

Dennoch wurde der Versuch gewagt. Am 13. März 1943 sollte Hitler Truppen der Heeresgruppe Mitte besuchen. Schlabrendorff hatte gemeinsam mit anderen in das Flugzeug, welches Hitler wieder ins Führerhauptquartier zurückbringen sollte – ein Versuch, ihn an Ort und Stelle zu verhaften, war vom Befehlshaber abgelehnt worden –, eine Bombe mit englischem Zünder eingeschmuggelt, die als Paket mit zwei Flaschen Cognac getarnt war.[38] Obwohl der Zünder mehrere Male ausprobiert worden war, versagte das Zündhütchen gerade diesmal, und das Paket mußte unter einem Vorwand eiligst herausgeschafft und die Aktion wieder abgeblasen werden. Man hatte diese Methode gewählt, damit es so aussähe, als sei Hitler bei einem Flugzeugunglück umgekommen. Ein erneuter Versuch, diesmal von Oberst von Gersdorff in Berlin am 21. März, gelang ebenfalls nicht.[39]

Anfang April wurde Oberst Jäger im Zusammenhang mit einem Verfahren gegen seinen Sohn kurz verhaftet.[40] Schulenburg war wegen einer unvorsichtigen Äußerung am 2. April vernommen worden.[41] Wenige Tage später erlitt die Widerstandsbewegung einen unersetzlichen Verlust durch die Verhaftung Dohnanyis und seiner Frau, Dietrich Bonhoeffers und des Rechtsanwalts Josef Müller,[42] ferner durch die ‚Kaltstellung' Osters.[43] Das Jahr 1943 war für den militärischen Widerstand reich an Hoffnungen und Plänen, aber auch reich an Mißgeschicken.

Dennoch hat es auch im April und den folgenden Monaten nicht an Versuchen gefehlt, doch noch einen General für die Auslösung einer Aktion zu gewinnen.[44] Da sich herausgestellt hatte, daß der mit dem Attentat verbundene Staatsstreich nicht gründlich genug vorbereitet worden war, nahm Tresckow einige Monate Urlaub, die er in Berlin zubrachte, damit die Pläne jetzt im Detail ausgearbeitet und die Maßnahmen in Berlin und anderen Städten Deutschlands mit denen an der Ostfront abgestimmt werden konnten.

Ende Juli 1943 gab die Lage an der Ostfront und der Sturz Mussolinis in Italien neuen Auftrieb. Deswegen besuchte auch Canaris Kluge.[45] Ende Juli wurde mitgeteilt, Kluge sei zur Tat bereit.[46] Bald darauf überbrachte Schulenburg eine positive Nachricht aus Paris. Stülpnagel sei sogar bereit, aus eigener Initiative zu handeln.[47] Kaiser notierte: „Befehlshaber des Ersatzheeres erhält Befehl. Wie Fromm? Kaiser urteilt wie immer. Olbricht: Wenn er's nicht macht, mache ich's. Unter Umständen wird er festgenommen von Olbricht und Tresckow."[48] Trotz einer Reihe von Rückschlägen wurden also innerhalb des militärischen Widerstandes die Bemühungen, auf die eine oder andere Weise eine Aktion in Gang zu bringen, fortgesetzt.[49] Es fehlte jedoch damals eine einheitliche Führung. Dazu werden noch andere Gründe einen neuen Versuch verhindert haben. Hat Kluge wieder versagt? Aber weshalb hat Stülpnagel dann nicht gehandelt? Wie dem auch sei, Kaisers Tagebuch wirft auch neues Licht auf bestimmte Staatsstreichvorbereitungen im Sommer 1943, die erklären, weshalb aus dieser Zeit eine neue Ministerliste Goerdelers überliefert ist.[50]

Die Vorbereitungen einer Aktion im März und im Sommer des Jahres 1943 sind in der Geschichte des militärischen Widerstandes selbständige Phasen, die keinesfalls nur als Vorgeschichte des späteren Staatsstreichversuchs am 20. Juli 1944 betrachtet werden sollten. Dennoch handelte es sich, nachträglich gesehen, auch um eine Zeit der Vorbereitung und des Aufbaus. Das zeigen schon die mehrfachen Besuche Tresckows in Berlin. Weil aber jetzt Oster fehlte und Tresckow an der Ostfront zu bleiben hatte, war ein anderer notwendig, der aus einer Stellung im militärischen Apparat in Berlin heraus die Aktion leiten konnte. Damit aber sind wir bei der Vorgeschichte des Staatsstreichversuches am 20. Juli 1944, dem das nächste Kapitel vorbehalten ist.

11. Der 20. Juli 1944

Attentat und Staatsstreich am 20. Juli 1944 waren kein Notsprung unter dem Eindruck der bevorstehenden Niederlage, sondern Ende und Klimax einer Kette von Staatsstreichplanungen und Attentaten.[1] Die direkten Vorbereitungen gehen auf das Jahr 1943 zurück. Weiter hatte sich insbesondere seit 1941 eine immer engere Zusammenarbeit zwischen Gruppen des bürgerlichen politischen und des militärischen Widerstandes entwickelt.

Wenn man Generäle für eine Aktion gegen Hitler zu gewinnen suchte, lautete meistens die erste Frage, ob eine breite politische Front bestehe, die die Regierungsgewalt übernehmen könne, und die zweite, inwieweit Zusicherungen von den ‚Feindmächten' zu erhalten waren, daß sie einen akzeptablen Frieden schließen wollten.

Im Oberkommando des Heeres waren bereits 1942 unter dem Decknamen ‚Walküre' Befehle ausgearbeitet worden, um im Heimatgebiet gebildete Ersatztruppen an der Front einsetzen zu können.[2] 1943 wurden diese Befehle erweitert und zu einem allgemeinen Alarmbefehl umgearbeitet, demzufolge bei etwaigen durch die vielen Fremdarbeiter und Kriegsgefangenen entstandenen Unruhen der Ausnahmezustand ausgerufen und das Ersatzheer die vollziehende Gewalt übernehmen sollte. Dieser Befehl, der mit einem Umsturz an sich nichts zu tun hatte, sollte alle im Heimatgebiet verfügbaren Truppen des Ersatzheeres alarmieren und bei bestimmten wichtigen Objekten einsetzen. Mehrfach wurden Alarmübungen abgehalten, damit alles reibungslos verlief. Um diesen ‚Walküre'-Befehl bei einem Staatsstreich verwenden zu können, waren dem allgemeinen Befehl eine Reihe von Geheimbefehlen in verschlossenen Umschlägen beigegeben. Darin war festgelegt, daß die Ersatztruppen auf das Stichwort ‚Walküre' hin die Gebäude der wichtigsten Dienststellen, die Rundfunkeinrichtungen, Telefon- und Telegrafenämter, Kraftwerke, Brücken und Verkehrsknotenpunkte, Dienststellen und Kasernen der SS zu besetzen und die SS-Führer zu verhaften hätten. Ein großes Handicap war jedoch, daß Olbricht auch als Chef des Allgemeinen Heeresamtes des Ersatzheeres den Befehl dazu nicht geben konnte. Das durfte nur der Befehlshaber, Fromm, der jedoch nicht zum Widerstand gehörte.

Weiterhin war die Beseitigung Hitlers die Voraussetzung des Gelingens. Eine Schwierigkeit dabei war, daß Hitler aus Sicherheitsgründen das Führerhauptquartier nur selten verließ. Die Zahl derer, die zum Sondersperrkreis Zutritt hatten, war sehr beschränkt worden. Solange niemand aus dem Widerstand zu dieser Gruppe gehörte, gab es praktisch keine Chance, Hitler auszuschalten.

Seit der Machtübernahme war Hitler ständig in Gefahr gewesen, einem Attentat zum Opfer zu fallen. Bereits 1933 wurden mehrere Anschläge auf ihn geplant, die nicht ausgeführt werden konnten oder vorzeitig entdeckt wurden. Zu den Vorbereitern eines Attentats während der dreißiger Jahre gehörten Kurt Lutler, Helmuth Mylius, Edgar Jung, der Architekturstudent Helmuth Hirsch, David Frankfurter, der Staatssekretär der preußischen Regierung Braun-Severing, Wilhelm Abegg, der schweizerische katholische Theologiestudent Maurice Bavaud, der frühere Freikorpsführer Beppo Römer, Major Heinz, der Vortragende Legationsrat Erich Kordt und Georg Elser.[3]

Nachdem in den Jahren 1941 und 1942 versucht worden war, Hitler bei Besuchen in Frankreich zu töten, übernahm später eine Gruppe um Oberst i.G. von Tresckow diese Aufgabe. Aber auch das führte nicht zum erwünschten Ergebnis. Darauf folgten Versuche Gersdorffs, Bussches, Kleists und Breitenbuchs, die gleichfalls erfolglos blieben.

Als im August 1943 der Oberstleutnant Claus Schenk Graf von Stauffenberg, noch nicht geheilt von einer schweren Verwundung, nach Berlin fuhr, um dort mit General Olbricht über die für ihn vorgesehene Stellung des Chefs des Stabes beim Chef des Allgemeinen Heeresamtes zu sprechen, forderte Olbricht ihn auf, sich an den bereits in Gang befindlichen Staatsstreichvorbereitungen zu beteiligen. Stauffenberg sagte zu. Da diese Zusage die Folge eines sinnlos gewordenen und verlorenen Krieges war, ist es notwendig, zunächst ausführlicher zu berichten, wie Stauffenberg zu einem entschlossenen Gegner Hitlers geworden war.[4]

Stauffenberg stammte aus einem alten süddeutschen Adelsgeschlecht. Im 19. Jahrhundert hatte sein Urgroßvater vom damaligen bayerischen König den Grafentitel erhalten. Claus wuchs in der liberalen Atmosphäre des Königreichs Württemberg auf, wo sein Vater Oberhofmarschall war. Er hatte zwei ältere Brüder: Alexander und Berthold. Im Gegensatz zur älteren Generation, die noch eine starke Bindung an die Monarchie besaß und sich nachdrücklich von der Republik distanzierte, setzten sich die Brüder über solche Einwände leichter hinweg. Mit ihren Eltern verband sie jedoch das Bewußtsein einer Zugehörigkeit zur Elite. Der Familienbesitz ermöglichte finanzielle Unabhängigkeit. Die Familie Stauffenberg war katholisch, wenn auch nicht praktizierend. Claus hing besonders an seinem um zwei Jahre älteren Bruder Berthold.[5] Die Pfadfinderbewegung als eine der Gruppierungen der Jugendbewegung war ein bestimmender Faktor in seinem Leben.

Von nicht zu unterschätzendem Einfluß auf ihren Lebensstil und ihre Entwicklung waren jene Jahre, die Claus mit seinen Brüdern im Kreis des Dichters Stefan George zugebracht hatte. George selbst bezeichnete sich als einen modernen Sokrates und wollte die Jugend von ihren erstarrten bürgerlichen Auffassungen befreien. An deren Stelle sollte als neue Lebensform ein vager mystischer aristokratischer Ästhetizismus treten. Um George sammelte sich ein Kreis von Jüngern, die sich zu seinem Denken und Werk hingezogen fühlten. Ihnen gegenüber sah George vor allem seine Aufgabe als Erzieher einer neuen Jugend und seine Pflicht als Verteidiger überkommener Werte. Obwohl die Lehre Georges politisch dem Umkreis der ‚konservativen Revolution' zuzurechnen wäre, geht es nicht an – wie mehrfach versucht –, deswegen in diesem Kreis schon einen Vorläufer des Nationalsozialismus zu sehen, von dem sich George selbst übrigens distanzierte. Dazu war der Mentalitätsunterschied zu groß, dazu unterschied sich Georges ‚Neues Reich' zu sehr von Hitlers ‚Drittem Reich'. Claus nahm aktiv an der Arbeit in diesem Kreis teil, besuchte die Zusammenkünfte und führte viele Gespräche mit dem verehrten „Meister". Die Begegnungen mit einem der bekanntesten Dichter seines Lebens haben für Stauffenberg sehr viel bedeutet. Noch später zitierte er mehrfach aus Gedichten Stefan Georges, und dessen ‚Antichrist' artikulierte für ihn und andere Widerständler den Haß gegen das Regime und den Auftrag, dieses Regime zu stürzen.[6] Trotz einer gewissen Neigung zur Architektur entschloß sich Stauffenberg zu einer Offizierslaufbahn in der Reichswehr. Das war keine Selbstverständlichkeit. Mit der Wahl Hindenburgs zum Reichspräsidenten war die Republik von Weimar für manche junge Adlige akzeptabel geworden. Das wird auch für Claus Stauffenberg zugetroffen haben. Verhöhnungen der Republik verbat er sich in seiner Nähe. Durchaus kein Republikaner, fühlte er sich dennoch an seinen Eid gebunden. Bei seinen Kameraden fiel er durch seinen Scharfsinn auf und war wegen seiner Fröhlichkeit und Hilfsbereitschaft beliebt.

Mit einem Gefühl von distanziertem Interesse beobachtete er die Machtübernahme der Nationalsozialisten. Auch war er bereit, sich für den neuen Staat einzusetzen, da er glaubte, daß er eine großzügigere Förderung der Wehrhaftigkeit und eine angemessene Wehrpolitik betreiben würde. Daß er am 30. Januar 1933 an der Spitze einer begeisterten Menge durch Bamberg geritten sei, wird bestritten. Trotzdem muß in bezug auf Stauffenberg etwas vorgefallen sein, was Diskussionen unter den Offizieren auslöste, wobei sich Stauffenberg mit der Bemerkung verteidigte, ein Offizier könne sich nicht von einer großen Volksbewegung isolieren. Dennoch war er kein Nationalsozialist. Als er 1934 zusammen mit einem Kameraden zu einer Parteiveranstaltung in Bamberg abkommandiert worden war, verließ er spontan durch den Mittelgang den Saal, als der Redner – Julius Streicher – in schändlicher Weise gegen die Juden hetzte. Die Ereignisse um den 30. Juni 1934 scheinen dann erste Zweifel an der Politik des Dritten Reiches geweckt zu haben, die auf die Dauer zu einer wachsenden Distanz führten.

Später war er zu sehr Soldat, als daß er nicht mit Begeisterung an den Feldzügen teilgenommen hätte. Dabei konnte er sein organisatorisches Talent unter Beweis stellen. Als Großbritannien und Frankreich am 3. September 1939 Hitler den Krieg erklärten, soll Stauffenberg gesagt haben: „Kinder, wenn wir den Krieg gewinnen wollen, dann ist das eine Frage des Aushaltenkönnens für uns, und dieser Krieg dauert dann mit Sicherheit seine zehn Jahre.“[7] Widerstand im Kriege lehnte der Generalstabsoffizier damals noch ab, besonders während eines Krieges gegen das kommunistische Rußland.[8] Es bedurfte außerdem noch einiger Zeit, bis der Jünger Georges sich zu einer Meisterrolle berufen fühlte.

Von Mitte 1940 bis Ende 1942 arbeitete Stauffenberg in der Organisationsabteilung des Generalstabs des Heeres. Als er diese Stellung antrat, war auch er noch erfüllt von jenem Siegesgefühl, das damals die meisten Deutschen erfaßt hatte, und er erhoffte sich eine positive Entwicklung. Bald mußte er jedoch erkennen, daß die Politik Hitlers gegenüber Frankreich die von ihm erhoffte Annäherung zwischen Frankreich und Deutschland verhinderte. Später mußte Stauffenberg noch eine weitere Enttäuschung erleben. Bezüglich des Rußlandfeldzuges hatte er zunächst ebenfalls positive Erwartungen. Als es nach dem Mißerfolg der Offensive gegen Moskau zu Auseinandersetzungen zwischen Brauchitsch und Hitler kam und Hitler darauf selbst den Oberbefehl übernahm, war Stauffenberg optimistisch und zuversichtlich. Er meinte, daß mit einer sinnvolleren Spitzengliederung die Lage an der Ostfront verbessert werden könnte.

Eine hohe Priorität räumte Stauffenberg dem Plan ein, sowjetische Kriegsgefangene für den Kampf gegen den Bolschewismus zu gewinnen und als Hilfstruppen der Wehrmacht einzustellen. Dieser Gedanke stand aber in völligem Widerspruch zu den Ansichten Hitlers, der die Russen immer als minderwertig hingestellt hatte. Auch die meisten Generäle konnten sich für diesen Plan nicht begeistern. Daher hatten die ersten Bemühungen in dieser Richtung nur eine begrenzte Wirkung. Das führte dazu, daß Stauffenberg sich 1942 immer kritischer über die deutsche Ostpolitik äußerte.

Dennoch waren die Erfahrungen, die er in der Organisationsabteilung – in dauernder Verbindung mit Kommandanten und Dienststellen – sammelte, für Stauffenberg sehr wichtig. Sie vermittelten ihm einen Überblick und gaben ihm den Ruf eines urteilsfähigen Generalstabsoffiziers. Auch von Generalstabschef Halder wurde Stauffenberg sehr geschätzt.

Als Halder im September 1942 von Hitler entlassen wurde, änderte sich die Atmosphäre im Generalstab derartig, daß Stauffenberg eine andere Verwendung anstrebte. Die Krise bei Stalingrad und das ständige Eingreifen Hitlers nahmen ihm jegliche Motivation zur Weiterarbeit im Hauptquartier. Bald darauf wurde er nach Afrika versetzt. Jeder andere hätte das als Degradierung empfunden, aber für Stauffenberg bedeutete es in dieser Situation eine Erleichterung. Auch an der afrikanischen Front ließ sich aus gelegentlichen Bemerkungen Stauffenbergs eine gewisse Kritik gegenüber dem Regime herauslesen. Seinem Kommandanten, mit dem er vertrauliche Gespräche führen konnte, erzählte er von mißlungenen Versuchen, Generäle dazu zu bewegen, Hitler die Wahrheit zu sagen. Stauffenberg war auch der Ansicht, daß Hitler niemals freiwillig zurücktreten würde. Kurz vor seiner Rückkehr nach Deutschland wurde er bei einem Luftangriff schwer verwundet. Nach einem kurzen Lazarettaufenthalt in Afrika wurde er nach Deutschland verlegt. Die Ärzte konnten zwar sein Leben retten, aber er verlor sein rechtes Auge, die rechte Hand und zwei Finger der Linken. Nie mehr würde er eine Waffe bedienen können. Im August wurde er aus dem Lazarett entlassen. Kurz darauf wurde er von Olbricht aufgefordert, sich dem Widerstand anzuschließen. Nachdem Stauffenberg sich dazu bereit erklärt hatte, zog er sich für einige Wochen Genesungsurlaub nach Lautlingen zurück, wo er mit seinem Bruder Berthold die Konsequenzen seines Versprechens erörterte. Dort überdachte er auch, welche Probleme ein neues Deutschland nach Hitlers Sturz zu meistern hätte. Was wir darüber wissen,[9] bleibt ziemlich vage. Ihn beschäftigten politische, wirtschaftliche, soziale und religiöse Fragen einer neuen Staats- und Gesellschaftsordnung, das Verhältnis zwischen Arbeitgebern und Arbeitnehmern, die Rolle der Technik, die Frage des Großgrundbesitzes, das Problem, ob sich ein Parlament anders als auf der Grundlage politischer Parteien organisieren lasse, und die Beziehungen zwischen den Völkern und Staaten.

Anfang September sollte Stauffenberg eine Handprothese am rechten Arm erhalten, als er die Operation plötzlich absagte. Soeben war die Kapitulation Italiens bekannt geworden. Das Schicksal des Dritten Reiches wurde immer fraglicher. Und an der Ostfront war der Gegner in einem unaufhaltsamen Vormarsch nach Westen begriffen. Wieder war Tresckow nach Berlin gekommen, um auf eine Beseitigung Hitlers zu drängen und die Vorbereitungen für einen Staatsstreich voranzutreiben. Dabei konnte Stauffenberg nicht fehlen. Tresckow machte ihn mit Goerdeler bekannt, und dieser erörterte mit ihm mehrere Probleme eines Staatsstreichversuches wie Ausrufung des Ausnahmezustandes, Vornahme der notwendigen Verhaftungen und Besetzung der wichtigen Gebäude und Verkehrsknotenpunkte. Auch mit anderen Persönlichkeiten des Widerstandes machte Stauffenberg Bekanntschaft. So brachte ihn Schulenburg in Kontakt mit dem Sozialdemokraten Julius Leber. Als er im November Werner von Haeften als Ordonnanzoffizier zugeteilt bekommen hatte, lernte er durch dessen Bruder Hans-Bernd von Haeften Adam von Trott kennen. Über ihn und seinen Vetter Yorck erfolgte der Kontakt zu den Kreisauern. Dort nahm er nur selten an Gesprächen teil, aber er wurde darüber informiert und scheint sie im großen und ganzen bejaht zu haben.[10] Vor allem nach seinem Gespräch mit Leber wuchs sein Interesse an den politischen Aspekten eines Staatsstreichs, und er ließ sich über die unterschiedlichen Vorstellungen informieren. Das war durchaus nicht im Sinne Goerdelers, der diesen Bereich faktisch als seine Aufgabe betrachtete und die Haltung Stauffenbergs als eine unerwünschte Unterstützung der Kreisauer wertete, mit denen er sowieso nur schwer zurecht kam. Bei Peter Yorck traf Stauffenberg auch Schwerin von

Schwanenfeld, der schon längst dem militärischen Widerstand angehörte und in seinen politischen Auffassungen den Kreisauern ebenfalls nahe stand. Auch gewann Stauffenberg bald Fühlung zu weiteren Oppositionellen wie Hassell, Popitz, Jessen und Hermann Maass. Im Hause des Chirurgen Sauerbruch begegnete Stauffenberg Beck, den er vielleicht bereits von früher kannte. Zusammen mit Tresckow hat Stauffenberg die Befehle für die Besetzung Berlins und für das gesamte Reichsgebiet formuliert.

Der Vorschlag, Hitler während einer der täglichen Lagebesprechungen zu töten, stammte von Tresckow. Alle Hoffnungen, eine Gelegenheit auszunützen, wenn Hitler sich aus seinem Hauptquartier wagte, hatten sich als undurchführbar erwiesen, weil Hitler sich aus Sicherheitsgründen nicht an Termine oder Routen hielt, beziehungsweise einen angekündigten Besuch ganz absagte. Nur ein Attentat in seinem Hauptquartier versprach Erfolg. Darum mußte einer gefunden werden, der zu diesen Lagebesprechungen Zutritt hatte und bereit war, das Attentat auszuführen. Die Wahl fiel auf General Stieff, den Chef der Organisationsabteilung des Heeres. Er nahm regelmäßig an den Besprechungen im Führerhauptquartier teil. Ende Oktober erhielt er von Stauffenberg ein Paket mit Sprengstoff und Zeitzündern. Stieff meinte aber, den Sprengstoff nicht unbemerkt in den Konferenzraum bringen zu können, und darum wagte er es nicht.[11]

Auch die Suche nach geeigneten Verbindungsoffizieren wurde jetzt vorangetrieben. Während der politische Widerstand in den verschiedenen Teilen Deutschlands politische Beauftragte gefunden hatte, die nach Ausführung des Staatsstreichs die Gewalt in einem bestimmten Gebiet übernehmen sollten, suchte Stauffenberg Verbindungsoffiziere aus, die in den Wehrkreisen die Ausführung aus Berlin eingetroffener Befehle garantieren und Berlin auf dem laufenden halten sollten. Dabei konnte Stauffenberg mit nur wenigen Verbindungsoffizieren rechnen; einige mußten noch eingeweiht werden. Noch im Juli 1944 waren nicht für alle Wehrkreise geeignete Leute gefunden.

Bereits im Winter 1942/43 waren Berliner Oppositionelle gewarnt worden, daß die Telefongespräche von mehreren von ihnen überwacht würden. Später wurde gesagt, daß die SS über gewisse Pläne unterrichtet sei.[12] Die Doppelrolle, die Himmler bereits seit dem Sommer 1943 spielte und die er wahrscheinlich bis zum Tage des Attentats beibehielt, ist noch nicht geklärt. Es läßt sich vermuten, daß er durch Kontakte zu Oppositionellen, die früher nationalsozialistisch gewesen waren, sein Leben zu retten hoffte. Weil diese Personen andererseits von manchen Widerständlern als unzuverlässig abgelehnt wurden, besteht wenig Zweifel an der Irrealität dieser Hoffnung. Auch weitere hohe SS-Führer, durch den Kriegsverlauf enttäuscht, scheinen über gewisse Planungen des Widerstands informiert gewesen zu sein.[13] So ist es nicht erstaunlich, daß auch die Gestapo etwas bemerkt hatte. Dazu kam, daß die Rivalität zwischen der militärischen Abwehr von Admiral Canaris und dem SD zu weiteren Schlägen für erstere geführt hatte. Im April 1943 waren Hans von Dohnanyi, dessen Frau, Josef Müller und Dietrich Bonhoeffer verhaftet worden. Dasselbe geschah im Januar 1944 mit zwei weiteren Widerständlern aus der Abwehr, Otto Kiep und Helmuth von Moltke. Ein dritter, Hauptmann Gehre, wurde von der Gestapo derart stark beschattet, daß jede Kontaktaufnahme mit ihm lebensgefährlich war.

Neben diesen bereits existierenden, aber jetzt gefährlicher werdenden Bedrohungen seitens der Gestapo gab es noch zwei Gründe, die im Mai zu neuen Initiativen führten. Zunächst liefen Gerüchte über eine bevorstehende Invasion um. Stauffenberg selbst scheint noch versucht zu haben, die Engländer von diesem Plan abzubringen. Nicht frei von Illusionen – oder war es sein Nationalgefühl? –, scheint er noch geglaubt zu haben, mit den Westalliierten über territoriale Forderungen, das Vermeiden einer Besetzung und das Aufgeben der Invasion verhandeln zu können – im Interesse einer Beibehaltung der Ostfront gegenüber der Sowjetunion.[14] Diese Erwartung, völlig illusionär in der Zeit der Casablanca-Formel der bedingungslosen Kapitulation, scheint eher auf Eindrücke als auf Zusicherungen begründet gewesen zu sein. Am liebsten hätte Stauffenberg gesehen, daß in direkten Verhandlungen zwischen den Oberbefehlshabern ein Waffenstillstand erreicht würde.[15] Damit wollte er freilich die Politiker umgehen, eine Methode, die nicht nur bei einem Mann wie Goerdeler starken Widerspruch hervorrief, sondern die auch auf der alliierten Seite nicht den Hauch einer Chance gehabt hätte. Zu den Gerüchten über eine bevorstehende Invasion kam noch die Tatsache, daß Stauffenberg eine Zugangsmöglichkeit zu Hitler bekommen würde. Die Initiative dazu ging nicht von ihm, sondern von dem Befehlshaber des Ersatzheeres, Fromm, aus. Der wollte ihn zum Chef des Stabes beim Befehlshaber des Ersatzheeres und damit zu seinem Stellvertreter machen. Fromm war für den militärischen Widerstand eine undurchsichtige Figur.[16] Er wußte zwar von den Planungen, hatte sie nie abgelehnt, wollte selbst aber aus der Schußlinie bleiben. Er schätzte es, als Stauffenberg ihm bei seinem Dienstantritt offen sagte, wie pessimistisch er die Lage beurteilte, und erklärte, seine eigene Ansicht unterscheide sich davon kaum. Aber dabei blieb es. So vorteilhaft es einerseits war, daß Stauffenberg in seiner neuen Stellung mit oder ohne Fromm direkten Zugang zu den Lagebesprechungen im Führerhauptquartier hatte, so komplizierte sich dadurch andererseits doch vieles. Sollte er, der Chef der Zentrale, der in und von Berlin aus die Aktionen zu leiten hatte, die Aufgabe übernehmen, die anderen zugedacht war? Das Problem wurde im Kreis der Verschwörer eingehend erläutert. Es ist belegt, daß Beck als Haupt des Widerstandes darauf bestand, Stauffenberg müsse, falls er die Aufgabe übernähme, Hitler zu töten, nach Berlin zurückkehren, um anschließend von dort aus den Umsturz in Gang zu setzen. Das war, bedenkt man das Vertrauen, das Stauffenberg bei zahlreichen Offizieren genoß, und die Freundschaft, die ihn mit vielen verband, nicht unverständlich, erschwerte aber die Erfolgschancen erheblich.

Inzwischen hatte jedoch am 6. Juni 1944 in der Normandie die Invasion begonnen. Daß sie so erfolgreich verlaufen würde, hatte Stauffenberg nicht erwartet. Er ließ bei Tresckow anfragen, ob es jetzt überhaupt noch sinnvoll sei, irgend etwas zu unternehmen. Dieser gab darauf folgende Antwort: „Das Attentat muß erfolgen, coûte que coûte. Sollte es nicht gelingen, so muß trotzdem in Berlin gehandelt werden. Denn es kommt nicht mehr auf den praktischen Zweck an, sondern darauf, daß die deutsche Widerstandsbewegung vor der Welt und vor der Geschichte den entscheidenden Wurf gewagt hat. Alles andere ist daneben gleichgültig."[17] Eine sowjetrussische Großoffensive rückte die Ostfront ein ganzes Stück näher an Deutschland heran. Jetzt mußte schnell gehandelt werden. In jenen Tagen entschloß sich Stauffenberg, das Attentat selbst auszuführen. Darauf ließ er über Verbindungspersonen die Mitteilung verbreiten, daß das Attentat in Kürze erfolgen würde.[18] In mehreren Besprechungen wurden die technischen Vorbereitungen, wie z. B. die nachrichtentechnische Isolierung des Führerhauptquartiers, nochmals erörtert.

Die Widerstandsbewegung stand unter dem Druck einer weiteren Gefahr: Am 12. Juni wurde Oberst Staehle[19] verhaftet. Der ehemalige Abwehr-Offizier Staehle, damals Kommandant der Invalidensiedlung in Berlin-Frohnau, war so etwas wie ein Verbindungsoffizier zwischen dem militärischen und zivilen Teil des Berliner Widerstandes und befreundet mit Beck, Oster und Canaris und ein langjähriger Mitarbeiter Goerdelers. Stauffenberg war besorgt und ließ Staehle im Gefängnis fragen, ob sich die Gestapo bei ihm nach Goerdeler erkundigt habe.[20] Dann wurden Anfang Juli zwei Sozialdemokraten, Leber und Reichwein, bei einem Treffen mit Kommunisten verhaftet.[21] Der Verlust Lebers war besonders schmerzhaft. Er hätte nach dem gelungenen Umsturz Innenminister werden sollen und galt vielen als der designierte Nachfolger Goerdelers auf dem Posten des Ministerpräsidenten. Am 15. Juli traf die Nachricht ein, von Falkenhausen, der Militärbefehlshaber in Belgien, der mit dem Widerstand in Berlin in Kontakt stand, sei seines Postens enthoben worden. Zwei Tage darauf wurde Rommel, auf den einige gewisse Erwartungen setzten, schwer verwundet.[22] Einen Tag später wurde bekannt, daß die Verhaftung Goerdelers durch die Gestapo bevorstand. Schleunigst mußte dieser untertauchen, was ihm gar nicht paßte, da er glaubte, Stauffenberg wolle ihn aus vielen Dingen heraushalten. Und wer war wohl sonst noch in Gefahr? Die Lage spitzte sich in einer Weise zu, daß eine Verschiebung der Tat nun nicht mehr länger vertretbar schien.

Bereits am 6. Juli hatte Stauffenberg ein Sprengstoffpaket in einer Aktentasche zu einer Besprechung bei Hitler mitgenommen, die auf dem Obersalzberg stattfand, da das Führerhauptquartier in Ostpreußen weitläufig umgebaut wurde. Aus einem unbekannten Grund fand er damals keine Gelegenheit, das Attentat auszuführen. Bei einer Lagebesprechung am 11. Juli wollte er den Versuch erneut wagen. Auto und Flugzeug standen bereit, um ihn wieder rechtzeitig nach Berlin zu bringen. Da jedoch Himmler fehlte, sah er wiederum davon ab. Auch von der Westfront trafen nun schlechte Nachrichten ein, mit dem gleichzeitigen Ersuchen, jetzt schnell zu handeln. Am 15. Juli mußte Stauffenberg wieder zu Hitler, diesmal nach Ostpreußen. Diesen Termin wollte er nützen, und er vereinbarte mit Olbricht, daß dieser zwei Stunden vor dem Attentat in Berlin den ‚Walküre'-Befehl ausgeben sollte. Als Stauffenberg im Hauptquartier war, erfuhr er, daß er selbst bei der Besprechung vortragen mußte. Dadurch wurde es ihm unmöglich, das Attentat vorzubereiten. In aller Eile teilte er dies einigen Eingeweihten im Hauptquartier und Olbricht in Berlin mit. Dieser mußte nun in Berlin so tun, als habe es sich um eine Routinealarmübung gehandelt. Auch Goerdeler, der verständigt worden war, wartete vergeblich. Nach seiner Rückkehr besprach sich Stauffenberg mit den anderen, und man kam überein, daß am 20. Juli ein nochmaliger Versuch unternommen werden sollte. Angesichts der Ereignisse vom 15. Juli wagte man nun nicht wieder, den ‚Walküre'-Befehl vorzeitig auszugeben, sondern beschloß, auf eine Mitteilung Stauffenbergs zu warten, daß das Attentat gelungen sei. Inzwischen erlebte einer der Eingeweihten eines Abends in einem größeren Kreis, wie ein ihm völlig unbekannter Ungar erzählte, daß in der nächsten Woche das Führerhauptquartier in die Luft fliege.[23] Offensichtlich war etwas durchgesickert. Dennoch hielt man am Datum des 20. Juli fest. Es sei der letzte Versuch, ließ Stauffenberg wissen, und warnte selbst einige der Hauptbeteiligten; diese verständigten wiederum andere. Damit wußten die wichtigsten Beteiligten in

Berlin, die Verbindungsoffiziere der einzelnen Wehrkreise und einige Personen in den besetzten Gebieten,[24] wann das Attentat und der Staatsstreich stattfinden würden. Die Beauftragten waren längst nicht alle über das Datum informiert, einige sogar nicht einmal über die Tatsache, daß sie zum Beauftragten ernannt waren. Die für die Übergangsregierung vorgesehenen Persönlichkeiten waren größtenteils informiert.[25] Inwieweit die Vorbereitungen vollständig waren, läßt sich nachträglich schwer abschätzen.

Die Lagebesprechung am 20. Juli 1944 sollte in der ‚Wolfsschanze', dem Führerhauptquartier in Ostpreußen, stattfinden,[26] wenn auch der Umbau noch nicht beendet war. Im Führerhauptquartier wurde ständig umgebaut. Während südlich der Bahnlinie, die das Führerhauptquartier teilte, sich Sperrkreis II befand, waren vom Sperrkreis I ein Teil als Sperrkreis A und ein weiterer Teil vorübergehend als ‚Führersperrkreis' abgetrennt worden. Im ‚Führersperrkreis' befanden sich der sogenannte ‚Gästebunker', wo Hitler seit Mitte Juli 1944 wohnte, und die sogenannte ‚Sperrbaracke' mit einem großen Zimmer für die Lagebesprechungen. In der Mitte dieses Zimmers stand ein großer Kartentisch aus Eiche auf Schragen. Das Dach besaß eine Betonauflage, die Holzwände waren mit einem Mantel aus Ziegelsteinen gegen Brandbomben verschalt worden. Die Entfernung von dieser Baracke zum nächsten Ausgang betrug 60 bis 70 Meter. Das ganze Hauptquartier wurde von schwer bewaffneten Truppen in Regimentsstärke bewacht, wobei ein möglicher Fallschirmjäger- oder Bombenangriff einkalkuliert war. Es war nicht leicht, Zutritt zu jenem Sondersperrkreis zu erhalten, in dem sich Hitler aufhielt; besaß man diese Genehmigung aber einmal, dann gab es mehrere Möglichkeiten des Zugangs; eine davon war die ‚Mittagslage'.

Etwa um 10 Uhr landete das Flugzeug, das Stauffenberg mit seinem Adjutanten, dem Oberleutnant von Haeften, von Berlin nach Ostpreußen brachte, auf dem Flugplatz Rastenburg. Dort stand ein Auto bereit, um sie zum Hauptquartier zu bringen, das in einem dichten Wald, etwa 6 Kilometer östlich von Rastenburg, lag. Den Rest des Vormittags verbrachte Stauffenberg mit einigen Vorbesprechungen. Vor der ‚Mittagslage' bat Stauffenberg, sich kurz erfrischen zu dürfen. In einem Aufenthaltsraum trafen Stauffenberg und von Haeften die letzten Vorbereitungen für das Attentat: Mit einer Zange wurde der Zünder in Betrieb gesetzt; danach sollte der Sprengstoff in 10 bis 12 Minuten explodieren. Stauffenberg und Haeften hatten zwei Pakete mit Sprengstoff bei sich. Unglücklicherweise wurden sie bei ihrer Vorbereitung durch einen Oberfeldwebel gestört, der sie zu Eile mahnen sollte. Es ist nicht ausgeschlossen, daß Stauffenberg daher keine Gelegenheit mehr fand, all das zu tun, was er vorhatte, sondern gezwungen war, sich mit einem der beiden Sprengstoffpakete zu begnügen, in der Hoffnung, dieses würde ausreichen.[27] Mit seinen ihm verbliebenen drei Fingern trug Stauffenberg beim Herausgehen die Tasche mit der Bombe. Angebote Dritter, ihm beim Tragen behilflich zu sein, lehnte er ab; man wertete das als eine Äußerung von Stolz eines Kriegsversehrten, der sich selbst helfen wollte. Bei der Lagebesprechung bekam Stauffenberg auf sein Ersuchen einen Platz auf der rechten Seite Hitlers, um alles besser mitbekommen zu können. Er stellte seine Aktentasche fast unter den Tisch. Kurz darauf verließ er plötzlich den Raum. Ein Oberst, dem die Tasche im Weg war, schob sie zur Seite, aber nun befand sich ein Schragen zwischen Hitler und der Tasche. Gerade als Hitler sich über den Tisch beugte, um die Karte genauer zu studieren, explodierte die Bombe; es war etwa 12 Uhr 45. Fast alle Anwesenden wurden leicht oder schwer verwundet, manche sehr schwer; vier starben am selben Tag oder später. Hitler, geschützt durch den dicken Tisch und den Schragen, kam glimpflich davon. Die Zerstörung im Raum war beträchtlich.

Nachdem Stauffenberg den Raum verlassen hatte, ging er zu dem Gebäude mit dem Zimmer des Nachrichtenoffiziers, wo auch sein Wagen wartete. Darauf erfolgte die Explosion, aber die Lagerbaracke war von dort aus nicht zu sehen. Als er die Explosion hörte, lief er mit seinem Adjutanten zum Auto und befahl den Chauffeur loszufahren. Dabei fuhren sie in einer Entfernung von 50 bis 70 Metern an der Baracke vorbei und gewannen durch die Bäume nur einen allgemeinen Eindruck von der Zerstörung und der Zahl der Verletzten. Bestimmte Personen waren aus diesem Abstand kaum zu erkennen. Mit viel Glück passierte der Wagen auch die zweite Wache, obwohl der Alarm schon ausgelöst worden war. Um 13 Uhr 15 stieg das Flugzeug auf, das sie wieder nach Berlin bringen sollte.

Nachdem Hitler befohlen hatte, die Verbindung zur Außenwelt zu unterbinden, tat der General der Nachrichtentruppen, Fellgiebel, der vom Widerstand die Aufgabe erhalten hatte, das Hauptquartier nach dem Angriff zu isolieren, was er versprochen hatte. Die Leitungen zur ‚Wolfsschanze' wurden gesperrt und nur für die Verschwörer offengehalten. Zur Sicherheit übermittelte er nach Berlin, daß Hitler noch am Leben sei, drängte aber darauf, trotzdem die Aktionen anlaufen zu lassen, so als wäre das Attentat gelungen.

In Berlin erfuhr der Leiter des Nachrichtenwesens im OKH, General Thiele, kurz nach 13 Uhr, daß in der ‚Wolfsschanze' etwas geschehen war, aber Hitler noch lebte. Darauf überlegte Thiele mit Olbricht, was man tun sollte. Weil jedoch das Schicksal Stauffenbergs nicht bekannt war, Fromm sich in Berlin befand und daher nicht zum zweiten Mal der ‚Walküre'-Befehl mehr oder weniger vorzeitig ausgelöst werden konnte, entschlossen sich Thiele und Olbricht, nichts zu tun und weitere Informationen abzuwarten.[28]

Erst gegen 15 Uhr erhielt General Olbricht selbst eine vage Mitteilung über einen Anschlag und den Tod verschiedener Personen. Nach einer Beratung mit den anderen entschloß er sich, zunächst den Bericht Stauffenbergs abzuwarten, um zu verhindern, daß er den ‚Walküre'-Befehl noch einmal zurücknehmen müsse.

Erst als Stauffenberg und sein Adjutant um etwa 15 Uhr – inzwischen waren beinahe zweieinhalb Stunden verlorengegangen – bei Berlin gelandet waren und Haeften vom Flugplatz aus telefonisch mitteilte, daß Hitler tot sei, fingen sie an. Fromm jedoch lehnte jede Mitarbeit ab, weil Keitel ihm mitgeteilt hatte, daß Hitler noch lebe. Kurz darauf erschien Beck bei Olbricht, und dann kamen Stauffenberg und Haeften. Als Fromm sich immer noch weigerte, übernahmen die Verschwörer die Befehlsgewalt und nahmen Fromm fest. Seit halb fünf wurden die Befehle herausgegeben. In ihnen wurde Feldmarschall von Witzleben zum neuen Oberbefehlshaber ernannt; der verhängte den Ausnahmezustand, auf Grund dessen alle Dienststellen und Behörden unter die vollziehende Gewalt des Militärs gestellt wurden. Im Heimatgebiet selbst wurde der Befehlshaber des Ersatzheeres mit der Durchführung der Befehle beauftragt. Da Fromm ausgefallen war, nahm seine Stelle der von Hitler entlassene General Hoepner ein. Beck und Hoepner unterrichteten später die Abteilungschefs des Allgemeinen Heeresamtes über die Lage. Olbricht zögerte, die Funk- und Propagandagruppe zu den Sendern zu beordern und die Erklärung der neuen Regierung zu verlesen, da ihm die Lage noch zu unsicher erschien.

Seit etwa 16 Uhr waren die in und bei Berlin stationierten Truppen alarmiert und in Marsch gesetzt worden, um die ihnen zugewiesenen Aufgaben zu erfüllen. Dabei unterliefen den Verschwörern zwei Mißgeschicke: Bei der Infanterie-Schule in Döberitz waren wegen eines Trauerfalls der Kommandeur und außerdem ein eingeweihter Offizier abwesend, so daß die Offiziere zunächst den Gang der Dinge abwarteten. Und beim Wachbataillon Großdeutschland war gerade an diesem Nachmittag ein NS-Führungsoffizier im Auftrag des Propagandaministeriums anwesend, der den Kommandeur davon überzeugen konnte, daß es besser sei, erst einmal bei Goebbels nachzufragen, der völlig unbehelligt in seinem Ministerium saß. Dieser wußte eine Telefonverbindung zu Hitler herzustellen, der dem Major Remer befahl, den Staatsstreich zu unterdrücken.

Zunehmende Unsicherheit entstand bei den Truppen in Berlin und außerhalb durch Nachrichten, daß man den Befehlen aus Berlin nicht Folge leisten dürfe. Fast gleichzeitig mit der Herausgabe der ‚Walküre'-Befehle in Berlin hatte eine Gegenaktion der ‚Wolfsschanze' eingesetzt. Der Chef des OKW, General Keitel, versuchte dem Staatsstreich entgegenzuwirken, indem er in Funksprüchen die Dienststellen und Wehrkreisbefehlshaber darüber aufklärte, daß Hitler am Leben sei. Dann wurde über den Rundfunk regelmäßig bekanntgegeben, daß ein Attentat auf Hitler verübt worden sei, daß der Führer aber noch lebe. Was war nämlich geschehen? Um die ihm erteilten Befehle schnellstmöglich weiterzuleiten, hatte der Nachrichtenoffizier der Zentrale in der Bendlerstraße auch Leitungen benützt, die über die ,Wolfsschanze' liefen. So erfuhr man dort, daß außer dem Attentat auch noch in Berlin ein Staatsstreich im Gange war. Der Nachrichtenoffizier in der Bendlerstraße erhielt aus dem Führerhauptquartier den Auftrag, weitere Befehle zu verweigern. Das wagte er zwar nicht, wohl aber verzögerte er die Weitergabe. Später am Abend, während die Verschwörer noch Truppen zu mobilisieren versuchten, gab er die Mitteilung heraus, daß die ausgegebenen Befehle ungültig seien.

Auch innerhalb des Bendlerblocks kam es zu einer Gegenaktion. Fromm, der mit Keitel telefoniert hatte, ließ durch seinen Adjutanten im Gebäude die Nachricht verbreiten, daß Hitler noch lebe. Einige Offiziere, die sich bislang herausgehalten hatten, forderten eine Aufklärung und gaben sich mit dem Gesagten nicht zufrieden. Andere liefen über oder begannen zu zweifeln. Trotz allen Drängens Stauffenbergs fehlte es den Verschwörern an Autorität und Machtmitteln. Plötzlich wurde geschossen. Der Gegenpartei war es gelungen, an Waffen zu kommen. Außerdem hatte sie Truppen zu Hilfe gerufen. Die von den Verschwörern angeforderten Truppen waren, soweit sie gekommen waren, wieder abmarschiert. Es gab lediglich eine Offizierswache, die nur bedingt zuverlässig war. Zusammen mit bewaffneten Offizieren betrat Fromm sein Dienstzimmer, in dem sich sechs Personen befanden: Beck, Hoepner, Olbricht, Stauffenberg, Mertz von Quirnheim und Haeften. Fromm ließ die Anwesenden festnehmen. Beck gab er die Möglichkeit zum Selbstmord, Hoepner bat um eine gerichtliche Untersuchung. Die weiteren 4 Personen ließ Fromm so schnell wie möglich durch ein Kommando des Wachbataillons erschießen. Vergeblich suchte Fromm auf diese Weise, der Rache Hitlers zu entgehen. Diese vier Personen wußten nämlich nur allzu gut, daß er sie hatte gewähren lassen. Deshalb mußten sie rechtzeitig beseitigt werden. Die weiteren Verschwörer wurden verhaftet.

Was war außerhalb Berlins aus den herausgegebenen Befehlen geworden?[29] Außer den ,Walküre'-Befehlen waren auch die

Namen der Verbindungsoffiziere und der Beauftragen in den verschiedenen Wehrkreisen mitgeteilt worden. In einem Falle lief der Befehlshaber mit dem eingegangenen Telegramm direkt zum örtlichen Parteiführer, dem Gauleiter, den er gerade hätte verhaften lassen sollen.[30] Anderswo wurden die ‚Walküre'-Befehle nur teilweise oder gar nicht befolgt, wenn anderslautende Anweisungen oder die Mitteilung, daß Hitler noch lebe, aus Ostpreußen eingingen. In einigen Wehrkreisen, z.B. Kassel,[31] hatten eingeweihte Offiziere bereits Vorbereitungen getroffen. Erst als bekannt wurde, daß der Staatsstreich mißlungen war, wurden diese Maßnahmen rückgängig gemacht. Bessere Ergebnisse waren in Prag und Wien zu verzeichnen.[32] In Prag hatte der Befehlshaber im Hinblick auf die Lage in Böhmen und Mähren bereits nach dem ersten eingetroffenen Fernschreiben Schutzmaßnahmen angeordnet und mehrfach mit der Bendlerstraße telefoniert. Deswegen wurde Schaal später auch verhaftet. Ebenso wie in Kassel war auch in Wien die Ausführung des ‚Walküre'-Befehls vorbereitet worden, wobei sich vor allem Hauptmann Szokoll hervortat, der in seiner Stellung viel mit Stauffenberg zu tun hatte. Als die Befehle aus Berlin eintrafen, war der Befehlshaber gerade zur Kur. Der Chef des Stabes, Kodré, übernahm die Leitung und gab für den Wehrkreis den Alarmbefehl. Der Stellvertreter des Befehlshabers, Esebeck, der sich dessen Richtigkeit von Stauffenberg bestätigen ließ, war mit den getroffenen Maßnahmen einverstanden. Nach einer Besprechung mit den wichtigsten Wehrmachtskommandanten wurden die führenden Partei-, Gestapo- und SS-Führer zu einer dringenden Unterredung gebeten. Beim Betreten des Gebäudes wurden sie unter Arrest gestellt. Das Ganze wurde erst durch ein persönliches Telefonat Keitels geklärt. Vergeblich bat Stauffenberg fernmündlich Kodré und Szokoll, nicht „umzufallen". Nach der Freilassung der Festgehaltenen kam es auch hier zu Verhaftungen.

In Paris war die Aktion am erfolgreichsten.[33] Hier hatte der Wehrmachtsbefehlshaber, Karl Heinrich von Stülpnagel, der zum Widerstand gehörte, selbst die Vorbereitungen getroffen. Mehrere seiner Offiziere, unter ihnen Oberstleutnant von Hofacker, waren weitgehend eingeweiht. Ohne große Schwierigkeiten wurden hier der SD, die Gestapo und SS, mitsamt ihren Führern, vollständig festgenommen. Als Beck aus Berlin mit Stülpnagel telefonierte, versicherte ihm dieser, daß er sich voll einsetzen würde.

Soweit ist der Oberbefehlshaber West, Kluge, dem Stülpnagel unterstand, nicht gekommen.[34] Er war Nachfolger Rundstedts und dem Widerstand als Zögerer nicht unbekannt. Dennoch wurde für eine ‚Westlösung' wieder auf Kluge gehofft. Am 20. Juli 1944 hat er, gerade von einer Frontfahrt zurück, beeindruckt von Anrufen Becks und Falkenhausens, zeitweise an das Gelingen des Attentats geglaubt und von einer „historischen Stunde" und von Feuereinstellung im Westen gesprochen. Als ihm klar wurde, daß Hitler noch lebte, wollte er sich nicht mehr beteiligen. Er befahl Stülpnagel, seine Maßnahmen rückgängig zu machen und setzte ihn ab. Damit fing in Paris die Abrechnung an, der auch Kluge nicht entfliehen konnte.

Daß Verbindungspersonen in den Stäben weiterer Wehrmachtsbefehlshaber vorgewarnt worden waren, geht z.B. daraus hervor, daß der Stabschef beim Wehrmachtsbefehlshaber Niederlande, von Wühlisch, wenige Tage vor dem 20. Juli 1944 den Ortskommandanten von Apeldoorn darauf vorbereitete, daß er vielleicht in einigen Tagen den Befehl erhalten würde, mit Truppen nach Berlin zu fahren, um gegen die SS zu kämpfen.[35] Auch der zum Kreisauer Kreis gehörende Transportoffizier beim Wehrmachtsbefehlshaber Norwegen, Steltzer, war genau informiert.[36]

Bereits am Tag des Attentats hatte Himmler, der zum Oberbefehlshaber des Ersatzheeres ernannt wurde, der Gestapo die Bildung einer Untersuchungskommission befohlen. Als sich schon bald herausstellte, wie groß die Zahl derer war, die sich an der Vorbereitung und Ausführung des Staatsstreichs beteiligt hatten, wurde die Untersuchung erweitert, und die Zahl der eingesetzten Beamten stieg auf über 400. Am 17. 8. 1944 ordnete Himmler an, alle früheren Reichs- und Landtagsabgeordneten, die Stadtverordneten der SPD und der KPD sowie die ehemaligen Gewerkschafts- und SPD-Parteisekretäre am Morgen des 22. 8. 1944 festzunehmen und ins KZ Neuengamme einzuweisen. Später wurde diese Anordnung auf die Abgeordneten und Sekretäre der Zentrumspartei ausgedehnt. Deutschland wurde zum Schauplatz einer fürchterlichen Menschenjagd. In den Gestapokellern fanden die Verhöre statt,[37] wobei die Opfer mehrfach den schlimmsten Folterungen unterzogen wurden. Unter Vorsitz Freislers folgte vor dem Volksgerichtshof eine Flut inszenierter Prozesse, wobei Gefängnisstrafen zur Ausnahme gehörten. Tausende, die nach dem Krieg beim Wiederaufbau Deutschlands so dringend hätten gebraucht werden können, fanden hier den Tod.

12. Exil und Ausland

Bei der Darstellung der Kontakte des deutschen Widerstandes mit dem Ausland[1] sollte man unterscheiden zwischen Verbindungen mit ausgewanderten Deutschen, mit Bewohnern und Vertretern der Nachbarstaaten sowie mit Bewohnern und Vertretern der – späteren – alliierten Staaten, da es sich hier um unterschiedliche Problembereiche handelt. Besonders in den letzten Jahren hat das Interesse für die Exilforschung stark zugenommen.[2] Auch wenn nicht alle ausgewanderten Deutschen vom Ausland her das Hitlerregime bekämpft haben, war es dennoch unrichtig, die Exilanten aus dem Widerstand auszuklammern, weil sie sich der ‚nationalen Schicksalsgemeinschaft' entzogen hätten. Auch außerhalb Deutschlands ging es um Deutschland, wurde „mit dem Gesicht nach Deutschland" gelebt und gearbeitet.[3] Das politische Exil als Teilbereich des Widerstands hatte Kontakt mit unterschiedlichen Oppositions- und Widerstandsgruppen innerhalb Deutschlands. Bei der sozialdemokratischen Widerstandsarbeit liefen die Kontakte der SOPADE-Leitung über die Grenzsekretariate, bei der KPD über Grenzstützpunkte und bei den kirchlichen Gruppen vielfach über Geistliche, Kloster und andere Kontaktadressen im Grenzgebiet. Erbittert protestierte Bertolt Brecht gegen den Namen ‚Emigranten': „[...] wir flohen, Vertriebene sind wir, Verbannte. Und kein Heim, ein Exil soll das Land sein, das uns da aufnahm. Unruhig sitzen wir so, möglichst nahe den Grenzen wartend des Tages der Rückkehr [...]".[4]

Vertrieben oder mit einem bestimmten Auftrag wanderten sie aus. Im Ausland erhielten sie über ein Netz von Kurieren Informationen über die Verhältnisse in Deutschland. So entstanden z. B. die Deutschland-Berichte der SOPADE, auch ‚Grüne Berichte' genannt, die noch heute eine wertvolle Quelle für das Alltagsleben im Dritten Reich sind.

So kam das im Juli 1933 erschienene ‚Braunbuch' über den Reichstagsbrand zustande, von dem in vier Monaten bereits 70000 Exemplare abgesetzt waren und das in 15 Übersetzungen eine Gesamtauflage von über einer halben Million erlebte. So gelangte auch eine Flut von Nachrichten und Schriften zum Kirchenkampf über die Grenzgebiete ins Ausland. Mittels solcher Veröffentlichungen sollte die Auslandspresse über den wahren Sachverhalt aufgeklärt werden. Hier hatte man die Möglichkeit, die Untaten und Verbrechen des Hitlerregimes vor dem Forum der Weltöffentlichkeit bekannt zu machen.

Die Nachrichtenübermittlung verlief jedoch auch in umgekehrter Richtung. Durch eingeschleuste Flugblätter und Schriften versuchte man die Bevölkerung in Deutschland aufzuklären.[5] Besonders aktiv auf diesem Gebiet waren die ‚Transportkolonne Otto', ‚Neu Beginnen' und die Internationale Transportarbeiterföderation, zunächst von Amsterdam aus. Auch Rundfunkstationen in Nachbarländern hatten in dieser Hinsicht eine wichtige Vermittlungsfunktion.[6]

Die ausgewanderten Deutschen schlossen sich bald mit anderen Exilanten zusammen, und so wurden in mehreren Ländern Exilorganisationen gegründet.[7] Davon versprach man sich eine größere Wirkung. Dabei wurde eingehend die Frage erörtert, ob man im Ausland die alten Organisationen und Parteien weiterführen solle oder ob eine Zusammenarbeit aller Antifaschisten besser sei. Das war natürlich nicht nur ein organisatorisches Problem, sondern hier wurden auch Lehren aus dem Scheitern der Weimarer Republik gezogen. Erst in den letzten Jahren – als es eigentlich bereits zu spät war – wurde eine Organisation wie das ‚Reichsbanner' gegründet, dem Vertreter der verschiedenen demokratischen Parteien angehörten. Andererseits wurde die politische Betätigung von den Gastländern begrenzt. Im Paris der Volksfront-Regierung Blum wurde im Februar 1936 ein Volksfrontkomitee gegründet, in dem u.a. Heinrich Mann und Willi Münzenberg führend hervortraten.[8] 118 Teilnehmer aus verschiedenen Parteien und Gruppen kamen zu einer dortigen Tagung, um sich zu einem Bund zusammenzuschließen. Münzenberg schrieb in jener Zeit: „Ich werde fortfahren, wie bisher, mit allen mir zur Verfügung stehenden Kräften für die Schaffung einer großen, umfassenden Einheitspartei und für die Entfachung einer breiten, mächtigen Volksbewegung tätig zu sein, die stark genug ist, das Hitlersystem zu stürzen und ein neues Deutschland zu schaffen."[9] Nach dem Pakt zwischen Hitler und Stalin hatte der Volksfrontgedanke weniger Chancen.

Weiter war Anfang 1937 die ‚Deutsche Freiheitspartei' gegründet worden, mit Zentren in Paris und London, Verbindungsleuten in Deutschland und Kontakt zur deutschen Widerstandsbewegung. Führend beteiligt waren August Weber und Hans Kluthe in London und Otto Klepfer und Karl Spiecker in Paris. In Amerika sammelten sich gleichfalls verschiedene Gruppen, zum Beispiel in den Vereinigten Staaten um Thomas Mann und um Heinrich Brüning, in Chile um die Zeitschrift ‚Deutsche Blätter', in Mexiko um die Zeitschrift ‚Freies Deutschland'.

Auch von der Tschechoslowakei aus wurde der Kampf des ‚anderen Deutschland' unterstützt. Dabei haben viele Mitglieder der ‚Republikanischen Wehr in der tschechoslowakischen Republik' und der Sudetendeutschen Arbeiterbewegung, die ihre eigenen Erfahrungen mit dem Faschismus hatten und sich noch am 11. September 1938 in der Bergarbeiterstadt Dux zu einer großen Kundgebung versammelten, bis ihre Heimat von den einrückenden deutschen Truppen besetzt wurde, tatkräftig geholfen. Die deutsch-tschechoslowakische Grenze, 1550 Kilometer lang, war größtenteils waldreich und gebirgig. Als Anlaufgebiet für Widerstandskontakte war die Grenzgegend sehr geeignet. In vielen Grenzorten wurden dazu Stützpunkte geschaffen. Bereits im August 1933 befanden sich schätzungsweise 4000 deutsche Emigranten in der Tschechoslowakei. Ein wichtiges politisches Zentrum war der Hauptvorstand der SPD in Prag und ein aktives publizistisches Zentrum die Verlagsanstalt ‚Graphia' in Karlsbad, wo der ‚Neue Vorwärts', die ‚Sozialistische Aktion' und viele andere Schriften gedruckt wurden.[10] In Skandinavien war besonders Schweden ein wichtiges Exil-Zentrum.

Auch in die Sowjetunion war eine Zahl von Deutschen ausgewandert,[11] so die Reichstagsabgeordneten Wilhelm Pieck und Walter Ulbricht, die dort für die Komintern arbeiteten und auf der Brüsseler Konferenz der KPD[12] im Oktober 1935 zu Mitgliedern des Zentralkomitees gewählt wurden. Die in Moskau tätigen deutschen Kommunisten standen mit dem Sekretariat der KPD in Paris in Verbindung. Die ‚Deutsche Zentral-Zeitung', die in Moskau gedruckt wurde, hatte eine Auflage von etwa 40000 Exemplaren.

Bei Kriegsbeginn stellten sich emigrierte Deutsche den Alliierten zur Verfügung. Sie wurden unter anderem als Spezialisten eingesetzt. Darüber erhoben sich in Emigrantenkreisen heftige Diskussionen. So mußte beispielsweise Curt Geyer mit der kommunistischen Partei brechen, weil er sich dem ‚Fight for Freedom-Committee' angeschlossen hatte.[13] Sebastian Haffner forderte die emigrierten Deutschen zur aktiven Teilnahme am Krieg gegen Hitler auf. Er setzte sich auch für die Gründung einer deutschen Exilregierung mit einem eigenen Propagandadienst und einer Hilfsorganisation für deutsche Flüchtlinge ein.[14]

Während des Krieges schrieb Reuter an Thomas Mann: „Wir alle, die wir in der Verbannung zu leben gezwungen sind [Reuter war zweimal im KZ gewesen, bevor er Deutschland verlassen hatte, Verf.], empfinden es immer mehr als einen unerträglichen Zustand, daß wir hier tatenlos einer Entwicklung zusehen müssen, die unser Land in ein Schicksal hineinzutreiben droht, wie es schlimmer nicht gedacht werden kann. Wir haben alle seit der sogenannten Machtergreifung durch die nationalsozialistische Verbrecherbande gewußt, daß die unvermeidliche Folge dieses Abenteuers [...] der Revanchekrieg und danach eine katastrophale Niederlage Deutschlands sein müsse. Wir mußten leider erleben, daß das Ausland sich dieser so klaren Konsequenz der Dinge gegenüber blind zeigte, sie nicht wahr haben wollte und daß es so zum Teil auch an den Ereignissen mitschuldig wurde."[15] Die Verhältnisse erschwerten die Kontakte zwischen dem Widerstand in Deutschland und dem Exil und führten vielfach zum Abbruch der Verbindungen. Daß man auch damals mit dem Widerstand in Deutschland solidarisch bleiben wollte, geht z.B. aus folgendem Bekenntnis hervor: „Wir deutschen antifaschistischen Flüchtlinge gehören in die Front der kämpfenden unterdrückten Völker Europas, wir stehen in einer Front mit England, den Vereinigten Staaten und der Sowjet-Union. Durch unser Auftreten in England, durch alle unsere Aktivitäten müssen wir beweisen, daß wir in der Tat Mitkämpfer sind, müssen wir uns die Anerkennung als Verbündete in diesem großen Krieg für die Freiheit erringen. Diese Anerkennung als Mitkämpfer müssen wir hier aber vor allem zu erlangen suchen für die vielen aufrechten und freiheitsliebenden Deutschen in Deutschland selbst, die seit Jahren dafür kämpfen, daß die Worte Churchill's Wirklichkeit werden: ‚Das beste wäre es, wenn das deutsche Volk selbst Hitler und seine Banden zerfetzte.‘“[16]

Seit Beginn des Rußlandfeldzuges wurde von der Seite der deutschen Kommunisten in der Sowjetunion mit deutschen Kriegsgefangenen Kontakt gesucht.[17] Sie versuchten, diese davon zu überzeugen, daß sie sich von kapitalistischen Kriegshetzern hatten mißbrauchen lassen. Viel von diesen Bemühungen blieb zunächst ohne Widerhall.

Erst im Sommer 1943 – und im Gegensatz zu der alliierten Formel der ‚bedingungslosen Kapitulation‘ – entschloß sich Stalin, aufgrund einer militärischen Lage, die noch nicht von der schon lange erbetenen zweiten alliierten Invasion in Frankreich beeinflußt, sondern von den Siegen der Sowjetarmee gekennzeichnet wurde, zu einer sowjetrussisch-deutschen Annäherung.[18] So entstand das ‚Nationalkomitee Freies Deutschland‘, das unter Billigung der Sowjetunion und auf Initiative der KPD am 12. und 13. Juli 1943 von etwa 300 deutschen Emigranten und Kriegsgefangenen in Krasnogorsk gegründet wurde.[19] Parallel zu dieser Organisation wurde im September 1943 der ‚Bund deutscher Offiziere‘ gegründet, dem auch mehrere Generäle zugehörten und der sich den Zielen des Komitees anschloß. Beide unterstellten sich einer gemeinsamen Führung, der ‚Bewegung Freies Deutschland‘.

Die Aufrufe dieser Bewegung fanden einen ungeheuren Widerhall in der Welt. Prominente Deutsche wie Thomas Mann und Hubertus Prinz von Löwenstein sandten Sympathieadressen,[20] und in verschiedenen Ländern wurden ähnliche Organisationen gegründet. So kam zum Beispiel in England die ‚Freie Deutsche Bewegung in Großbritannien' unter Führung von Robert Kuczynski zustande; ihr schlossen sich auch solche Politiker an, die sich früher geweigert hatten, dem Volksfrontkomitee beizutreten. In Deutschland wurde zwiespältig auf die Gründung reagiert. Von der Nazi-Führung selbstverständlich verhöhnt, teilte nicht jeder in den Kreisen des Widerstands die von Beck und Goerdeler geäußerten Bedenken.[21]

Mit Begeisterung nahmen die Mitarbeiter des ‚Nationalkomitees Freies Deutschland' in Moskau am 20. Juli 1944 die Nachrichten über das Attentat auf Hitler und den Staatsstreichversuch auf.[22]

Aus früheren Kapiteln ist bereits hervorgegangen, daß in den Vorkriegsjahren noch ein mehr oder weniger regelmäßiger Kontakt zwischen Exilgruppen und Widerstandsgruppen in Deutschland existierte. Das galt sowohl für den Arbeiterwiderstand wie für den kirchlichen Widerstand. Der deutsche Widerstand hat auch mit Bewohnern und Vertretern der Nachbarstaaten, damals durchweg neutral, in Verbindung gestanden. Dabei gilt es freilich einiges zu berücksichtigen. Kann man außerhalb Deutschlands manchmal noch hören, alle Deutschen im Dritten Reich seien Nazis gewesen, so könnte man andererseits geneigt sein, die Bewohner der zunächst noch neutralen und später von Deutschland besetzten Länder allesamt als Antifaschisten zu glorifizieren. Beide Ansichten sind falsch. In den besetzten Ländern war das Verhalten gegenüber dem Besatzungsregime zunächst mehrfach von Zwiespältigkeit kennzeichnet, der die allzu pauschalen Charakterisierungen der Literatur der Nachkriegszeit nicht gerecht werden, wenn sie das Ausmaß des Widerstandes entweder übertreiben oder bagatellisieren. Mit einer Darstellung eines europäischen Widerstandes als einer „quatrième force de la guerre" aus der Sicht der alliierten Kriegsallianz oder mit einer Rückprojizierung späterer Entwicklungen kommt man diesem Dilemma kaum näher.

Zur Erklärung der erheblichen Unterschiede im Verhalten während der Besatzungszeit sollte in weit stärkerem Maße als bisher der Zusammenhang mit Entwicklungen aus der Zeit vor 1939/40 in den einzelnen Ländern berücksichtigt und untersucht werden. Und dies aus mehreren Gründen. Die 1929 einsetzende Weltwirtschaftskrise hatte tiefe Spuren hinterlassen. Sie hat den in Jahrzehnten angesammelten Unmut über das Parteiensystem noch verstärkt.[23] Je schlechter die wirtschaftliche Lage war, desto gespaltener wurde das politische Klima – am stärksten in Frankreich, wo Befürworter und Gegner der Volksfront einander wie im Bürgerkrieg bekämpften. Aber auch in Osteuropa hatte die Wirtschaftskrise zu einer Absatzkrise in der Landwirtschaft und zur Verarmung und Verschuldung des Bauerntums geführt. Dadurch war der politische Radikalismus und der bis zum Fremdenhaß aggressive Nationalismus stark gefördert worden. Zu den Auswirkungen der Wirtschaftskrise kamen die Aktivitäten der zahlreichen faschistischen und nationalsozialistischen Bewegungen und Parteien.[24]

Ein weiteres Kennzeichen dieser Zeit, das diese in gewissem Sinne auch zu einer Art ‚Vorgeschichte der Besatzungszeit' macht, ist der Zusammenhang zwischen Erfahrungen mit und Stellungnahmen zu den Ereignissen in Deutschland während der Jahre 1933 bis 1940 und Erfahrungen und Stellungnahmen während der Besatzungszeit. Aufgrund der Entwicklung in Deutschland wurden Parteien, Gewerkschaften, Organisationen, Kirchen und Einzelpersonen bereits ab 1933 wiederholt vor bestimmte Entscheidungen gestellt. Diese hatten freilich eine andere und geringere Tragweite als ähnliche Entscheidungen während der Besatzungszeit. Die Situationen, in denen schon in den Jahren 1933 bis 1940 auf diese Weise Stellung bezogen werden mußte, waren weniger selten, als wir jetzt vielleicht denken. Der Anlaß konnte beispielsweise ein Besuch oder eine Bitte um Hilfe aus Deutschland sein. Zur Stellungnahme wurde man auch herausgefordert durch das Verhalten befreundeter Organisationen in Deutschland oder durch Initiativen aus eigenem Kreis, manchmal auch durch Informationen von deutschen Exilanten oder infolge des Flüchtlingsstroms. In einer

Untersuchung für die Niederlande habe ich nachweisen können, daß ab 1933 Ansätze für differenziertes Verhalten während der Besatzungszeit zu finden sind, aber auch Beispiele von Kontakten zu Oppositionellen und Widerstandsgruppen in Deutschland.[25]

Besondere Aufmerksamkeit verdient der Zeitabschnitt zwischen September 1939 und Mai/Juni 1940. Mit dem Polenfeldzug hatte eine neue Phase der imperialistischen Politik Hitlers eingesetzt. Systematisch wurden die Führungselite und ganze Bevölkerungsteile Polens hingemordet.[26] Damals befanden sich die Länder West- und Nordeuropas und das weitere Osteuropa noch nicht im Kriege. In diesen Ländern hatte die damalige Lage ein starkes Wiederaufleben des Neutralitätsdenkens zur Folge, das angesichts der wirklichen Machtverhältnisse völlig unangemessen war. Die Neutralitätsbestrebungen der sogenannten Oslo-Staaten zum Beispiel (die skandinavischen Staaten, Holland, Belgien, Luxemburg)[27] wurden aus Berlin, von der Oxford-Gruppenbewegung und Kreisen aus den Vereinigten Staaten stark gefördert. Neben Politikern und Diplomaten beteiligten sich hieran führende Männer der Wirtschaft und der Finanzwelt der Oslo-Staaten, die Verbindung zu Wirtschaftskreisen im Dritten Reich hatten. Von dieser Seite wurden mehrere Vermittlungsversuche unternommen bzw. unterstützt. Auch wurde Bischof Berggravs Vermittlungsversuch[28] nicht nur von niederländischer Seite gefördert, sondern auch finanziert. In den Niederlanden fand im Januar 1940 in Zilven eine internationale ökumenische Konferenz statt, deren Ziel es war, auch die Ökumene für diesen Neutralismus zu gewinnen.[29] Vor den Vermittlungsversuchen der neutralen Länder und einem Kompromißfrieden mit Hitler hatte Carl Goerdeler während eines Aufenthalts in Brüssel im September 1939 ausdrücklich gewarnt.[30] Dieser Neutralismus, der den Widerstandswillen gegen den Nationalsozialismus geschwächt hat und letztendlich den Nazis in die Hände gearbeitet hat, war während der Jahre 1937 bis 1940 und insbesondere während des Zeitabschnitts von September 1939 bis Mai/Juni 1940 eine sehr einflußreiche Strömung. In der Form eines ‚Neoneutralismus' hat er noch bis in die Besatzungszeit hineingewirkt.

Was die Kontakte aus den Kreisen des deutschen bürgerlichen Widerstandes mit Gruppen und Personen in den besetzten Ländern betrifft, so hat dabei W. A. Visser 't Hooft, der Generalsekretär des sich konstituierenden Weltrates der Kirchen in Genf, mehrfach zu vermitteln versucht.[31] Ab 1934 hatte er den unpolitischen Charakter des Kirchenkampfes betont und die Bekennende Kirche zwar eine Pioniergruppe, aber keine Widerstandsbewegung nennen wollen.[32] Während des Krieges traf er sich mehrfach mit Widerständlern wie Adam von Trott[33] und Dietrich Bonhoeffer[34] und leitete Dokumente nach England und in die Vereinigten Staaten weiter. Weil der Kreisauer Kreis für eine europäische Zusammenarbeit eintrat, war vor allem er es, der Verbindung zu Gruppen in anderen Ländern suchte. So war er durch Visser 't Hooft mit dem Widerstand in den Niederlanden in Verbindung getreten[35] und durch Theodor Steltzer mit dem norwegischen Widerstand und mit dem Bischof von Oslo, Berggrav,[36] in Kontakt gekommen. Als letzterer mit dem Reichskommissar und Quisling Schwierigkeiten bekam, konnte eine Reise Moltkes und Bonhoeffers nach Norwegen das Schlimmste verhüten. Nachdem Steltzer durch Ehrenström in Schweden eingeführt worden war, kamen die Kreisauer dort mit einem Kreis prominenter Schweden in Verbindung, mit denen verschiedene Beratungen stattfanden.[37] Steltzer und Trott erhielten Gelegenheit, zu einer Aussprache mit dem schwedischen Außenminister zusammenzukommen. Auch Moltke fuhr mehrfach nach Skandinavien und überbrachte Kreisauer Dokumente und Warnungen für die norwegischen und dänischen Juden. Vermittelt von einem Kreisauer Kontaktmann in Polen kam Moltke über den polnischen Kardinal Sapieha mit einer polnischen Widerstandsgruppe in Verbindung.[38] An den Kontakten mit den Niederlanden war auch noch ein Mitglied der Goerdeler-Gruppe, nämlich Wilhelm Staehle, dessen Mutter eine Niederländerin war, beteiligt.[39]

Alle diese Kontakte verfolgten drei Ziele: 1. Über diese Gruppen sollte der deutsche Widerstand bessere Kontaktmöglichkeiten zu den Alliierten bekommen. 2. Weil aus den Widerstandsgruppen nach Kriegsende voraussichtlich die nationalen Regierungen gebildet werden sollten, galt es, mit ihnen zusammenzuarbeiten. 3. So früh wie möglich sollten die verschiedenen besetzten Gebiete vor Vergeltungsaktionen, die von Berlin befohlen wurden, gewarnt werden. Bei all diesen Kontakten wurde klar, daß es trotz aller Übereinstimmung doch auch wesentliche Unterschiede zwischen der Lage des Widerstands in Deutschland und der in anderen Ländern gab. Während Vaterlandsliebe und Nationalismus außerhalb Deutschlands ein kräftiges Stimulans für den Widerstand darstellten, bildeten sie in Deutschland selbst manchmal ein Hindernis, das überwunden werden mußte. Denn hier handelte es sich um einen Widerstand gegen die verbrecherische, aber legal zur Macht gekommenen Regierung des eigenen Landes. In einem Brief an einen englischen Bekannten hat Moltke das einmal so formuliert: „Diese Leute sind einfach glänzend und bedeuten eine große Stärkung für uns, indem sie vielen anderen Vertrauen einflößen. Natürlich ist ihre Lage einfacher als die unsrige: Selbst für die Einfältigsten stimmen moralische und nationale Pflichten überein, während bei uns der Pflichtenkonflikt offenbar ist."[40]

Willy Brandt, der im Auftrag der Sozialistischen Arbeiterpartei Deutschlands (SAP) nach Skandinavien ausgewandert war, unterhielt von dort aus die Verbindung mit seiner Partei, beteiligte sich an zahlreichen Begegnungen und Treffen – auch in den Nachbarstaaten Deutschlands –, lebte in der zweiten Hälfte des Jahres 1936 illegal in Berlin und setzte sich sehr engagiert für ein Zusammengehen der deutschen Arbeiterbewegung gegen den Faschismus ein. Während der Kriegsjahre brachte er mit Hilfe norwegischer Freunde in Stockholm einen internationalen Kreis zusammen – zu dem u.a. Bruno Kreisky, Halvard Lange und Gunnar Myrdal gehörten –, der Friedensziele der europäischen sozialistischen Arbeiterbewegung formulierte. Sie wurden auf einer Konferenz mit Vertretern aus vierzehn Ländern am 1. Mai 1943 in Stockholm gebilligt. In diesem Programm wurde auch zum Ausdruck gebracht, daß das deutsche Volk sich den Konsequenzen der Untaten und denen der Niederlage des Dritten Reiches nicht entziehen könne, daß Deutschland sich für den Wiederaufbau Europas einsetzen solle, seine Nachkriegsentwicklung mit den Entwicklungen im europäischen Rahmen in Einklang bringen und statt einer Hegemoniepolitik eine Friedenspolitik führen solle.[41]

Auch in anderen neutralen Ländern wie der Schweiz[42] wurde auf diese Weise bereits während des Krieges die Nachkriegszusammenarbeit im europäischen und internationalen Bereich vorbereitet. So wurden zwischen März und Mai 1944 im Genfer Haus des Generalsekretärs des Weltkirchenrats im Aufbau, W. A. Visser 't Hooft, drei internationale Konferenzen einer kleinen Zahl von Widerstandskämpfern aus neun Ländern abgehalten, in denen für eine europäische Zusammenarbeit und eine europäische Lösung des deutschen Problems plädiert wurde.[43] Vom deutschen Widerstand waren beteiligt: Hanna Bertholet, Vertreterin des mit der Exil-SPD wieder verbundenen ‚Internationalen Sozialistischen Kampfbundes', die mit illegalen Gewerkschaftskreisen in Deutschland Kontakt hatte, und Hilde Monte – ihr eigentlicher Name war Hilde Meisel –, eine politische Journalistin, ebenfalls aus dem ISK. Mit einer ungewöhnlichen Zivilcourage bemühte sie sich um Verfolgtenhilfe und um Aufklärung des Auslandes. Noch im Frühjahr 1945 wurde sie beim illegalen Grenzübertritt entdeckt und erschossen.[44]

Während der Kriegsjahre wurde von deutschen und nichtdeutschen Gegnern der Nationalsozialismus in den besetzten Ländern gemeinsam bekämpft, besonders in Osteuropa,[45] aber auch in Deutschland, z. B. in der illegalen Gewerkschaftsarbeit und in den Konzentrationslagern.[46] Weit schwieriger waren die Beziehungen des deutschen Widerstandes zu den alliierten Ländern. Die Weltwirtschaftskrise hatte nationalistische Ressentiments und konservative Ängste gestärkt.[47] Die Aussichten auf eine weitere französisch-deutsche Annäherung waren geringer geworden. Auch die deutsche Außenpolitik war bereits während der letzten Regierungen der Weimarer Republik nationalistischer geworden. In den Vereinigten Staaten hatte die Weltwirtschaftskrise ein Wiederaufleben isolationistischer Strömungen zur Folge. Infolge der Isolationspolitik schien der Ferne

Osten früher als Europa eine Gefahrenzone zu werden. Großbritannien, das sich in einer Phase struktureller Schwierigkeiten befand, war auf dem Wege, sich vom Kontinent auf das Empire zurückzuziehen. Weder die Vereinigten Staaten noch Großbritannien waren zu einem Kriegsrisiko in Europa bereit.

Nach der Machtübernahme Hitlers war infolge einer Weisung aus Berlin wegen laufender internationaler finanzieller Verhandlungen die Kontinuität der bisherigen deutschen Politik garantiert worden. Neurath, Schwerin von Krosigk, Schacht und Blomberg wurden als Garanten einer Politik des Ausgleichs und der internationalen Zusammenarbeit herausgestellt, wenn auch eine vereinzelte englische Stimme vor „einem Zustand stärkerer Unsicherheit als je" warnte.[48] Trotz aller Ausschreitungen und Verfolgungen wurde auch in der nächsten Zeit Hitler immer noch als ein maßvoller Staatsmann betrachtet, der Disziplin wahrte und sein Land vor einer kommunistischen Revolution gerettet hatte. Spekulationen über das Kräfteverhältnis innerhalb des Dritten Reiches vernebelten die Wirklichkeit noch mehr. In einer solchen Lage hatten es deutsche oppositionelle Stimmen nicht leicht, Gehör zu finden. Mitte 1933 suchten unabhängig voneinander der deutsche Sachverständige bei der Londoner Weltwirtschaftskonferenz, später Mitglied des Kreisauer Kreises, Otto Heinrich von der Gablentz, und die Mitarbeiterin von Friedrich Siegmund-Schultze[49], des Internationalen Sekretärs des Weltbundes für internationale Freundschaftsarbeit der Kirchen, Fräulein G. Lucas, über den Bischof von Chichester, George Bell, die anglikanische Kirche auf die Verfolgung und die Anfänge des Kirchenkampfes in Deutschland aufmerksam zu machen.[50]

Adam von Trott zu Solz, der durch eine Großmutter starke Bindungen an die angelsächsische Welt hatte, war seit 1929 regelmäßig in Großbritannien gewesen. Mit einem Stipendium der Cecil-Rhodes-Stiftung hatte er von Oktober 1931 bis zum Juli 1933 in Oxford studiert, dort bereits vor 1933 vor dem Nationalsozialismus gewarnt und Hitlers Machtübernahme mit kritischen Bemerkungen kommentiert.[51] Auf Trotts Vorschlag fuhr der zu dem Kreis der Neuen Blätter für den Sozialismus gehörende Peter Mayer nach England, um dort den Sozialisten G. D. H. Cole zu treffen und eine internationale Verständigung über den Nationalsozialismus herzustellen. Andererseits waren Trotts Eltern und er selbst in einer gewissen Sorge, daß infolge der Aktivitäten ausgewanderter Deutscher aus der antinationalsozialistischen Propaganda im Ausland eine antideutsche werden könnte.[52] Und er war sehr empfindlich gegen die Kritik des Auslands an seinem Heimatland. Das zeigt u.a. eine Korrespondenz mit dem Manchester Guardian aus dem Frühjahr 1934.[53] Hinsichtlich der Politik Großbritanniens gegenüber Deutschland teilte er eher die Erwartungen von Appeasement-Politikern[54] und hegte diese Hoffnungen noch im August 1939.[55]

Nachdem Helmuth von Moltke auf Empfehlung seiner Großeltern in Südafrika, die er mit seiner Frau besucht hatte, Ende 1934 während eines Aufenthaltes in Großbritannien einen sehr einflußreichen Freund der Familie Rose Innes, Lionel Curtis, kennengelernt hatte, nutzte er diese Verbindung in den nächsten Jahren auch im Interesse der Opposition aus. So übermittelte er auf Wunsch des ihm seit den schlesischen Arbeitslagern bekannten Justitiars der Bekennenden Kirche, Martin Gauger, im November 1935 der anglikanischen Kirche die Bitte, in Berlin gegen die Verfolgung in Deutschland zu protestieren.[56] Einige Monate zuvor war er im Zusammenhang mit eigenen Berufsplänen auch in Großbritannien gewesen, wo er durch Lionel Curtis prominente und jüngere Engländer kennengelernt hatte. Mit einem von ihnen, Philipp Kerr – später Lord Lothian –, hatte er eine eingehende Aussprache über die englische Außenpolitik gegenüber Deutschland. Dabei wandte er sich gegen die von englischen Appeasement-Politikern vertretene Vorstellung, daß Versailles und die alliierte Nachkriegspolitik gegenüber Deutschland Schuld an der Machtübernahme Hitlers hatten, die Nazis langsam aber sicher anständige Menschen werden würden und eine Politik der Konzessionen ihnen gegenüber diesen Prozeß beschleunigen würde. Moltke warnte nachdrücklich vor einer solchen Politik.[57]

Carl Goerdeler, der von englischer Seite als ein Führer der

gemäßigten Richtung im Dritten Reich betrachtet wurde,[58] besuchte Großbritannien im Rahmen der ihm ermöglichten Auslandsreisen in den Jahren 1937, 1938 und 1939. Bereits in seinem ersten Reisebericht vom 15. Juli 1937 warnte er vor einer Unterschätzung dieses Landes.[59] Er kam mit führenden Persönlichkeiten des Foreign Office, wie auch mit Halifax und Churchill zusammen[60] und warnte nach Kriegsbeginn vor einem Kompromißfrieden mit Hitler.[61] Sicher hatte der deutsche Widerstand Grund zur Enttäuschung darüber, wie wenig Einsicht das Ausland in Wesen und Absicht des Naziregimes zeigte. Besonders der englische Botschafter in Berlin, Henderson, war von den friedliebenden und gemäßigten Absichten Hitlers überzeugt und beschwor Chamberlain, nichts zu unternehmen, was zu einer Schwächung des Regimes beitrage, weil dann die radikale Gruppe ihren Einfluß verstärken könne; dabei dachte man vor allem an Himmler.[62]

Außerdem war England nicht auf einen so kurzfristig zu erwartenden Konflikt vorbereitet; die Länder des Commonwealth wünschten keinen neuen Krieg und lehnten eine Politik der Härte gegenüber Deutschland ab.[63] In den Berichten der diplomatischen Vertreter Englands klingen überdies Zweifel an, ob sich das deutsche Volk wirklich gegen einen Krieg zur Wehr setzen werde und ob der Widerstand stark genug sei, einen Staatsstreich erfolgreich auszuführen.[64]

So ist es zu erklären, daß Chamberlain – trotz der Warnungen von der Seite des deutschen Widerstandes, die 1938 nach England übermittelt wurden, von Ewald von Kleist-Schmenzin, Hans Böhm Tettelbach usw.,[65] den Forderungen Hitlers nicht nachzugeben und damit eine günstige Voraussetzung für einen Putsch zu schaffen – doch nach Deutschland reiste, um einen Vergleich mit Hitler auszuhandeln. Ein Mann wie der englische Außenminister Lord Halifax konnte einfach nicht glauben, daß es Umstände geben könne, in denen man sich gegen die eigene Regierung wenden müsse. Obwohl sie gute Patrioten sein wollten, betrachtete er die Abgesandten des Widerstandes eher als Landesverräter. Nur Churchill, damals noch in der Opposition, zeigte ein gewisses Verständnis für ihren Standpunkt. Chamberlain hatte durch seine Reise, die Voraussetzungen für einen Putsch erheblich verschlechtert.

Mit dem Anfang des Zweiten Weltkriegs schien zunächst eine Verbesserung der Beziehungen einzutreten. Von deutscher Seite setzte man die Bemühungen zu einem Ausgleich mit London fort, und jetzt neigten sowohl Halifax wie Chamberlain zu einem ernsthaften Gespräch und, was noch wichtiger war, zu bestimmten Konzessionen bereit, um die Voraussetzungen für einen Staatsstreich zu verbessern. Zunächst kam es über verschiedene Kanäle zu mehr oder minder unverbindlichen Versprechungen, wie zum Beispiel durch Conwell-Evans gegenüber dem von Weizsäcker nach Bern entsandten Theo Kordt,[66] durch zwei Beamte des Foreign Office gegenüber dem ehemaligen Reichskanzler Wirth in Lausanne,[67] durch Lonsdale Bryans gegenüber Ulrich von Hassell in Arosa[68] und durch Vansittart über Schweden gegenüber Goerdeler;[69] konkretere Ergebnisse erbrachten die durch Vermittlung von Papst Pius XII. zustande gekommenen und durch seinen Sekretär, Pater Leiber, vermittelten Sondierungsgespräche, die in der Zeit zwischen Oktober 1939 und Februar 1940 zwischen dem englischen Botschafter am Vatikan, Osborne, und dem Abgesandten des Widerstandes, Josef Müller, in Rom geführt wurden. England versprach, die Situation nicht auszunützen, wenn ein Staatsstreich stattfände, und erklärte sich bereit, einer deutschen Regierung, die mit dem Hitlerregime gebrochen hätte, auf jeden Fall die Grenzen von 1937 zuzugestehen.[70]

Es ist sehr zu bedauern, daß es dem deutschen Widerstand zu diesem Zeitpunkt nicht gelang, einen Staatsstreich zu organisieren. Das wird vor allem der veränderten Haltung Halders zugeschrieben, ist damit aber nicht hinreichend erklärt. So verlor der Widerstand viel von seiner Glaubwürdigkeit bei der englischen Regierung, die unter Churchill den Kontaktversuchen des deutschen Widerstandes ein „absolutes Schweigen“ entgegensetzte.

Das mußte Siegmund-Schultze 1941 erfahren, obwohl gerade er über zahlreiche Beziehungen im Umkreis der Ökumene verfügte,[71] das erfuhr auch Bischof Bell von Chichester 1942, einer der wenigen Engländer, die öffentlich für den deutschen Widerstand eintraten.[72] Als er im Mai 1942 im Rahmen bilateraler kultureller Beziehungen Schweden besuchte, traf er dort zu seiner großen Überraschung Dietrich Bonhoeffer und Hans Schönfeld, die unabhängig voneinander nach Stockholm gereist waren, als sie von Bells Reise dorthin gehört hatten. Ausführlich informierten sie den Bischof über die Zusammensetzung und Pläne des Widerstandes. Nach seiner Rückkehr machte Bell Eden auf die Information aufmerksam, aber dieser zeigte sich uninteressiert. Dasselbe erlebte Visser 't Hooft im Sommer des gleichen Jahres, als er eine aus dem Kreisauer Kreis stammende Denkschrift für die englische Regierung mit nach London genommen hatte. Einzelne Engländer bekundeten zwar Interesse, die englische Regierung verschloß sich jedoch dem Wunsch nach einer Zusammenarbeit.[73] Nachdem 1943 nochmals auf die Bedeutung solcher Kontaktmöglichkeiten hingewiesen worden war,[74] wurden erst dann zu diesem Zweck dem Stab der englischen Botschaft in Stockholm zwei Mitarbeiter zugeteilt, mit denen Trott gesprochen hat.[75] Von einer Zusammenarbeit war dabei keine Rede. Die Politik der „bedingungslosen Kapitulation" und die Furcht vor sowjetrussischem Argwohn verhinderten das.[76]

Die Weltwirtschaftskrise hatte in den Vereinigten Staaten zu einem Primat innenpolitischer Faktoren und zu einem wachsenden Isolationismus gegenüber europäischen Problemen geführt. Das hatte einen gewissen Neutralismus gegenüber europäischen Problemen gefördert, was nach dem Kriege auch von amerikanischer Seite kritisiert wurde.[77] Auch wenn Carl Goerdeler nach einer Reise in die Vereinigten Staaten im Jahre 1937 der Meinung war, die USA würden nicht so schnell wieder Truppen nach Europa schicken, hat er infolge der Herausforderung durch Japan eine Wiederaufrüstung, eine Annäherung an Großbritannien und das Erbe der Neutralitätspolitik bereits vorausgesagt.[78]

Weil andererseits die amerikanische Neutralität ein Hauptziel der Außenpolitik des Dritten Reiches war, erhielt Adam von Trott zwei Jahre später, gerade zurück von einer China-Reise, die Erlaubnis, einer Einladung des Institute of Pacific Relations

Folge zu leisten. Auch für Trott, der deswegen eine zeitweilige Anstellung im Auswärtigen Amt erhielt, war die amerikanische Neutralität wichtig, wenn auch aus anderen Gründen. In den Vereinigten Staaten, wo er ständig beschattet wurde, begegnete er Mißtrauen, weil eine von ihm initiierte Denkschrift einen zu starken „Appeasement“-Charakter hatte. Während seines Aufenthaltes dort hatte er die Möglichkeit, viele Personen zu sehen und zu sprechen, wie z. B. den Assistenten des Außenministers, Messersmith, den britischen Botschafter, Lothian, und den dort im Exil lebenden Brüning.[79]

In Berlin haben während der ersten Kriegsjahre Verbindungen zwischen Amerikanern und deutschen Oppositionellen bestanden. So hat Helmuth von Moltke, der sich über die Annäherung zwischen den Vereinigten Staaten und Großbritannien besonders freute,[80] weil damit das Ende des Dritten Reiches näher kam, sich öfters mit den amerikanischen Diplomaten Alexander Kirk und George Kennan getroffen.[81] Außerdem hat der Leiter des Berliner Büros der Associated Press, Louis P. Lochner, gelegentlich an geheimen Zusammenkünften von Oppositionellen teilgenommen.[82]

Seit Ende 1942 verfolgte dann im Auftrag des amerikanischen Geheimdienstes Allen Welsh Dulles von Bern aus die Aktivitäten der deutschen Opposition.[83] Seine Hauptinformanten waren Hans Bernd Gisevius,[84] Eduard Waetjen[85] und Gero von Schulze-Gaevernitz.[86] Dulles hat sich bemüht die amerikanischen Behörde für den deutschen Widerstand zu interessieren. Weiter kamen die Kreisauer 1943 in Schweden und in der Türkei mit amerikanischen Geheimdienstlern in Kontakt.[87] Vor allem zwei besuche Moltkes in der Türkei weckten das Interesse des amerikanischen Geheimdienstes Office of Strategic Studies (OSS). Dabei war in einem von Moltke inspirierten Memorandum den Amerikanern eine politische und militärische Zusammenarbeit mit dem deutschen Widerstand nahegelegt worden.[88] Der Versuch scheiterte an der ablehnenden Haltung Washingtons, wennauch der OSS an einer Weiterführung dieses Kontakts interessiert war.[89] Schließlich haben durch Verbindungsnetze der Komintern und des sowjetischen Nachrichtendienstes Kontakte mit der Sowjetunion bestanden.[90]

Als faktische Kontakte mit der Sowjetunion während der Hitlerzeit sind die Verbindungsnetze der Komintern und des sowjetischen Nachrichtendienstes bekannt. In diesem Rahmen unterhielt auch die Gruppe Schultze-Boysen[91] einen regelmäßigen Kontakt zur Sowjetunion. Inwieweit Trott in Schweden mit russischen Diplomaten Kontakt gehabt hat, ist umstritten.[92]

In einem internen Memorandum hat Helmuth von Moltke im April 1941 geschrieben: „Sofern es dem Besiegten gelingt, den Sieger von seiner Verantwortung zu überzeugen, kann des Siegers Beispiel den Anstoß zu einer schnellen Entwicklung auf die aufgestellen Ziele hin geben.[93] So weit ist es nicht gekommen.

Nachwort

Bild und Bewertung des deutschen Widerstandes haben sich im Laufe der Jahre erheblich gewandelt; von der bekannten Rede Hitlers am 20. Juli 1944 über die idealisierenden Publikationen der Nachkriegszeit und Arbeiten aus der Perspektive des Kalten Krieges, die Versuche zur „Entmythologisierung" bis zu einem erneuten auch öffentlichen Interesse vor und nach der Wiedervereinigung. Wenn wir uns jetzt mit den Auffassungen der Widerständler befassen, dann könnte es sein, daß uns das restaurative Element dieser Gedanken stärker zu sein scheint als das revolutionäre.[1] Dabei dürfen wir jedoch nicht vergessen, daß der deutsche Widerstand ein historisches Phänomen ist und daß die Situation, die ihn hervorgebracht hat, heute schon 50 bis 60 Jahre zurückliegt. Erst wenn wir in der Lage sind, uns diese Situation vorzustellen, können wir ein Bild gewinnen, das den Widerständlern *und* ihrer Lage gerecht wird. Dann erst werden wir auch die Maßstäbe finden, um ihre Auffassungen gerecht beurteilen zu können.

Außerdem muß man, wenn auch der Prozeß der Loslösung von den traditionellen Denkkategorien schwierig und langsam war, die Konsequenz bewundern, mit der von den Widerständlern umgedacht und weitergedacht worden ist. Dieses „Aufschmelzen der Erstarrungen" (Carl Friedrich von Weizsäcker) läßt sich sowohl bei den Diskussionen um die Einheitsfront in der Arbeiterbewegung als auch bei Goerdeler verfolgen. Erste Voraussetzung einer solchen Entwicklung war das Bewußtsein, in einer Zeit schnell aufeinander folgender Änderungen zu leben. In den Dokumenten des Widerstandes findet man mehrere Äußerungen eines solchen Bewußtseins.[2] Die Relativierung des Bestehenden führte zu einer stärkeren Distanz gegenüber der Vergangenheit, die für manche jetzt erst Vergangenheit wurde; damit wurde der Blick auf diese Zeit, in der man die Ursachen für die Fehler der eigenen Zeit zu sehen glaubte, auch weit kritischer. So urteilte Julius Leber: „Die sozialdemokratische Partei war zur Zeit der Übernahme der Staatsmacht im Jahre 1918 innerlich schon alt. Das war ein großes Verhängnis. Die Verantwortung aus dieser Macht mit ihren Kämpfen und Aufgaben neuer Art brachte weder neues Leben noch geistige Erneuerung. Der Prozeß des inneren und äußeren Alterns ging im Gegenteil ungehemmt und unaufhaltsam weiter. Das wurde zum größeren Verhängnis, nicht nur für die sozialistische Bewegung, sondern vor allen Dingen für die mit ihr tatsächlich und noch mehr moralisch verbundene Republik von Weimar."[3]

Als Peter Yorck zwei seiner Brüder als Opfer des Krieges verloren hatte, schrieb er: „Was ist es denn, wofür sie kämpfend starben? Ist es der Geist, der unsere Heere führt? Und liegt der Sinn dieses grauenvollen Kriegs wirklich nur darin, das Nationalitätenprinzip neu zu bestätigen, das 150 Jahre Europas Geschichte bestimmte, in der aber zugleich das Abendland sein Gesicht verlor.[...]?"[4] Mit derartigen Korrekturen am Geschichtsbild distanzierte man sich öfter auch von eigenen früheren Ansichten und Entwicklungen.

Die Grundrechte des Individuums und der Gesellschaft wurden wiederentdeckt. Worte, die für uns heute vielleicht vage erscheinen, hatten damals sehr konkrete Bedeutung. Sie begleiten die ganze Geschichte des Widerstandes, vom Aufruf Julius Lebers Mitte Februar 1933, als er noch einmal freigelassen wurde, bis in die letzten Minuten des Regimes. Aus dieser Sicht ist es sicher berechtigt, den deutschen Widerstand mit den Freiheits- und Protestbewegungen des 19. und 20. Jahrhunderts *und* mit dem heutigen Kampf für die Menschenrechte in Verbindung zu bringen.[5]

Schließlich würde es sich lohnen, die Hoffnungen und Pläne aus den Kreisen und Gruppen des deutschen Widerstandes mit den Entwicklungen der Nachkriegszeit zu vergleichen.[6] Aber wie der Widerstand innerhalb – und außerhalb – Deutschlands nie identisch war mit der Haltung des Großteils der Bevölkerung, so hatte er nach den schweren Verlusten während der dreißiger Jahre, während des Krieges und besonders nach dem 20. Juli 1944 in einer ganz anderen internationalen Konstellation nicht genügend Kraft, aus sich selbst heraus seine Ideen zu konkretisieren.

Anmerkungen

Zum Vorwort

1 Ausf. Ger van Roon (Hg.), Europäischer Widerstand im Vergleich. Berlin 1985.

2 Für einen Überblick vgl. Ursel Hochmuth, Faschismus und Widerstand 1933–1945. Ein Verzeichnis deutschsprachiger Literatur (= Bibliothek des Widerstandes). Frankfurt a. M. 1973; Rudi Goguel, Antifaschistischer Widerstandskampf 1933–1945. Bibliographie, hrsg. vom Komitee der Antifaschistischen Widerstandskämpfer der DDR. Berlin 1975; Regine Büchel, Der deutsche Widerstand im Spiegel von Fachliteratur und Publizistik seit 1945 (= Schriften der Bibliothek für Zeitgeschichte. Weltkriegsbücherei Stuttgart, Neue Folge 15). München 1975. – Neueste Ergebnisse: Christoph Klessmann/Falk Pingel (Hrsg.), Gegner des Nationalsozialismus. Frankfurt a. M. 1980; Widerstand und Exil der deutschen Arbeiterbewegung 1933–1945. Bonn 1982; Richard Löwenthal/ Patrick von zur Mühlen (Hrsg.), Widerstand und Verweigerung in Deutschland 1933–1945. Berlin 1982; Rudolf Lill/Heinrich Oberreuter (Hrsg.), 20. Juli. Portraits des Widerstandes. Düsseldorf-Wien 1984; Othmar Hackl u. a., Aufstand des Gewissens. Der militärische Widerstand gegen Hitler und das NS-Regime 1933–1945. Herford-Bonn 1984; Christoph Klessmann u. a., Widerstand und Exil 1933–1945. Bonn 1985; Jürgen Schmädeke/Peter Steinbach (Hrsg.), Der Widerstand gegen den Nationalsozialismus. Die deutsche Gesellschaft und der Widerstand gegen Hitler. München-Zürich 1985.

3 Als Beispiele Heike Bretschneider, Der Widerstand gegen den Nationalsozialismus in München, 1933 bis 1945. München 1968; Karl Schabrod, Widerstand an Rhein und Ruhr 1933–1945. Düsseldorf 1969; Kurt Klotzbach, Gegen den Nationalsozialismus. Widerstand und Verfolgung in Dortmund 1930–1945. Hannover 1969; Ursel Hochmuth/Gertrud Meyer, Streiflichter aus dem Hamburger Widerstand 1933–1945. Berichte und Dokumente. Frankfurt a. M. 1969; Hans-Josef Steinberg, Widerstand und Verfolgung in Essen 1933–1945. Hannover 1969, 2. Aufl. 1973; Kuno Bludau, „Gestapo-geheim!" Widerstand und Verfolgung in Duisburg 1933–1945. Bonn-Bad Godesberg 1973; Aurel Billstein, „Der eine fällt, die anderen rücken nach". Dokumente des Widerstandes und der Verfolgung in Krefeld 1933–1945. Frankfurt a. M. 1973; Fritz Salm, Im Schatten des Henkers. Vom Arbeiterwiderstand in

Mannheim gegen faschistische Diktatur und Krieg. Frankfurt a.M. 1973; Gerhart Werner, „Aufmachen Gestapo". Über den Widerstand in Wuppertal 1933–1945. Wuppertal 1974; Arbeiterbewegung an Rhein und Ruhr. Beiträge zur Geschichte der Arbeiterbewegung in Nordrhein-Westfalen, hrsg. von Jürgen Reulecke. Wuppertal 1974; Helmut Beer, Widerstand gegen den Nationalsozialismus in Nürnberg 1933–1945 (= Schriftenreihe des Stadtarchivs Nürnberg, Bd. 20). Nürnberg 1976; Detlev Peukert, Ruhrarbeiter gegen den Faschismus. Dokumentation über den Widerstand im Ruhrgebiet 1933–1945. Frankfurt a.M. 1976; Jörg Schadt (Bearb.), Verfolgung und Widerstand unter dem Nationalsozialismus in Baden, hrsg. vom Stadtarchiv Mannheim. Stuttgart 1976; Barbara Mausbach-Bromberger, Arbeiterwiderstand in Frankfurt am Main 1933–1945. Frankfurt a.M. 1976; Bayern in der NS-Zeit. Soziale Lage und politisches Verhalten der Bevölkerung im Spiegel vertraulicher Berichte, hrsg. von Martin Broszat, Elke Fröhlich, Falk Wiesemann. 6 Bde. München-Wien 1977–1983; Onno Poppinga, Martin Barth, Hiltraut Roth, Ostfriesland. Biographien aus dem Widerstand. Frankfurt a.M. 1977; Detlev Peuckert, Die KPD im Widerstand. Verfolgung und Untergrundarbeit an Rhein und Ruhr 1933–1945. Wuppertal 1980; Ian Kershaw, Popular Opinion and Political Dissent. Bavaria 1933–1945. Oxford 1983; Adolf Klein, Köln im Dritten Reich. Köln 1983; Johannes Volker Wagner, Hakenkreuz über Bochum. Bochum 1983; Eike Henning (Hrsg.), Hessen unterm Hakenkreuz. Frankfurt a.M. 1983.

4 Die niederländische Originalfassung, inzwischen mehrfach überarbeitet, erschien im Jahre 1968.

5 Vgl. dazu Karl Dietrich Bracher, Zur Widerstandsproblematik in „Rechtsdiktaturen" – Die deutsche Erfahrung, in: Festschrift H. – A. Jacobsen. Düsseldorf 1991, S. 117ff.

6 Bei dieser Auseinandersetzung sollten auch Gedenkstätten miteinbezogen werden. Dazu Ulrike Puvogel, Gedenkstätten für die Opfer des Nationalsozialismus. Bonn 1987.

Zu Kapitel 1

1 Dazu u.a. Karl Dietrich Bracher, Die deutsche Diktatur. Köln 1969; Martin Broszat, Der Staat Hitlers. München 1969; Peter Hüttenberger, Bibliographie zum Nationalsozialismus. Göttingen 1980; Karl Dietrich Bracher/Manfred Funke/Hans-Adolf Jacobsen (Hrsg.), Nationalsozialistische Diktatur 1933–1945. Eine Bilanz. Düsseldorf 1983; Martin Broszat u.a. (Hrsg.), Deutschlands Weg in die Diktatur. Berlin 1983; Martin Broszat/Horst Müller (Hrsg.), Das Dritte Reich. Herrschaftsstruktur und Geschichte. München 1983; Eberhard Kolb, Die Weimarer Republik. München–Wien 1984, Wolfgang Michalka (Hrsg.), Die nationalsozialistische Machtergreifung. Paderborn 1984.

2 Klaus Scholder, Die Kirchen und das Dritte Reich. Band 1. Frankfurt a.M. 1977, S. 277; Günther van Norden, Der deutsche Protestantismus im Jahr der nationalsozialistischen Machtergreifung. Gütersloh 1979, S. 36–40, 46; Rudolf Morsey, in: Klaus Gotto/Konrad Repgen (Hrsg.), Kirche, Katholiken und Nationalsozialismus. Mainz 1980, S. 21.

3 Archiv für katholisches Kirchenrecht, Band 114 (1934), S. 247.

4 Friedrich Brunstäd, Gesammelte Aufsätze und kleinere Schriften. Hrsg. von Eugen Gerstenmaier und Carl Günther Schweitzer. Berlin 1957, S. 244.

5 Vgl. E. Konukiewitz, Hans Asmussen. Ein lutherischer Theologe im Kirchenkampf. Gütersloh 1984, S. 56; R. Günther u.a. (Hrsg.), Das Altonaer Bekenntnis. Neumünster 1983.

6 Vgl. E. Busch, Karl Barths Lebenslauf. München 1975; H. Prolingheuer, Der Fall Karl Barth. Neunkirchen 1977; Ger van Roon, Zwischen Neutralismus und Solidarität. Die evangelischen Niederlande und der deutsche Kirchenkampf 1933–1942. Stuttgart 1983, S. 85ff.

7 Ger van Roon, Neuordnung im Widerstand. Der Kreisauer Kreis innerhalb der deutschen Widerstandsbewegung. München 1967, S. 199. (Im weiteren zitiert als: Neuordnung im Widerstand.)

8 Mitteilung an den Verfasser. Vgl. auch Augustin Rösch, Kampf gegen den Nationalsozialismus, hrsg. v. Roman Bleistein. Frankfurt/M. 1985, S. 92, 100, 116f., 119, 161; Alfred Delp, Gesammelte Schriften, hrsg. v. Roman Bleistein. Bd. IV. Frankfurt/M. 1984, S. 365ff.

9 Helmuth James Graf von Moltke, Letzte Briefe. 8. Aufl. Berlin 1959, S. 21.

10 Neuordnung im Widerstand, S. 511; Eberhard Bethge, Dietrich Bonhoeffer, München 1967, S. 819.

11 Bei dem von Klaus-Jürgen Müller (vgl. seine Ausführungen in Jürgen Schmädeke/Peter Steinbach (Hrsg.), a.a.O., S. 24ff.) und anderen verwendeten Begriff „nationalkonservativ" wird der „liberalkonservative" Teil des Bürgertums meist übergangen.

12 Dazu Graf Westarp, Nachlaß; O. Junghann, Erinnerungen; G. van Roon, Neuordnung im Widerstand. München 1967, S. 211.

13 Paul Emunds, Die Aachener Heiligtumsfahrt im Jahre 1937. In: Geschichte in Wissenschaft und Unterricht 14 (1963), S. 629–633; ein vergleichbares Ereignis aus dem Herbst 1937 in: Kuno Bludau, „Gestapo – geheim!" S. 194.

14 Nach Lutz Besch, Auszug des Geistes. Bremen 1962, S. 16f.; vgl. auch L. A. Coser, Refugee scholars in America; their impact and their experiences. London 1984; Biographisches Handbuch der deutschsprachigen Emigration nach 1933, bearb. v. W. Röder und H. A. Strauss, 3 Bde., 1980; Horst Möller, Exodus der Kultur. München 1984.

15 Carl Zuckmayer, Carlo Mierendorff. Berlin 1947, S. 33,

16 Vgl. Hanno Drechsler, Die Sozialistische Arbeiterpartei Deutschlands (SAP). Meisenheim 1965.

17 Dazu u.a. Günther Weisenborn, Der lautlose Aufstand. Hamburg 1962, S. 152–155; Hans Joachim Reichhardt, in: Hans Buchheim/Walter Schmitthenner (Hrsg.), Der deutsche Widerstand, S. 200–209.

18 Ger Harmsen, Daan Goulooze, Utrecht 1967, S. 66

19 Gerhard Ritter, Carl Goerdeler und die deutsche Widerstandsbewegung. 3. Aufl. Stuttgart 1956, S. 86; vgl. auch Michael Krüger-Charlé, in: Jürgen Schmädeke/Peter Steinbach (Hrsg.), a.a.O., S. 397.

20 Dazu Klaus-Jürgen Müller, General Ludwig Beck. Boppard am Rhein 1980, S. 306ff.; Klaus-Jürgen Müller, in: Franz Knipping/Klaus-Jürgen Müller (Hrsg.), Machtbewußtsein in Deutschland am Vorabend des Zweiten Weltkrieges. Paderborn 1984, S. 159ff.; ders., Nationalkonservative Eliten zwischen Kooperation und Widerstand, in: Jürgen Schmädeke/Peter Steinbach (Hrsg.), a.a.O., S. 24, 31, 34ff., auch 329ff.

21 Bernhard Vollmer, Volksopposition im Polizeistaat. Gestapo- und Regierungsberichte 1934–1936, Stuttgart 1967, passim.

22 Vgl. Hugo Stehkämpfer, in: Jürgen Schmädeke/Peter Steinbach (Hrsg.), a.a.O., S. 123.

23 Vgl. Ulrich von Hassell, Vom Andern Deutschland. Fischer Bücherei 1964, S. 81–82; Helmut Krausnick, Hitler und die Morde in Polen. In: Vierteljahreshefte für Zeitgeschichte 11 (1963), S. 205; Klaus-Jürgen Müller, Das Heer und Hitler, Armee und nationalsozialistisches Regime 1933–1940. Stuttgart 1969, S. 437ff.

24 Günther Weisenborn, Der lautlose Aufstand. Hamburg 1962, S. 41f.

25 Einzelne Daten in: Barbara Mausbach-Bromberger, Der Widerstand der Arbeiterbewegung gegen den Faschismus in Frankfurt am Main 1933–1945. Diss. Marburg 1976, S. 51ff.; Bayern in der NS-Zeit, Bd. 1, München 1977, S. 265, 267.

26 Günther Weisenborn, Der lautlose Aufstand, S. 150f.; Horst Duhnke, Die KPD von 1933–1945. Köln 1972, S. 479; vgl. auch die Darstellung von Wolfgang Wippermann. Berlin 1981.

27 Hans-Adolf Jacobsen, Kommissarbefehl und Massenexekutionen sowjetischer Kriegsgefangener, In: Anatomie des SS-Staates, Bd. 2. Olten – Freiburg i.B. 1965, S. 163ff.; Christian Streit, Keine Kameraden. Stuttgart 1978, S. 83ff.

28 Vgl. Werner Oehme, Märtyrer der evangelischen Christenheit 1933–1945. Berlin 1980, 2. Aufl.

29 Harald Poelchau, Die Ordnung der Bedrängten. Autobiographisches und Zeitgeschichtliches seit den zwanziger Jahren. Berlin 1963, S. 77.

30 Gordon Zahn, In Solitary Witness. The Life and Death of Franz Jagerstätter. London 1966; Helmut Gollwitzer/Käthe Kuhn/Reinhold Schneider, Du hast mich heimgesucht bei Nacht. Siebenstern Taschenbuch 1964, S. 148f.

31 Annedore Leber, Das Gewissen steht auf, S. 20; Gollwitzer/Kohn/Schneider, Du hast mich heimgesucht, S. 146–148.

32 Gollwitzer/Kuhn/Schneider, Du hast mich heimgesucht, S. 146.

33 Vgl. Romedio Galeazzo Graf von Thun-Hohenstein, Der Verschwörer. General Oster und die Militäropposition. Berlin 1982, S. 134 ff.; J. G. de Beus, Morgen bei Tagesanbruch. Berlin 1982, S. 48 ff.

34 Vgl. S. Friedländer, Kurt Gerstein ou l'ambiguité du bien. Paris 1967; Pierre Joffroy, Der Spion Gottes. Die Passion des Kurt Gerstein (Übers.), Stuttgart 1972.

34a Vgl. u.a. Jörg Kammler, Ich habe die Metzelei satt und laufe über. Breidenbach 1984.

35 Eberhard Zeller, Geist der Freiheit. 4. Aufl. München 1963, S. 540.

36 Helmut Krausnick, Vorgeschichte und Beginn des militärischen Widerstandes gegen Hitler. In: Vollmacht des Gewissens, hrsg. von der Europäischen Publikation e.V. Band 1, 2. Aufl. Frankfurt a.M. 1960, S. 347 f.; Peter Hoffmann, Widerstand-Staatsstreich-Attentat. Der Kampf der Opposition gegen Hitler. 3., neu überarb. u. erw. Ausg. München 1979, S. 69 ff.

37 Mitteilung O. Junghann (1941); Ger van Roon, Hermann Kaiser und der deutsche Widerstand. In: Vierteljahrshefte für Zeitgeschichte 24 (1976), S. 277 (1943); Peter Hoffmann, S. 526.

38 Vgl. dazu die Notizen Hermann Kaisers in seinem Tagebuch (Ger van Roon, Hermann Kaisers, S. 270 ff.).

39 Manfred Messerschmidt, in: Christoph Klessmann u.a., a.a.O., S. 136, 140.

40 Vgl. auch S. 180; ausf. Peter Hoffmann, a.a.O., S. 315 ff.

41 Anton Hoch, Das Attentat auf Hitler im Bürgerbräukeller, in: Vierteljahrshefte für Zeitgeschichte 17 (1969), S. 383–413.

42 Peter Hoffmann, a.a.O., S. 322.

43 S. 408 ff.

44 S. 353 ff.

45 S. 352 ff.

46 S. 396 ff.

47 S. 581 ff.; Wilhelm Ritter von Schramm, Aufstand der Generäle. Der 20. Juli in Paris. München 1964.

48 Günther Weisenborn, Der lautlose Aufstand, S. 109 f.

49 Vgl. William Sheridan Allen, in: Jürgen Schmädeke/Peter Steinbach (Hrsg.), a.a.O., S. 852.

Zu Kapitel 2

1 Mehrere Beispiele bei: Arno Klönne, Gegen den Strom. Ein Bericht über die Jugendopposition im Dritten Reich. Hannover und Frankfurt a.M. 1958.

2 Vgl. Helmut Esters/Hans Pelger, Gewerkschafter im Widerstand. Hannover 1967; Johannes Zelt, ... und nicht vergessen – die Solidarität! Aus der Geschichte der Internationalen Roten Hilfe und der Roten Hilfe

Deutschlands, Berlin 1960; Barbara Mausbach-Bromberger, Arbeiterwiderstand, S. 56ff.

3 Günther Weisenborn, Der lautlose Aufstand, S. 136.

4 Ebd., S. 185f.

5 Eberhard Bethge, Dietrich Bonhoeffer, S. 31.

6 A. Piechorowski, Der Untergang der jüdischen Gemeinde Nordhorn. Almelo 1964, S. 41f.

7 Deutschland-Bericht Sopade, Juli 1935 (Ausgabe 1980).

8 Dazu U. W. Adam, Judenpolitik im Dritten Reich, 2. Aufl. Königstein 1979.

9 Ger van Roon, Wilhelm Staehle. Ein Leben auf der Grenze 1877–1945. München 1969, Neuausgabe Neuenhaus 1986, S. 36ff.

10 Gertrud Luckner und Angela Rozumek in: Freiburger Rundbrief, 28. Dezember 1959, S. 96–98.

11 Ruth Andreas-Friedrich, Schauplatz Berlin (Rororo-Ausgabe). Reinbek 1964, S. 28.

12 Günther Weisenborn, Der lautlose Aufstand, S. 90.

13 Ebd., S. 155f.; Horst Duhnke, Die KPD, S. 480.

14 Vgl. auch Klaus Mammach, Widerstand 1933–1939. Berlin 1984, S. 281.

15 Ruth Andreas-Friedrich, Schauplatz Berlin, S. 73.

16 Äußerung vom 25. Oktober 1943 vor bayerischen Priestern in München (Notiz im Besitz des Verf.); vgl. auch A. Rösch, a.a.O., S. 207.

17 Neuordnung im Widerstand, S. 154.

18 Zwischen Neutralismus und Solidarität, S. 121.

19 Ebd., S. 166ff.

20 Über ihn: Aktiver Friede. Gedenkschrift für Friedrich Siegmund-Schultze, hrsg. von Hermann Delfs. Soest 1972.

21 Vgl. Anna Sabine Halle, in: Chr. Klessmann u.a., Widerstand und Exil 1933–1945. Bonn 1985, S. 127ff.

22 Zwischen Neutralismus und Solidarität, S. 107ff. Über die Arbeit H. Grübers: An der Stechbahn. Erlebnisse und Berichte aus dem Büro-Grüber in den Jahren der Verfolgung. Berlin 1951; H. Grüber, Erinnerungen aus sieben Jahrzehnten. Köln – Berlin 1968.

23 Vgl. Harald Poelchau, Die letzten Stunden. Erinnerungen eines Gefängnispfarrers, aufgezeichnet von Graf Alexander Stenbock-Fermor. Berlin 1949; ders., Die Ordnung der Bedrängten. Berlin 1963.

24 Matthias Schreiber, Friedrich Justus Perels. München 1989, S. 168ff.

25 Eberhard Bethge, Dietrich Bonhoeffer, S. 837.

26 Dazu: H. Jacobs, Illegalität aus Verantwortung. In: Unterwegs, Heft 3/1947; G. Staewen, Warum wir immer noch darüber sprechen. In: Stärker als die Angst, hrsg. von H.Fink. Berlin 1968; dies., Bilder aus der Arbeit der illegalen Judenhilfe. in: Unterwegs, Heft 3/1947. Der Verfasser ist Frau Melanie Steinmetz für Auskünfte und ergänzendes Material dankbar.

27 Guenter Lewy, Die katholische Kirche und das Dritte Reich. München 1965, S. 322.
28 B. Schwerdtfeger, Konrad Kardinal v. Preysing. Berlin 1950, S. 103.
29 Vgl. K. Nowak, Euthanasie und Sterilisierung im Dritten Reich. Die Konfrontation der evangelischen und katholischen Kirche mit dem Gesetz zur Vernichtung erbkranken Nachwuchses und der Euthanasie-Aktion. Göttingen 1978.
30 Helmuth Groscurth, Tagebücher eines Abwehroffiziers 1938–1940, hrsg. v. H. Krausnick und H. C. Deutsch. Stuttgart 1970, S. 90; Seev Goshen, Alberts Battels Widerstand gegen die Judenvernichtung in Przemysl, in: Vierteljahreshefte für Zeitgeschichte, 33. Jahrg. (1985), S. 478ff.
31 Auszug aus dem Flensburger Schwurgerichtsverfahren gegen SS-Sturmbannführer Fellenz.
32 Eberhard Bethge, Dietrich Bonhoeffer, S. 703.
33 Ebd., S. 917f.; Brief an Chr. v. Dohnanyi (Dohnanyi-Nachlaß).
34 Mitteilung von G. Buchheit.
35 Vgl. Ger van Roon (Hrsg.), Helmuth James Graf von Moltke. Völkerrecht im Dienste der Menschen. Berlin 1986, S. 286ff., 295.
36 Vgl. Pierre Joffroy, Der Spion Gottes. Stuttgart 1972.
37 Vgl. Wolfgang Wippermann, Der Berliner Gruppe Baum und der jüdische Widerstand. Berlin 1981.

Zu Kapitel 3

1 Mehrere Beispiele dieses Kapitels sind Arno Klönne, Gegen den Strom, Frankfurt a.M./Hannover 1958, entnommen. Vgl. auch Arno Klönne, Jugend im Dritten Reich. Düsseldorf/Köln 1982. Eine interessante Einführung bietet Detlev J. K. Peukert, Protest und Widerstand von Jugendlichen im Dritten Reich, in: Chr. Klessmann u.a., Widerstand und Exil 1933–1945. Bonn 1985, S. 76ff.
2 Grundlegend hier Arno Klönne, Gegen den Strom. Einzelbeispiele auch bei Barbara Mausbach-Bromberger, Arbeiterwiderstand, und in: Ursel Hochmuth/Gertrud Meyer, Streiflichter.
3 Annedore Leber, Das Gewissen steht auf, S. 12.
4 Vgl. Edmund Forschbach, Edgar Jung. Ein konservativer Revolutionär – 30. Juni 1934. Pfullingen 1984, S. 128.
5 Vgl. K. Gotto, Die Wochenzeitung Junge Front/Michael. Mainz 1970.
6 Vgl. Ursel Hochmuth/Gertrud Meyer, Streiflichter, S. 55ff.; Heinrich Riedel, Kampf um die Jugend. München 1977; Arno Klönne, Jugend, S. 163ff.
7 Arno Klönne, Jugend, S. 214ff.
8 Dazu u.a. Detlev Peukert, Die Edelweißpiraten. Protestbewegungen jugendlicher Arbeiter im Dritten Reich. Eine Dokumentation. Köln 1980,

[2]1983; Heinrich Muth, Jugendopposition im Dritten Reich, in: VfZ 30 (1982), S. 369–417.

9 Vgl. Wolfgang Wippermann, S. 6ff.

10 Inge Scholl, Die Weiße Rose. Fischer Bücherei 1955. Karl-Heinz Jahnke, Weiße Rose contra Hakenkreuz. Der Widerstand der Geschwister Scholl und ihrer Freunde. Frankfurt a.M. 1969; Heike Bretschneider, Der Widerstand, S. 179–199; Christian Petry, Studenten aufs Schafott; Klaus Vielhaber, Willi Graf und die Weiße Rose. Herder 1964.

11 Michael Brink, Revolutio Humana. Heidelberg 1946, S. 79.

12 Neuordnung im Widerstand, S. 328.

13 Ursel Hochmuth/Gertrud Meyer, Streiflichter, S. 387ff.

14 Helmut Gollwitzer/Käthe Kuhn/Reinhold Schneider, Du hast mich heimgesucht, S. 146.

15 Annedore Leber, Das Gewissen steht auf, S. 28; Peter Hoffmann, Widerstand, S. 494f., 498, 501, 579, 600, 604.

Zu Kapitel 4

1 Zur allgemeinen Orientierung: Horst Duhnke, Die KPD; Siegfried Bahne, Die Kommunistische Partei Deutschlands. In: Erich Matthias/Rudolf Morsey (Hrsg.), Das Ende der Parteien. Düsseldorf 1960, S. 655–739; Hermann Weber, Die KPD im Kampf gegen SPD und NSDAP; in: W. Michalka (Hrsg.), Die nationalsozialistische Machtergreifung. Paderborn 1984, S. 85ff.; Klaus Mammach, Widerstand 1933–1939. Berlin 1984; die Beiträge von Hermann Weber, Arnold Sywottek und Detlev Peukert in: J. Schmädeke P. Steinbach (Hrsg.), Der Widerstand gegen den Nationalsozialismus. München-Zürich 1985; Geschichte der deutschen Arbeiterbewegung, Teil 5. Berlin 1966, passim. Günther Plum, Die KPD in der Illegalität. In: VfZ 23 (1975), S. 219ff.

2 Vgl. Horst Duhnke, Die KPD, S. 43, 137ff.; Barbara Mausbach-Bromberger, Der Widerstand, S. 83.ff.; Heinz Kühnrich, Die KPD im Kampf gegen die faschistische Diktatur. Berlin 1983, S. 22f.

3 Klaus Tenfelde, Proletarische Provinz. München/Wien 1982, S. 239f.

4 Dazu Detlev Peukert, Ruhrarbeiter gegen den Faschismus, S. 59, 65; Margot Pikarski/Günter Nebel, Die KPD lebt. Berlin 1980.

5 Vgl. Jutta von Freyberg, Sozialdemokraten und Kommunisten. Die Revolutionären Sozialisten Deutschlands vor dem Problem der Aktionseinheit. Köln 1973; Horst Duhnke, Die KPD, S. 141ff.

6 Ernst Krüger und Gertrud Glondajewski, Schon damals kämpften wir gemeinsam. Erinnerungen deutscher und tschechoslowakischer Antifaschisten an ihre illegale Grenzarbeit 1933 bis 1938. Berlin 1961; Horst Köpstein, Beiderseits der Grenzen, Berlin 1965; Günther Weisenborn, Der lautlose Aufstand, S. 146–148.

7 Heinz Kühnrich, Die KPD im Kampf gegen die faschistische Diktatur, S. 133.

8 Vgl. Kuno Bludau, ‚Gestapo – geheim!', S. 149–155; Horst Duhnke, Die KPD, S. 461 ff.; Ger Harmsen, Daan Goulooze, S. 109 ff.; Beatrix Herlemann, Auf verlorenem Posten. Kommunistischer Widerstand im Zweiten Weltkrieg. Die Knöchel-Organisation. Bonn 1986.

9 Vgl. Kuno Bludau, ‚Gestapo – geheim!', S. 158 ff.

10 Vgl. Gilles Perrault, L'Orchestre Rouge. Paris 1966; Günther Weisenborn, Der lautlose Aufstand, S. 188–203; Leopold Trepper, Die Wahrheit. Autobiographie (Übers.). München 1975, S. 87 ff.; Horst Duhnke, Die KPD, S. 463 ff.

11 Vgl. auch Karl Heinz Biernat/Luise Kraushaar, Die Schulze-Boysen/Harnack-Organisation im antifaschistischen Kampf. Berlin 1970; Heinrich Scheel, in: Zeitschrift für Geschichtswissenschaft, XXXII (1984), S. 36 ff.

12 Vgl. Klaus Mammach, a. a. O., S. 163.

13 Gertrud Glondajewski und Heinz Schumann, Die Neubauer-Poser-Gruppe. Berlin 1957.

14 Ilse Krause, Die Schubert-Engert-Kresse-Gruppe. Berlin 1960; Kurt Kühn, Georg Schumann. Berlin 1957.

15 Gerhard Nitzsche, Die Saefkow-Jakob-Bästlein-Gruppe. Berlin 1957; Horst Duhnke, Die KPD, S. 482 ff.; Ursel Hochmuth/Gertrud Meyer, Streiflichter, S. 341 ff.; Dokumentation mit Kadermaterialien aus dem Jahr 1943, in: VfZ 20 (1972), S. 422 ff.

16 Heinz Kühnrich, Die KPD im Kampf gegen die faschistische Diktatur, S. 246.

17 K. H. Tjaden, Struktur und Funktion der KPD-Opposition (KPO). Meisenheim 1964.

18 Vgl. Verrat hinter Stacheldraht? Das Nationalkomitee ‚Freies Deutschland' und der Bund Deutscher Offiziere in der Sowjetunion 1943–1945, hrsg. von Bodo Scheurig. München 1965, S. 120 f.; Willy Wolff, An der Seite der Roten Armee. Zum Wirken des Nationalkomitees ‚Freies Deutschland' an der Sowjetisch-Deutschen Front 1943 bis 1945. 2. Aufl. Berlin 1975.

19 Erich Köhn, Der Weg zur Gründung des Nationalkomitees ‚Freies Deutschland' in Leipzig. In: Zeitschrift für Geschichtswissenschaft 13/I (1965), S. 18–35.

20 J. Zanders, Der antifaschistische Widerstandskampf des Volksfrontkomitees ‚Freies Deutschland' in Köln im Jahre 1943–44. In: Beiträge zur Geschichte der Deutschen Arbeiterbewegung 2 (1960), S. 720–741.

21 Ernst-Joachim Krüger, Zur Arbeit der Initiativ-Gruppe Sobottka in Mecklenburg. In: Wiss. Zeitschrift der Ernst-Moritz-Arndt Universität Greifswald 13 (1964), S. 105–114.

22 Vgl. Lutz Niethammer, Antifa-Ausschüsse in Stuttgart 1945/46. In: Vierteljahreshefte für Zeitgeschichte 23 (1975), S. 297 ff.; vgl. auch Lutz Niethammer/Ulrich Borsdorf/Peter Brandt (Hrsg.), Antifaschistische Ausschüsse und Reorganisation der Arbeiterbewegung in Deutschland. Wuppertal 1976.

1 Zur allgemeinen Orientierung: Erich Matthias, Die Sozialdemokratische Partei Deutschlands. In: Matthias/Morsey, Das Ende der Parteien, S. 101–278; Erich Matthias, Sozialdemokratie und Nation. Stuttgart 1952; Hans Joachim Reichhardt in: Hans Buchheim/Walter Schmitthenner, Der deutsche Widerstand, S. 171–183; Hans Mommsen, Die deutschen Gewerkschaften zwischen Anspannung und Widerstand 1930–1944. In: Heinz Oskar Vetter (Hrsg.), Vom Sozialistengesetz zur Mitbestimmung. Zum 100. Geburtstag von Hans Böckler, Köln 1975, S. 275–302; Peter Grasmann, Sozialdemokraten gegen Hitler 1933–1945. München-Wien 1976; Klaus Schönhoven, Der demokratische Sozialismus im Dilemma: Die Sozialdemokratie und der Untergang der Weimarer Republik, in: W. Michalka (Hrsg.), Die nationalsozialistische Machtergreifung, S. 74ff.; die Beiträge von Gerhard Beier, William Sheridan Allen, Hans-Josef Steinberg, in: J. Schmädeke/P. Steinbach (Hrsg.), Der Widerstand gegen den Nationalsozialismus.

2 Über diese Organisation viele Einzelheiten in: Karl Rohe, Das Reichsbanner Schwarz Rot Gold. Düsseldorf 1966.

3 Vgl. Barbara Mausbach-Bromberger, Der Widerstand der Arbeiterbewegung, S. 22f.

4 Vgl. ebd., S. 63.

5 Siehe dazu Helmut Esters/Hans Pelger, Gewerkschafter im Widerstand, Hannover 1967, S. 25ff.

6 Verschiedene Einzelheiten über Kontakte mit und in den Niederlanden und Belgien bei Kuno Bludau, ‚Gestapo – geheim!', S. 20f., 105, 107–110.

7 Günther Weisenborn, Der lautlose Aufstand, S. 146–148.

8 Vgl. Rudolf Küstermeier, Der Rote Stoßtrupp. Berlin 1970; Günther Weisenborn, Der lautlose Aufstand, S. 148–150; Hans Joachim Reichhardt, Die Kommunistische Partei, S. 178–180.

9 Günther Weisenborn, Der lautlose Aufstand, S. 152–155; Erich Matthias in: Matthias/Morsey, Das Ende der Parteien, S. 193–196; Hans Joachim Reichhardt, Die Kommunistische Partei, S. 200–209.

10 Bayern in der NS-Zeit, Bd. 1, S. 236f.

11 Deutschland-Bericht Sopade, 1935, S. 373f.

12 Martin Rüther, Die Vertrauensratswahlen von 1934 und 1935, in: VfZ, 39. (1991), S. 231, 238, 254.

13 Hanno Drechsler, Die Sozialistische Arbeiterpartei Deutschlands (SAP).

14 Werner Link, Die Geschichte des Internationalen Jugend-Bundes (IJB) und des Internationalen Sozialistischen Kampf-Bundes (ISK). Meisenheim 1964.

15 Helmut Esters/Hans Pelger, S. 25ff.

16 Ausf. Timothy W. Mason, Arbeiterklasse und Volksgemeinschaft. Opladen 1975.

17 Vgl. Jochen August u.a., Herrenmensch und Arbeitervölker. Ausländische Arbeiter und Deutsche 1939–1945. Berlin 1986, S. 40ff.

18 Vgl. auch Detlev Peukert, in: Bracher/Funke/Jacobsen (Hrsg.), S. 637.

Zu Kapitel 6

1 Zur allgemeinen Orientierung: Klaus Scholder, Die Kirchen und das Dritte Reich. 2 Bde.; Kurt Meier, Der evangelische Kirchenkampf. 3 Bde. Göttingen 1976–1984; Eberhard Bethge, Dietrich Bonhoeffer; Ernst Wolf, Zum Verständnis der politischen und moralischen Motive in der deutschen Widerstandsbewegung. In: Hans Buchheim/Walter Schmitthenner, Der deutsche Widerstand, S. 215–255; Heinz Boberach (Hrsg.), Berichte des SD und der Gestapo über Kirchen und Kirchenvolk in Deutschland 1934–1944. Mainz 1971; Bayern in der NS-Zeit; Vgl. auch A. Boyens, in: K.D. Bracher, M. Funke, H.-A. Jacobsen (Hrsg.): Nationalsozialistische Diktatur 1933–1945. Eine Bilanz. Düsseldorf 1983; Werner Koch, in: Chr. Klessmann u.a., Widerstand und Exil 1933–1945. Bonn 1985 und die Beiträge von Günther van Norden, Klaus Scholder, Gerhard Besier und Eberhard Bethge in: J. Schmädeke/P. Steinbach (Hrsg.): Der Widerstand gegen den Nationalsozialismus. München-Zürich 1985.
Detaillierte Information in den Darstellungen der Reihen ‚Arbeiten zur Geschichte des Kirchenkampfes' und ‚Arbeiten zur kirchlichen Zeitgeschichte'.

2 Friedrich Brunstäd, Deutschland und der Sozialismus. Berlin 1925, S. 15; Herbert Christ, Der politische Protestantismus in der Weimarer Republik. Diss. Bonn 1967; Jonathan R. C. Wright, ‚Über den Parteien'. Die politische Haltung der evangelischen Kirchenführer 1918–1933 (Übers.). Göttingen 1977; Jochen Jacke, Kirche zwischen Monarchie und Republik. Hamburg 1976; Bayern in der NS-Zeit, Bd. 1, S. 370f.

3 Vgl. J. Tonnesen u.a., Vom Wort und Bekenntnis Altonaer Pastoren, in: Deutsche Zeitschrift, 46. Jhrg., 1933, S. 516–527; Hans Asmussen, Der Christ im heutigen Staate, in: Tägliche Rundschau, 24. 3. 1933. Dazu E. Konukiewitz, Hans Asmussen. Gütersloh 1984, S. 62–65.

4 Vgl. Jürgen Schmidt, Martin Niemöller im Kirchenkampf. Hamburg 1971; Matthias Schreiber, S. 72ff.

5 Zu Ehrenberg: Marikje Smid, Deutscher Protestantismus und Judentum 1932/1933. München 1990, S. 382ff.; Eberhard Röhm-Jörg Thierfelder, Juden-Christen-Deutsche. Bd. 2/II. Stuttgart 1992, S. 35ff.; Ger van Roon, Zwischen Neutralismus und Solidarität. Die evangelischen Niederlande und der deutsche Kirchenkampf 1933–1942. Stuttgart 1983, S. 79ff.

6 Vgl. Christoph Strohm, Theologische Ethik im Kampf gegen den Nationalsozialismus. München 1989; Marikje Smid, S. 415 ff.

7 Brief von J. Wilkens, 17. 8. 1933 (zitiert in Ger van Roon, a. a. O., S. 80); zu Bonhoeffer neben der Biographie von E. Bethge jetzt auch Christoph Strom, in: Schmädeke/Steinbach, a. a. O., S. 295 ff.

7a Zitiert aus: W. Koch, Gustav Heinemann im Dritten Reich. Wuppertal 1972, S. 47.

8 Vgl. Wilhelm Hüffmeier und Martin Stöhr (Hrsg.), Barmer Theologische Erklärung 1934–1984. Bielefeld 1984; E. Konukiewitz, Hans Asmussen. Ein lutherischer Theologe im Kirchenkampf. Gütersloh 1984, S. 92–104.

9 Vgl. E. Bethge, Dietrich Bonhoeffer, S. 602 ff.; W. Koch, Sollen wir K. weiter beobachten? Ein Leben im Widerstand. Stuttgart 1982, S. 141 ff.

10 Vgl. Eberhard Busch, Karl Barths Lebenslauf. München 1975.

11 Vgl. Hans Prolingheuer, Der Fall Karl Barth 1934–1935. Neunkirchen 1977.

12 W. Koch, Gustav Heinemann, S. 137 f.

13 Kurt Meier, a. a. O., Bd. 3, S. 150 f.; vgl. auch T. Dipper, Die Evangelische Bekenntnisgemeinschaft in Württemberg 1933–1945. Göttingen 1966, S. 266 f. (von Jan); Ger van Roon, a. a. O., S. 121 (A. Rosenboom, H. Bernds, u. a.).

14 Dieses polnische Gebiet wurde als eine Art Modell für den zukünftigen nationalsozialistischen Staat betrachtet; fast alle kirchlichen Aktivitäten waren verboten; vgl. Martin Broszat, Nationalsozialistische Polenpolitik 1939–1945.

15 Vgl. Kurt Meier, a. a. O., Bd. 3, S. 151.

16 Nach hektographierten Exemplaren dieser Predigten im Besitz von Frau Melanie Steinmetz. Vgl. auch Helmut Gollwitzer, Zuspruch und Anspruch. München 1954.

17 Vgl. Landesbischof D. Wurm und der nationalsozialistische Staat 1940–1945, hg. v. G. Schäfer. Stuttgart 1968.

18 Ernst Wolf, Zum Verständnis, S. 230 ff.

19 Vgl. Arnim Boyens, Das Stuttgarter Schuldbekenntnis von 1945. In: VfZ 19 (1971), S. 374 ff.

Zu Kapitel 7

1 Jochen Jacke, Kirche zwischen Monarchie und Republik, S. 66 ff.

2 Zur allgemeinen Orientierung: Johann Neuhäusler, Kreuz und Hakenkreuz. München 1946; Guenter Lewy, Die katholische Kirche und das Dritte Reich; Hans Müller, Katholische Kirche und Nationalsozialismus München 1965; Die kirchliche Lage in Bayern nach den Regierungspräsidentenberichten 1933–1943. Bd. 1–4, Mainz 1966–1973; Klaus Scholder, Die Kirchen und das Dritte Reich, 2 Bde. Detailliertere Information

u. a. in den Publikationen der Kommission für Zeitgeschichte. Vgl. auch Klaus Gotto/Konrad Repgen (Hrsg.), Kirche, Katholiken und Nationalsozialismus (Topos-Taschenbücher 96), Mainz 1980.

3 Hans Müller, Katholische Kirche, S. 33 ff.; Klaus Scholder, Die Kirchen, Band 1, S. 167.

4 Klaus Gotto/Hans Günter Hockerts/Konrad Repgen in: K. D. Bracher/M. Funke/H.-A. Jacobsen (Hrsg.): Nationalsozialistische Diktatur 1933–1945. Eine Bilanz. Düsseldorf 1983; Joachim Maier, in: W. Michalka (Hrsg.): Die nationalsozialistische Machtergreifung. Paderborn 1984 und die Beiträge von Heinz Hürten und Klaus Scholder in: J. Schmädeke und P. Steinbach (Hrsg.): Der Widerstand gegen den Nationalsozialismus. München-Zürich 1985.

5 Joachim Maier, S. 152 ff.

6 Joachim Maier, S. 155 ff.

7 E. Kleinertz, Konrad Adenauer. Köln 1976, S. 109 f.; Max Pribilla, Psychologie des Radikalismus. In: Stimmen der Zeit 62 (1932), S. 33–44; Johannes Steiner, Prophetien wider das Dritte Reich. München 1946; Franz Kloidt, Verräter oder Märtyrer? Düsseldorf 1962, S. 57 ff.

8 Karl Otmar Freiherr von Aretin, Kaas, Papen und das Konkordat von 1933. In: VfZ 14 (1966), S. 263.

9 Hans Müller, Katholische Kirche, S. 100 ff.

10 Zum Reichskonkordat Alfons Kupper (Hrsg.), Staatliche Akten über die Reichskonkordatsverhandlungen 1933. Mainz 1969; Ludwig Volk (Hrsg.), Kirchliche Akten über die Reichskonkordatsverhandlungen 1933. Mainz 1969; insbes. Ludwig Volk, Das Reichskonkordat vom 20. Juli 1933. Mainz 1972; Klaus Scholder, Die Kirchen, Bd. 1, S. 184 ff.; Konrad Repgen, Zur vatikanischen Strategie beim Reichskonkordat. In VfZ, 31 (1983), S. 506 ff.

11 Mitteilung an den Verfasser; Eine kritische Äußerung Adenauers, in: Edmund Forschbach, Edgar J. Jung. Pfullingen 1984, S. 82.

12 Guenter Lewy, Die katholische Kirche, S. 124.

13 Reinhold Schneider, Verhüllter Tag. Köln 1958, 5. Aufl., S. 212.

14 Guenter Lewy, Die katholische Kirche, S. 131.

15 Ludwig Volk, Kardinal Faulhabers Stellung zur Weimarer Republik und zum NS-Staat. In: Stimmen der Zeit 91 (1966), S. 173–195; vgl. auch ders., Das bayerische Episkopat und der Nationalsozialismus. Mainz 1965. Sehr wichtig sind die von Volk herausgegebenen Aktenbände über Faulhaber.

16 Hans Müller, Katholische Kirche, S. 258.

17 Vgl. hierzu Bernhard Vollmer, Volksopposition im Polizeistaat.

18 Vgl. dazu S. 120 f.

19 Vgl. Günther Hockerts, Die Sittlichkeitsprozesse gegen katholische Ordensangehörige und Priester 1936/37. Mainz 1971; dazu: Petra Madelaine Rapp, Die Devisenprozesse gegen Ordensangehörige und Geistliche im Dritten Reich. Bonn 1981 (Diss.).

20 Wilhelm Spael, Das katholische Deutschland im 20. Jahrhundert, S. 334 ff.; Klaus Gotto, Die Wochenzeitung Junge Front/Michael.
21 Vgl. Ludwig Volk, Die Fuldaer Bischofskonferenz von der Enzyklika ‚Mit brennender Sorge' bis zum Ende der NS-Herrschaft. In: Stimmen der Zeit 91 (1966), S. 241 ff.; Dieter Albrecht (Hrsg.), Der Notenwechsel zwischen dem Heiligen Stuhl und der deutschen Reichsregierung. Bd. 1, 2. Aufl. Mainz 1974, Bd. 2 Mainz 1969.
22 Hans Günter Hockerts, S. 206.
23 Ebd., S. 207.
24 Deutschland-Bericht Sopade, 1937, S. 1168.
25 Ludwig Volk, Die Fuldaer Bischofskonferenz, S. 247 ff.; Interpretationsanweisung Reichspressekonferenz 28. Mai 1937 (BA).
26 B. Schwerdtfeger, Konrad Kardinal von Preysing; Guenter Lewy, Die katholische Kirche, S. 28.
27 Burkhart Schneider, Pius XII. an die deutschen Bischöfe. In: Stimmen der Zeit 91 (1966), S. 254; B. Schneider/P. Blet/A. Martini, Die Briefe Pius' XII. an die deutschen Bischöfe. München 1966. Leider hat Pius XII. vor seinem Tode sein gesamtes persönliches Archiv vernichtet, so daß manche aufschlußreichen und wertvollen Quellen fehlen.
28 Augustin Rösch, Kampf gegen den Nationalsozialismus, hg. v. R. Bleistein. Frankfurt/M. 1985, S. 61.
29 Ludwig Volk, Kardinal Faulhabers Stellung, S. 190.
30 Max Bierbaum, Nicht Lob, nicht Furcht. Münster 1955; Heinrich Portmann, Bischof von Galen spricht. Freiburg 1946; A. Rösch, S. 102, 116 f.
31 A. Rösch, S. 207.
32 A. Rösch, S. 161, 179.
33 Franz Kloidt, Verräter oder Märtyrer, S. 172 ff.
34 Ebd., S. 86 ff.; Wilhelm Spael, Das katholische Deutschland, S. 285, 345.
35 Vgl. S. 101.
36 Dazu Hugo Stehkämper in: J. Schmädeke/P. Steinbach, S. 893 ff.

Zu Kapitel 8

1 Vgl. Hermann Pünder, Politik in der Reichskanzlei. Stuttgart 1961, S. 124 ff., 135 f.; Heinrich Brüning, Briefe und Gespräche 1934–1945. Stuttgart 1974, S. 26; Gerhard Ritter, Carl Goerdeler, S. 61 f., 65 f.; E. Kosthorst, in: R. Lill/H. Oberreuter (Hrsg.), a. a. O., S. 111 ff.
2 Ebd., S. 86; Michael Krüger-Charlé, in: J. Schmädeke/P. Steinbach (Hrsg.), Der Widerstand, S. 395 ff.
3 Otto Kopp, Widerstand und Erneuerung. Stuttgart 1966, S. 98–122, 167–188.
4 Mitteilung von Frau Dr. M. von Trotha an den Verfasser.
5 Vgl. Leonidas E. Hill (Hrsg.), Die Weizsäcker-Papiere 1933–1950. Frankfurt a. M. 1974; Rainer A. Blasius, in: F. Knipping/K.-J. Müller

(Hrsg.), Machtbewußtsein in Deutschland am Vorabend des Zweiten Weltkrieges. Paderborn 1984, S. 93ff.; D. Bourgeois, Le Troisième Reich et la Suisse 1933–1941. Neuchâtel 1974, S. 16f.; die Beiträge von Hill und Blasius in: J. Schmädeke/P. Steinbach, a.a.O., S. 664ff. und 691ff.

6 Rom, 7.4. 1937 (AA, Inland II A/B, Bd. 1); vgl. Friedrich Frhr. Hiller von Gaertzingen (Hrsg.), Die Hassell-Tagebücher 1938–1944. Berlin 1988. Zu 1939, vgl. Ger van Roon, Kleine landen in Crisistijd. Van Oslostaten tot Benelux. Amsterdam 1985, S. 317ff.

7 Hildemarie Dieckmann, Johannes Popitz. Entwicklung und Wirksamkeit in der Zeit der Weimarer Republik. Berlin 1960; Lutz-Arwed Bentin, Johannes Popitz und Carl Schmitt, München 1972, S. 53–77; Klaus Scholder, Die Mittwochsgesellschaft. Berlin 1982, S. 17, 66ff., 204ff., 260ff.; G. Schulz, in: R. Lill/H. Oberreuter, a.a.O., S. 237ff.

8 Vgl. Klaus Scholder, S. 11ff., 16ff., 30ff.

9 Klaus Scholder, S. 206, 253f.; vgl. auch G. Schmölders, in: The Economic Journal, March 1948.

10 Vgl. Elfriede Nebgen, Jacob Kaiser. Berlin 1967; Rudolf Morsey, Die Deutsche Zentrumspartei, in: E. Matthias/R. Morsey (Hrsg.), Das Ende der Parteien 1933. Düsseldorf 1960, S. 288, 312, 316, 325, 331, 346, 378, 396, 410, 415.

11 Vgl. J. G. Leithäuser, Wilhelm Leuschner. Köln 1962; G. Beier, Wilhelm Leuschner, in: R. Lill/H. Oberreuter (Hrsg.), S. 159ff.

12 Zitiert aus Ger van Roon, Hermann Kaiser und der deutsche Widerstand, in VfZ, 24. (1976), S. 265.

13 Vgl. Ludwig Erhard, Kriegsfinanzierung und Schuldenkonsolidierung. Faksimiledruck der Denkschrift von 1943/44. Mit Vorbemerkungen von Ludwig Erhard, Theodor Eschenburg, Günter Schmölders. Frankfurt a.M. 1977; ferner Ludolf Herbst, Krisenüberwindung und Wirtschaftsneuordnung. Ludwig Erhards Beteiligung am Ende des Zweiten Weltkriegs. In: VfZ 25 (1977), S. 305ff.

14 Vgl. Hans Bernd Gisevius, Bis zum bittern Ende; Edmund Forschbach, a.a.O., S. 33, 36, 69, 114f., 132.

15 Vgl. Ger van Roon, Oberst Wilhelm Staehle. Ein Leben auf der Grenze. Neuausgabe Neuenhaus 1986.

16 Kapp war der Führer eines gegen die Weimarer Republik gerichteten Putsches im Jahr 1920.

17 Vgl. Beck und Goerdeler, Gemeinschaftsdokumente für den Frieden, 1941–1944, hrsg. von Wilhelm Ritter von Schramm. München 1965; vgl. auch Hermann Graml, Die außenpolitischen Vorstellungen des deutschen Widerstandes. In: Hans Buchheim/Walter Schmitthenner, Der deutsche Widerstand; Klaus-Jürgen Müller, Staat und Politik im Denken Ludwig Becks. In: Historische Zeitschrift, Heft 215/3 (1972), S. 607ff.; Klaus-Jürgen Müller, Struktur und Entwicklung der nationalkonservativen Opposition, in: O. Hackl u.a., Aufstand des Gewissens. Herford 1984, S. 263–310.

18 Untergang des Abendlandes, in: Monatshefte für Auswärtige Politik, August 1941.
19 Beck und Goerdeler, S. 167ff.
20 Vgl. Hans Mommsen, Gesellschaftsbild und Verfassungspläne des deutschen Widerstandes. In: Hans Buchheim/Walter Schmitthenner, Der deutsche Widerstand; Hans Mommsen, in J. Schmädeke/P. Steinbach, a.a.O., S. 24ff.
21 Vgl. J. G. Leithäuser, Wilhelm Leuschner. Köln 1962, S. 208ff.
22 Allerdings stand er in Kontakt mit der Professorengruppe des Freiburger Kreises, s. Gerhard Ritter, Carl Goerdeler, S. 524; vgl. auch Christine Blumenberg-Lampe, Das wirtschaftspolitische Programm des ‚Freiburger Kreises'. Berlin 1973.
23 Vgl. E. Konukiewitz, Hans Asmussen, S. 241f.; E. Bethge, Dietrich Bonhoeffer, S. 868, 870, 872.
24 Neuordnung im Widerstand, S. 271f. Die Mitglieder der Goerdeler-Gruppe versammelten sich im Haus Jessens, dem heutigen Hendrik Kraemerhaus der Niederländischen Evang. Gemeinde; vgl. Ulrich von Hassell, Vom Andern Deutschland, S. 260; Ger van Roon, Hermann Kaiser und der deutsche Widerstand, S. 276.
25 Zitiert nach Ger van Roon, Hermann Kaiser und der deutsche Widerstand, S. 276.
26 Vgl. Albert Krebs, Fritz-Dietlof Graf von der Schulenburg. Zwischen Staatsraison und Hochverrat. Hamburg 1964; vgl. auch Tisa von der Schulenburg. Ich hab's gewagt (Herderbücherei 874), Freiburg 1981, S. 144ff.; Hans Mommsen, Fritz-Dietlof Graf v.d. Schulenburg und die preussische Tradition, in: VfZ, 32. (1984), S. 213ff. und Ulrich Heinemann, in: J. Schmädeke/P. Steinbach, S. 417ff.
27 Detlef Graf von Schwerin, Dann sind's die besten Köpfe die man henkt. München 1991.

Zu Kapitel 9

1 Als allgemeinen Überblick dazu: Ger van Roon, Neuordnung im Widerstand. Der Kreisauer Kreis innerhalb der deutschen Widerstandsbewegung. München 1967; Ger van Roon, Der Kreisauer Kreis zwischen Widerstand und Umbruch. Berlin 1985; Jürgen Arndt u.a., Moltke Almanach. Die Herkunft der Mitglieder des Kreisauer Kreises. Berlin 1984; Helmuth James von Moltke, Briefe an Freya 1939–1945. Hrsg. v. Beate Ruhm von Oppen. München 1988; Albrecht von Moltke, Die wirtschafts- und gesellschaftspolitischen Vorstellungen des Kreisauer kreises der deutschen Widerstandsbewegung. Köln 1989; Kurt Finker, Graf Moltke und der Kreisauer Kreis. Berlin 1993.
2 Bemerkungen und Hinweise zum Verständnis des Dokuments, in: Paton-Papiere (Archiv Weltkirchenrat Genf).

3 Vgl. Martin Martiny, Die Entstehung und politische Bedeutung der ‚Neuen Blätter für den Sozialismus' und ihres Freundeskreises: In: VfZ 25 (1977), S. 373ff.

4 Carlo Mierendorff, Aufbau der neuen Linken. In: Marxistische Tribüne, 2. Jg., S. 120f.

5 Neuordnung im Widerstand, S. 101.

6 Julius Leber, Ein Mann geht seinen Weg, S. 60.

7 Zitiert nach Neuordnung im Widerstand, S. 105.

8 Horst von Einsiedel, Lebenslauf (Institut für Zeitgeschichte, München).

9 Vgl. Richard Albrecht, Carlo Mierendorff. Demokratie – Abwehrkampf – Widerstand. Politische Texte 1920–43 (im Druck).

10 Adolf Reichwein. Ein Lebensbild aus Briefen und Dokumenten. Ausgewählt von Rosemarie Reichwein unter Mitwirkung von Hans Bohnenkamp, herausgegeben und kommentiert von Ursula Schulz. München 1974, S. 116.

11 Freya von Moltke/Michael Balfour/Julian Frisby, Helmuth James von Moltke 1907–1945. Anwalt der Zukunft. Stuttgart 1975; Ger van Roon (Hrsg.), Helmuth James Graf von Moltke. Völkerrecht im Dienste der Menschen. Berlin 1986; Kurt Finker, Graf Moltke und der Kreisauer Kreis. Berlin 1978.

12 Vgl. Neuordnung im Widerstand S. 76–87, 604; vgl. auch den Beitrag von A. Frohn, in: R. Lill/H. Oberreuter (Hrsg.), S. 363ff.

13 Marion Yorck von Wartenburg, Die Stärke der Stille. Köln [2]1985, S. 40.

14 Neuordnung im Widerstand, S. 88–99.

15 Hans Bohnenkamp, Gedanken an Adolf Reichwein. Schriftenreihe der Pädagogischen Hochschulen Niedersachsen, Heft 1. Braunschweig-Berlin-Hamburg 1949; Wolfgang Kroug, Sein zum Tode. Göttingen 1954, S. 85–115; 130–134; James L. Henderson, Adolf Reichwein. Eine politisch-pädagogische Biographie, hrsg. von Helmut Lindemann. (Übers.) Stuttgart 1958; Neuordnung im Widerstand S. 100–108; Wilfried Huber, Adolf Reichwein und das Erziehungsdenken im Deutschen Widerstand. Hamburg 1970; Adolf Reichwein. Ein Lebensbild aus Briefen und Dokumenten. München, Wolfenbüttel 1974; Adolf Reichwein 1898–1944: Erinnerungen, Forschungen, Impulse. Hrsg. von Wilfried Huber und Albert Krebs. Paderborn 1981.

16 Neuordnung im Widerstand, S. 109–115; Hans Peters, Zwischen Gestern und Morgen. Berlin 1946; ders., Verfassungs- und Verwaltungsreformbestrebungen innerhalb der Widerstandsbewegung gegen Hitler. Münster 1956.

17 Neuordnung im Widerstand, S. 116–122.

18 Ebd., S. 212, 217, 241; Helmuth James Graf von Moltke, S. 162ff.; Otto Heinrich von der Gablentz, Die versäumte Reform. Köln 1960.

19 Neuordnung im Widerstand S. 219f., 248–251, 259f., 340f.; Fritz Christiansen-Weniger, Jahrgang 1897: Bürger in vier deutschen Staaten. Barkelsby 1981 (Privatdruck).

20 Vgl. Theodor Steltzer, Von Deutscher Politik. Dokumente, Aufsätze und Vorträge, hrsg. von Fr. Minssen. Frankfurt a. M. 1949; ders., Sechzig Jahre Zeitgenosse. München 1966; Neuordnung im Widerstand, S. 132–140, 324–329, 602, 611; Kurt Jürgensen (Hrsg.), Theodor Steltzer. Reden, Ansprachen, Gedanken 1945–1947. Neumünster 1986.

21 Vgl. Carl Zuckmayer, Carlo Mierendorff. Berlin 1947; Gerhart Pohl, In Memoriam Carlo Mierendorff. Darmstadt 1964; Neuordnung im Widerstand, S. 123–131, 227–234; Jakob Reitz, Carlo Mierendorff 1897–1943. Darmstadt 1983; Richard Albrecht, Carlo Mierendorff.

22 Vgl. Walter Hammer (Hrsg.), Theodor Haubach zum Gedächtnis, 2. Aufl. Frankfurt a. M. 1955; Neuordnung im Widerstand, S. 181–188, 227–234.

23 Neuordnung im Widerstand, S. 226 ff.

24 Vgl. J. G. Leithäuser, a. a. O., S. 180, 183, 218.

25 Vgl. Julius Leber. Ein Mann geht seinen Weg; Neuordnung im Widerstand, S. 204–209, 600; Dorothea Beck, Julius Leber, Berlin 1983.

26 Vgl. Günter Schmölders, Die Konjunkturpolitik der Vereinigten Staaten. Erfahrungen und Lehren der amerikanischen Kredit- und Währungspolitik im Kampfe gegen Krise und Konjunktur. Leipzig 1934; ders., Bankgesetzgebung und Währungspolitik im Rahmen der Krisenbekämpfung in den Vereinigten Staaten, in: Jahrbücher für Nationalökonomie und Statistik, Bd. 142 (1935), S. 1 ff.; ders., L'évolution et les perspectives du „New Deal" in: Revue économique internationale 1 (1938), S. 267–285; ders., Personalistischer Sozialismus. Die Wirtschaftsordnungskonzeption des Kreisauer Kreises der deutschen Widerstandsbewegung. Köln und Opladen 1969.

27 Neuordnung im Widerstand, S. 214, 215.

28 Neuordnung im Widerstand, S. 222 f., 248–250.

29 Vgl. Clarita von Trott zu Solz, Der Lebensweg von Adam von Trott zu Stolz. In: A. Franke (Hrsg.), Ein Leben für die Freiheit. Kassel 1960; Christopher Sykes, Adam von Trott. Eine deutsche Tragödie. Düsseldorf-Köln 1969; Neuordnung im Widerstand, S. 141–150; Sheila Grant Duff, Fünf Jahre bis zum Krieg (1934–1939). München 1978, S. 44 ff.; R. A. Blasius, in: R. Lill/H. Oberreuter (Hrsg.), S. 321 ff.; H. O. Malone, Adam von Trott zu Solz. Berlin 1986.

30 Vgl. Gogo von Nostitz, In Memoriam Hans-Bernd von Haeften. In: Zeitwende 20 (1948), S. 220–224; Barbara von Haeften, Aus unserem Leben 1944–1950. Heidelberg 1974; Neuordnung im Widerstand, S. 151–159; Dietrich Bonhoeffer, Gesammelte Schriften, hrsg. von Eberhard Bethge. Band 1, München 1958, S. 226.

31 Harald Poelchau, Die letzten Stunden. Berlin 1949; ders., Die Ordnung der Bedrängten. Berlin 1963; ders., Pfarrer am Schafott der Nazis. Hrsg. von Werner Maser. Rastatt 1982.

32 Vgl. Anton Ritthaler, Karl Ludwig Freiherr von und zu Guttenberg.

Ein politisches Lebensbild. Neujahrsblätter der Gesellschaft für Fränkische Geschichte XXXIV. Würzburg 1970.

33 Augustin Rösch, Kampf gegen den Nationalsozialismus. Hrsg. v. R. Bleistein. Frankfurt a.M. 1985, S. 24, 33.

34 Ebda., S. 116.

35 Neuordnung im Widerstand, S. 170–180, 200–203; R. Bleistein, Jesuiten im Kreisauer Kreis. Stimmen der Zeit, September 1982; Alfred Delp, Gesammelte Schriften, hg. v. R. Bleistein. 4 Bde., Frankfurt/M. 1982–1984; R. Bleistein, Lothar König. Stimmen der Zeit, Mai 1986.

36 Alfred Delp, Band 4, S. 380.

37 Neuordnung im Widerstand, S. 195–199.

38 Vgl. Eric Boehm, We survived. New Haven 1949, S. 172–189; Fabian von Schlabrendorff (Hrsg.), Eugen Gerstenmaier im Dritten Reich. Eine Dokumentation. Stuttgart 1965; Die Karriere des Eugen Gerstenmaier. Ein Dokumentarbericht. Berlin 1969; Eugen Gerstenmaier, Streit und Friede hat seine Zeit. Frankfurt a.M.-Berlin-Wien 1981.

39 Über die Rolle, die das Außenamt unter Leitung von Bischof Theodor Heckel in jener Zeit spielte, vgl. u.a. Armin Boyens, Kirchenkampf und Ökumene, Bd. 1, S. 135 und Ger van Roon, Zwischen Neutralismus und Solidarität. Stuttgart 1983, S. 131ff.

40 Neuordnung im Widerstand, S. 262ff.

41 Neuordnung im Widerstand, S. 265ff.

42 Zitiert nach Neuordnung im Widerstand, S. 403.

43 Vgl. auch Ger van Roon, Der Kreisauer Kreis und das Ausland. Aus Politik und Zeitgeschichte. 13. Dezember 1986.

44 Dossier: Kreisauer Kreis, hg. v. Roman Bleistein. Frankfurt/M. 1987, S. 62, 64.

45 Mitteilungen der Sekretärin Moltkes, Frau Katherina Breslauer, an den Verfasser; Neuordnung im Widerstand, S. 279ff.; Carlo Schmid, Erinnerungen. Bern-München-Wien 1979, S. 201.

46 Vgl. Ger van Roon, Neuordnung im Widerstand. München 1967, S. 317ff.; dazu jetzt auch: Jürgen Heideking/Christof Mauch, Das Herman-Dossier, in: Vierteljahresheften für Zeitgeschichte, 40. (1992), S. 567ff.

47 Ger van Roon, Graf Moltke als Völkerrechtler, S. 24; Helmuth James Graf von Moltke, S. 28, 309.

Kapitel 10

1 Brief vom 25. Juni 1934 (im Besitz von Freya Dr. Gräfin von Moltke). Vgl. auch Ger van Roon, Helmuth James Graf von Moltke. Völkerrecht im Dienste der Menschen. Berlin 1986, S. 86.

2 Dazu Klaus-Jürgen Müller, Armee, Politik und Gesellschaft in Deutschland 1933–1945. Paderborn 1979, S. 112. Vgl. auch Edmund Forschbach, a.a.O., S. 122.

3 Siehe dazu F. Frhr. Hiller von Gaertringen, Dolchstoß – Diskussion und Dolchstoßlegende im Wandel von vier Jahrzehnten, in: Festschrift für Hans Rothfels. Göttingen 1963, S. 122ff.

4 Vgl. dazu Otto-Ernst Schüddekopf, Das Heer und die Republik. Hannover-Frankfurt a.M. 1955; Klaus-Jürgen Müller, Das Heer und Hitler Stuttgart 1969; Michael Geyer, Aufrüstung oder Sicherheit. Die Reichswehr in der Krise der Machtpolitik 1924–1936. Wiesbaden 1980.

5 Dazu Klaus-Jürgen Müller, Revision, Aufrüstung und nationale Sicherheit, in: Festschrift H.-A. Jacobsen. Düsseldorf 1991, S. 19ff.

6 Zitiert nach Helmut Krausnick, Vorgeschichte und Beginn des militärischen Widerstandes gegen Hitler, in: Vollmacht des Gewissens, hrsg. von der Europäischen Publikation e.V. Bd. 1, 2. Aufl., Frankfurt a.M. 1960, S. 217. – Vor dem Krieg wurde Adam wie auch die Generäle Geyer und Liebmann verabschiedet; dazu H. Krausnick, Zum militärischen Widerstand gegen Hitler 1933–1938. Möglichkeiten, Ansätze, Grenzen und Kontroversen, in: O. Hackl u.a., Aufstand des Gewissens. Militärischer Widerstand gegen Hitler und das NS-Regime 1933–1945. Herford und Bonn o.J. (1984), S. 351; zu Liebmann auch S. 313f.

7 Vgl. K.-J. Müller, S. 121; Edmund Forschbach, a.a.O., S. 128.

8 Helmut Krausnick, Vorgeschichte, S. 233.

9 Ebd., S. 282ff.; vgl. auch Hans Bernd Gisevius, Bis zum bittern Ende, Band 1. Zürich 1946, S. 370ff.; Klaus-Jürgen Müller, Das Heer und Hitler, S. 255ff.; Hermann Bösch, Heeresrichter Dr. Karl Sack im Widerstand. München 1987, S. 19–56.

10 Helmut Krausnick, Vorgeschichte, S. 295; Klaus-Jürgen Müller, Das Heer und Hitler, S. 283; zu Halder vgl. G. R. Ueberschär, Generaloberst Halder. Göttingen 1991.

11 Heinrich Brüning, Briefe und Gespräche 1934–1945. Stuttgart 1974 (27. 8. 37).

12 Vgl. R. G. Graf von Thun-Hohenstein, Der Verschwörer. General Oster und die Militäropposition. Berlin 1982, S. 78; Klaus-Jürgen Müller, General Ludwig Beck. Boppard 1980; Ders., Militärpolitische Konzeptionen des deutschen Generalstabes 1938, in: Franz Knipping/Klaus-Jürgen Müller (Hrsg.), Machtbewußtsein in Deutschland am Vorabend des Zweiten Weltkrieges. Paderborn 1984, S. 167ff.; ders., Zu Struktur und Eigenart der nationalkonservativen Opposition bis 1938 – Innenpolitischer Machtkampf, Kriegsverhinderungspolitik und Eventual-Staatsstreichplanung, in: J. Schmädeke/P. Steinbach (Hrsg.), Der Widerstand gegen den Nationalsozialismus. München-Zürich 1985, S. 329ff.

13 K.-J. Müller, General Ludwig Beck. Boppard 1980, S. 552.

14 Klaus-Jürgen Müller, Das Heer und Hitler, S. 345ff.; Peter Hoffmann, Widerstand, S. 94ff.; Helmuth Groscurth, Tagebücher eines Abwehroffiziers 1938–1940, hrsg. von Helmut Krausnick und Harold C. Deutsch. Stuttgart 1970, S. 111; H. Krausnick, Zum militärischen Widerstand, S. 342ff.

15 Vgl. André Brissaud, Canaris 1887–1945 (Übers.). Frankfurt a.M. 1970; Heinz Höhne, Canaris. Patriot im Zwielicht. München 1976; ders., Canaris und die Abwehr zwischen Anpassung und Opposition, in: J. Schmädeke/P. Steinbach (Hrsg.), Der Widerstand, S. 405 ff.

16 Vgl. J. G. de Beus, Morgen bei Tagesanbruch (Übers.). Berlin 1982; R. Graf von Thun-Hohenstein, Widerstand und Landesverrat am Beispiel des Generalmajors Hans Oster, in: J. Schmädeke/P. Steinbach (Hrsg.), Der Widerstand, S. 751 ff.

17 Vgl. Christoph Strohm, Der Widerstandskreis um Dietrich Bonhoeffer und Hans von Dohnanyi, in: J. Schmädeke/P. Steinbach (Hrsg.), Der Widerstand, S. 295 ff.; Matthias Schreiber, Friedrich Justus Perels, S. 154 f., 165 ff., 176 ff.

18 Helmuth Groscurth, Tagebücher eines Abwehroffiziers 1938–1940, hrsg. von H. Krausnick und H. C. Deutsch, Stuttgart 1970.

19 Ebd., S. 89; zu einer ähnlichen Aktion von Oberleutnant Dr. Albert Battel, siehe Seev Goshen, Albert Battels Widerstand gegen die Judenvernichtung in Przemysl, in: VfZ, 33. (1985), S. 478 ff.

20 Vgl. Harold C. Deutsch, Verschwörung gegen den Krieg. Der Widerstand in den Jahren 1939–1940. München 1969 (Übers.); Gerd R. Ueberschär, Ansätze und Hindernisse der Militäropposition gegen Hitler in den ersten beiden Kriegsjahren (1939–1941), in: O. Hackl u.a., Aufstand des Gewissens, S. 369 ff.; ders., Militäropposition gegen Hitlers Kriegspolitik 1939 bis 1941, in: J. Schmädeke/P. Steinbach (Hrsg.), Der Widerstand, S. 347 ff.

21 Vgl. Ger van Roon, Widerstand und Krieg, in: J. Schmädeke/P. Steinbach (Hrsg.), Der Widerstand, S. 61 f.

22 Vgl. Bodo Scheurig, Henning von Tresckow. 2. Aufl. Oldenbourg 1973; K. O. Frhr. v. Aretin, Henning von Tresckow, in: R. Lill/H. Oberreuter (Hrsg.), S. 307 ff.; Fabian von Schlabrendorff, Offiziere gegen Hitler. Neuausgabe Berlin 1984 (?).

23 G. van Roon, Neuordnung im Widerstand, S. 281.

24 Vgl. P. Hoffmann, Widerstand – Staatsstreich – Attentat. München [3]1979, S. 343; G. Wollstein, Friedrich Olbricht, in: R. Lill/H. Oberreuter (Hrsg.), S. 207 ff.

25 Tagebucheintragung Hermann Kaisers, 20. 1. 1943 (G. van Roon, Hermann Kaiser und der deutsche Widerstand, in: VfZ 24 (1976), S. 276.

26 Vgl. auch Spiegelbild der Verschwörung. Hrsg. vom Archiv Peter. Stuttgart 1961, S. 100.

27 Tagebucheintrag vom 1. Februar 1943.

28 Vgl. dazu folgende Passage: „Schlabrendorff fragt mich dann nach meinem Urteil über Olbricht. Ob er die Initiative aufbringe, selbständig zu handeln. Ich verneine dies. Er wird auf einen Befehl hoffen und warten" (Tagebucheintrag vom 19. Februar 1943).

29 Tagebucheintrag vom 3. Februar 1943.

30 „Witzleben hier in Berlin. Er wird nie ohne Übereinstimmung mit Beck

handeln. Befehl nur übernehmen, wenn er vorher zur Kenntnis von Beck gebracht ist" (Tagebucheintrag vom 13. Februar 1943); „Termin. Ja, Witzleben werde die Sache bis 15. März machen. Guter Schachspieler. Übernahme an Ort und Stelle" (Tagebucheintrag vom 2. März 1943). Zu Unrecht hat Peter Hoffmann diese Aufgabe Witzlebens erst auf den „Sommer oder Frühherbst" datiert (Widerstand, S. 370), über Witzleben, siehe den Beitrag von R. Pommerin in: R. Lill/H. Oberreuter (Hrsg.), S. 349ff.

31 Tagebucheintrag vom 19. Februar 1943.

32 Tagebucheintrag vom 11. Februar 1943.

33 Tagebucheintrag vom 12. März 1943.

34 „Tresckow glaubt, daß man die Ostfront noch halten kann, wenn der Westen durch staatsmännisches Handeln gesichert wird. Ja, er glaubt, daß man Rußland noch schlagen kann, wenn mit England Verständigung vorher. Wer macht das?" (Tagebucheintrag vom 18. Januar 1943 über Gespräch Schlabrendorff-Kaiser).

35 Tagebucheintrag vom 3. März 1943.

36 Tagebucheintragungen vom 6. und 8. März 1943.

37 „Bedeutung des Mannes jetzt erst bewußt. Niemand kann ersetzen" (Tagebucheintrag vom 8. März 1943 mit der Meinung von Major Graf Waldersee).

38 Vgl. Fabian von Schlabrendorff, Offiziere; Peter Hoffmann, Widerstand, S. 333f.

39 Ebd., S. 335ff.

40 Tagebucheintrag vom 2. und 5. April 1943.

41 Tagebucheintragung vom 2. April 1943.

42 Dazu Josef Müller, Bis zur letzten Konsequenz. München 1967; Elisabeth Chowaniec, Der „Fall Dohnanyi" 1943–1945. München 1991.

43 G. Graf von Thun-Hohenstein, Der Verschwörer.

44 Vgl. dazu Ger van Roon, Hermann Kaiser und der deutsche Widerstand, S. 281; P. Hoffmann, S. 360ff.

45 Tagebucheintrag vom 24. Juli 1943.

46 „Tresckow: Es ist jetzt soweit. Kluge entschlossen. Endlich." (Tagebucheintrag vom 29. Juli 1943).

47 Tagebucheintrag vom 2. August 1943 über Stülpnagel; siehe auch den Beitrag von V. Schmidtchen, in R. Lill/H. Oberreuter (Hrsg.), S. 287ff.

48 Tagebucheintrag vom 29. Juli 1943.

49 Auch aus der Sicht der Kreisauer wird für diese Zeit von Staatsstreichvorbereitungen berichtet, vgl. Neuordnung im Widerstand, S. 284.

50 Gerhard Ritter, Carl Goerdeler, S. 617; Peter Hoffmann, Widerstand, S. 435f.

Zu Kapitel 11

1 Grundlegend die ausführliche Darstellung von Peter Hoffmann, Widerstand – Staatsstreich – Attentat. Dritte, neu überarbeitete Ausgabe. München 1979.

2 Ebd., S. 374 ff.

3 Ebd., S. 315 ff.; Edmund Forschbach, a. a. O., S. 110.

4 Vgl. Christian Müller, Oberst i. G. Stauffenberg. Eine Biographie. Düsseldorf 1971; dazu auch: Bodo Scheurig, Claus Graf Schenk von Stauffenberg. Berlin 1964; Joachim Kramarz, Claus Graf Stauffenberg. Frankfurt a. M. 1965; Kurt Finker, Stauffenberg. Berlin 1967; Peter Hoffmann, S. 389 ff.; W. Bussmann, in: R. Lill/H. Oberreuter (Hrsg.), S. 269 ff.

5 Vgl. das Kapitel über die beiden Brüder bei Eberhard Zeller, Geist der Freiheit, S. 225 ff.

6 Joachim Kramarz, Stauffenberg, S. 169; vgl. auch Steven Krolak, Der Weg zum Neuen Reich: Die politischen Vorstellungen von Claus Stauffenberg – Ein Beitrag zur Geistesgeschichte des deutschen Widerstands, in: J. Schmädeke/P. Steinbach (Hrsg.), Der Widerstand, S. 546 ff.

7 Joachim Kramarz, S. 68.

8 Neuordnung im Widerstand, S. 286.

9 Joachim Kramarz, S. 132–134, 181; Christian Müller, Oberst Stauffenberg, S. 295 ff., 465 ff.

10 Mitt. P. van Husen; Ger van Roon, Neuordnung im Widerstand, S. 286.

11 Vgl. Horst Mühleisen, Hellmuth Stieff und der deutsche Widerstand, in: VfZ, 39. (1991), S. 351.

12 Peter Hoffmann, S. 465 f.; Albert Krebs, Graf von der Schulenburg, S. 262.

13 Vgl. Hedwig Maier, Die SS und der 20. Juli. In: VfZ 14 (1966), S. 299 ff.; vgl. auch Kurt Finker.

14 Chr. Müller, S. 394.

15 Christian Müller, S. 440 f.

16 Peter Hoffmann, Widerstand, S. 174, 374 ff., 463 f.; vgl. auch Ger van Roon, Hermann Kaiser, S. 272, 278 u. 283.

17 Zitiert nach Peter Hoffmann, S. 462.

18 U. a. durch Trott in den Niederlanden, s. Neuordnung im Widerstand, S. 332.

19 Vgl. Ger van Roon, Oberst Wilhelm Staehle. Neuausgabe. Neuenhaus 1986.

20 Vgl. Hans-Adolf Jacobsen (Hg.), Spiegelbild einer Verschwörung. Bd. 2. Stuttgart 1984, S. 363.

21 Peter Hoffmann, S. 465.

22 Vgl. D. Ose, in: R. Lill/H. Oberreuter (Hrsg.), S. 264 f., 266.

23 Peter Hoffmann, S. 482; vgl. auch Walter Baum, Marine, Nationalsozialismus und Widerstand. In: VfZ 11 (1963), S. 31.

24 Peter Hoffmann, S. 482.

25 P. van Husen, der nach der Verhaftung Lebers als Staatssekretär vorgesehen war, sollte abgeholt und zur Prinz Heinrich-Straße gebracht werden, wohin auch die anderen kommen sollten, s. Neuordnung im Widerstand, S. 199.

26 Grundlegend hier Peter Hoffmann, S. 486ff.; vgl. ders., Zum Attentat im Führerhauptquartier. In: VfZ 12 (1964), S. 254–284; Hans Adolf Jacobsen, 20. Juli 1944. Herausgegeben von der Bundeszentrale für politische Bildung. 6. Aufl. Bonn 1969, S. 127ff.

27 So Peter Hoffmann, S. 488; Christian Müller, S. 614f., zieht das in Zweifel.

28 Peter Hoffmann, Widerstand, S. 507; vgl. auch Peter Hoffmann, in: O. Hackl u. a., Aufstand, S. 416.

29 Ausf. Peter Hoffmann, S. 540ff.

30 Hans Lukaschek, Was war und wollte der Kreisauer Kreis? Rede 20. Februar 1958, S. 10 (unveröffentlichtes Manuskript).

31 Mitteilung von L. Kaiser an den Verfasser.

32 Ludwig Jedlicka, Der 20. Juli in Österreich. 2. Aufl. Wien 1966.

33 Vgl. Wilhelm Ritter von Schramm, Aufstand der Generale.

34 Peter Hoffmann, S. 583ff.; V. Schmidtchen, in: R. Lill/H. Oberreuter (Hrsg.), S. 303f.

35 Mitteilung v. Frhr. E. von Oldershausen an den Verf.

36 Theodor Steltzer, Sechzig Jahre Zeitgenosse. München 1966, S. 159.

37 Eine Reihe von Abschiedsbriefen sind veröffentlicht in: Du hast mich heimgesucht bei Nacht, hrsg. von Helmut Gollwitzer, Käthe Kuhn und Reinhold Schneider; vgl. auch U. Eich, Suizid-Volksgerichtshof-Standgerichte: Die Opfer des 20. Juli, in: R. Lill/H. Oberreuter (Hrsg.), S. 393ff.

Zu Kapitel 12

1 Vgl. dazu: Das ‚Andere Deutschland' im Zweiten Weltkrieg. Emigration und Widerstand in internationaler Perspektive, hrsg. von Lothar Kettenacker. Stuttgart 1977 (= Veröffentlichungen des Deutschen Historischen Instituts London, Band 2); Peter Hoffmann, S. 74ff., 195ff., 254ff.; Klemens von Klemperer, German Resistance against Hitler. The Search for Allies Abroad. 1938–1945. Oxford 1992.

2 Siehe für die Rolle der NS-Propaganda dabei Herbert E. Tutas, NS-Propaganda und deutsches Exil 1933–1939. Worms 1973; weiter auch Lothar Kettenacker, Das ‚Andere Deutschland' S. 109ff.; für die Nachkriegsrezeption Gerhard Roloff, Exil und Exilliteratur in der deutschen Presse 1945–1949. Worms 1976. Vgl. Werner Röder, Die deutschen sozialistischen Exilgruppen in Großbritanien. Hannover 1968, Bonn-Bad Godesberg ^{2}1973; Werner Link (Hrsg.), Mit dem Gesicht nach Deutsch-

land. Düsseldorf 1968; Joachim Radkau, Die deutsche Emigration in den USA. Düsseldorf 1971; Helmut Müssener, Exil in Schweden. München 1974; Kurt Klotzbach (Hrsg.), Drei Schriften aus dem Exil. Berlin/Bonn-Bad Godesberg 1974; Lieselotte Maas, Handbuch der deutschen Exilpresse 1939–1945, hrsg. v. Erhard Lämmert. München-Wien, 3 Bde; Helmut Mittenzwei, Exil in der Schweiz. Leipzig 1978; Ernst Loewy (Hrsg.), Exil. Stuttgart 1979; Heinz Kühn, Widerstand und Emigration. Hamburg 1980; Deutschland-Berichte der SOPADE 1934–1940. 7 Bde. Neuauflage Frankfurt/M. 1980; Werner Röder und Herbert A. Strauss, Biographisches Handbuch der deutschsprachigen Emigration 1933. München 1980; Wolfgang Frühwald/Wolfgang Schieder (Hrsg.), Leben im Exil. Hamburg 1981; Manfred Geiß u.a., Widerstand und Exil der deutschen Arbeiterbewegung. 1933–1945. Bonn 1982: Thomas Koebner/Wulf Köpke/Joachim Radkau (Hrsg.), Exil-Forschung – Ein Internationales Jahrbuch, Bd. 1. München 1983; Hans-Albert Walter, Deutsche Exilliteratur. Bd. 4, Stuttgart 1984.

3 Siehe die oben erwähnte Arbeit von Werner Link.

4 In ‚Neue Weltbühne' 1937, Heft 53, S. 1672. Viele andere Einzelheiten in: Exil-Literatur 1933–1945, hrsg. von Kurt Köster. Frankfurt a.M. ^{2}1966.

5 Vgl. Richard Albrecht, Exil-Publizistik 1933–1935, in: Publizistik, 28. Jhrg., 1983, S. 547ff.

6 Klaus Mammach, Widerstand 1933–1939. Berlin 1983, S. 171, 234f.; Als Beispiele: Thomas Mann, Deutsche Hörer. 25 Radiosendungen nach Deutschland. Stockholm 1942; Dorothy Thompson, Listen Hans. Boston 1942; W. Röder, S. 176ff.

7 Vgl. Georg Schwinghammer, in: Chr. Klessmann u.a., Widerstand und Exil 1933–1945. Bonn 1985, S. 239ff.

8 Babette Gross, Willi Münzenberg, Stuttgart 1967.

9 In: Die Zukunft, 10. 3. 1939.

10 Dazu ausf. Adolf Hasenöhrl (Hrsg.), Kampf-Widerstand-Verfolgung der sudetendeutschen Sozialdemokraten. Stuttgart 1983, S. 50ff.

11 Dazu Klaus Mammach, S. 233ff.

12 Ebda., S. 106ff.

13 Curt Geyer und Walter Loeb, Gollancz in German Wonderland. London 1942.

14 Sebastian Haffner, Offensive against Germany, London 1941, S. 123ff.

15 Zitiert aus einer Abschrift im ‚Londoner Archiv' des niederländischen Außenministeriums. Vgl. auch Willy Brandt und Richard Löwenthal, Ernst Reuter – Ein Leben für die Freiheit. München 1957.

16 In: Freie Deutsche Kultur, September 1941, S. 2.

17 Walter Ulbricht, Zur Geschichte der deutschen Arbeiterbewegung. Bd. II. Berlin 1963, S. 267.

18 Vgl. dazu Alexander Fischer, in: O. Hackl u.a., Aufstand des Gewissens. Herford-Bonn o.J., S. 442.

19 Kurt Finker-Annerose Busse, Stauffenberg und der 20. Juli 1944. Berlin 1984, 6. Aufl., S. 168.

20 Bodo Scheurig, Freies Deutschland. Das Nationalkomitee und der Bund Deutscher Offiziere in der Sowjetunion 1943–45. Köln 1984.

21 Peter Hoffmann, S. 305; Finker-Busse, S. 178 ff.

22 Wolfgang Leonhard, Die Revolution entläßt ihre Kinder. Köln-Berlin 1955, S. 317.

23 Dazu z. B. Martin Broszat, Faschismus und Kollaboration in Ostmitteleuropa. In: Vierteljahreshefte für Zeitgeschichte 14 (1966), S. 225 ff.; Hans Raupach, Auswirkungen der Weltwirtschaftskrise in Ost-Mitteleuropa. In: VfZ 24 (1976), S. 38 ff.; A. A. de Jonge, Het nationaal-socialisme in Nederland. Utrecht 1968, S. 40 ff.; vgl. auch Kap. 9, Anm. 43.

24 Stein Ugelvik Larsen/Bernt Hagtvet/Jan Petter Myklebust (Hrsg.), Who were the Fascists? Social roots of European Fascism. Bergen-Oslo-Tromsø 1980; Wolfgang Wippermann, Europäischer Faschismus im Vergleich 1922–1982. Frankfurt/M. 1983.

25 Zwischen Neutralismus und Solidarität. Stuttgart 1983, S. 79 ff.

26 Vgl. Martin Broszat, Nationalsozialistische Polenpolitik; Helmuth Groscurth, Tagebücher S. 48 ff.; Christoph Klessmann, Die Selbstbehauptung einer Nation. NS-Kulturpolitik und polnische Widerstandsbewegung. Düsseldorf 1971, S. 27 ff.

27 Ausf. Ger van Roon, Kleine landen in Crisistijd. Van Oslostaten tot Benelux 1930–1940. Amsterdam 1985.

28 Vgl. Peter W. Ludlow, Bischof Berggrav zum deutschen Kirchenkampf. In: Zur Geschichte des Kirchenkampfes, Band 26. Göttingen 1971; Armin Boyens, Kirchenkampf und Ökumene 1939–1945. München 1973. S. 61 ff.; Zwischen Neutralismus und Solidarität, S. 173 ff.

29 Armin Boyens, Kirchenkampf S. 66 ff.; Zwischen Neutralismus und Solidarität, S. 177 ff.

30 Memorandum in Public Record Office FO 371, 22985.

31 Vgl. Wilhelm A. Visser 't Hooft, Holländische Kirchendokumente. Der Kampf der holländischen Kirche um die Geltung der göttlichen Gebote im Staatsleben. Zürich 1944; Eberhard Bethge, Dietrich Bonhoeffer, S. 818 ff. ; Klemens von Klemperer, S. 264 ff.

32 Vgl. Zwischen Neutralismus und Solidarität, S. 26.

33 Neuordnung im Widerstand, S. 324 f.

34 Ebd., S. 312 f.

35 Ebd., S. 329 f.

36 Ebd., S. 324 f.

37 Ebd., S. 312 f.

38 Ebd., S. 340 f.

39 Vgl. Ger van Roon, Ein Leben auf der Grenze. Oberst Wilhelm Staehle. Neuausgabe Neuenhaus 1986.

40 Helmuth von Moltke, Letzte Briefe, S. 21 f.

41 Vgl. Willy Brandt, Draussen. München 1966; Klaus Misgeld, Die „Inter-

nationale Gruppe demokratischer Sozialisten" in Stockholm 1942–1945. Uppsala 1976.

42 Dazu die in Anm. 2 erwähnte Arbeit von Helmut Mittenzwei.

43 Vgl. Walter Lipgens, Europa-Föderationspläne der Widerstandsbewegungen 1940–1945. München 1968, S. 388ff.

44 Karl Dietrich Bracher (Hrsg.), Das Gewissen steht auf. Mainz 1984, S. 10f.

45 Vgl. Ger van Roon (Hrsg.), Europäischer Widerstand im Vergleich. Berlin 1985, S. 209, 345.

46 Klaus Mammach, S. 209ff.

47 Siehe dazu mehrere Beiträge in: Josef Becker/Klaus Hildebrand (Hrsg.), Internationale Beziehungen in der Weltwirtschaftskrise 1929–1933. München 1980.

48 Bernd Jürgen Wendt, Economic Appeasement. Düsseldorf 1971, S. 78.

49 Vgl. H. Delfs (Hrsg.), Aktiver Friede. Gedenkschrift für Friedrich Siegmund-Schultze. Soest 1972.

50 Mitteilung an den Verfasser; Zwischen Neutralismus und Solidarität. S. 101.

51 Christopher Sykes, Adam von Trott (Übers.). Köln-Düsseldorf 1969, S. 47, 59; Henry O. Malone, Adam von Trott zu Solz. Berlin 1986, S. 68, 86f.

52 Christopher Sykes, S. 47, 67; Henry O. Malone, S. 127.

53 Christopher Sykes, S. 82ff.; Henry O. Malone, S. 116ff.

54 Eine englische Annäherungspolitik gegenüber Deutschland. Siehe Anm. 48.

55 Christopher Sykes, S. 223; Henry O. Malone, S. 216ff.

56 Helmuth James Graf von Moltke, S. 92ff.

57 Ebda., S. 89f.

58 Public Record Office, FO 371, 22985.

59 Gerhard Ritter, Carl Goerdeler und die deutsche Widerstandsbewegung. Neuauflage Stuttgart 1984, S. 162.

60 Gerhard Ritter, S. 166.

61 Siehe Anm. 58.

62 Vgl. Documents on British Foreign Policy 1919–1939. London 1949. III, 2, S. 108.

63 Vgl. D. C. Watt, Personalities and Policies. London 1965, S. 159ff.

64 Documents on British Foreign Policy S. 65, 289; vgl. auch Harold C. Deutsch, S. 381ff.

65 Vgl. Peter Hoffmann, S. 82ff.

66 Ebda., S. 91, 156, 197f.

67 Ebda., S. 196.

68 Ebda., S. 198ff.

69 Ebda., S. 78ff.

70 Vgl. Harold C. Deutsch, Verschwörung gegen den Krieg (Übers.). München 1969; Klemens von Klemperer, S. 171ff.

71 Helmuth Krausnick/Hermann Graml, Der deutsche Widerstand, S. 504.
72 Eberhard Bethge, Dietrich Bonhoeffer S. 850ff.; Dietrich Bonhoeffer, Gesammelte Schriften, Band 1, München 1958, S. 372ff.
73 Neuordnung im Widerstand, S. 302f., 572–575; H. Rothfels, Zwei außenpolitische Memoranden der deutschen Opposition. In: VfZ 5 (1957), S. 388–397; vgl. auch Jørgen Glenthøj, Die Mündige Welt, S. 299ff.
74 Neuordnung im Widerstand S. 303f. Der Originaltext des Berichtes in: Helmuth von Moltke, Briefe, S. 21ff.
75 Neuordnung im Widerstand, S. 304, 316; Jørgen Glenthøj, Die Mündige Welt, S. 291ff.; Hendrik Lindgren, Adam von Trotts Reisen nach Schweden 1942–1944. In: VfZ 18 (1970), S. 274–291; Christopher Sykes, S. 343f.
76 Neuordnung im Widerstand,S. 316f.; vgl. S. 582f., 592; Christopher Sykes, S. 343f.
77 George F. Kennan, American Diplomacy 1900–1950. New York 1952, S. 80.
78 Gerhard Ritter, S. 165, 166.
79 Christopher Sykes, S. 225ff.; Hans Rothfels, Adam von Trott und das State Department, in: VfZ, Juli 1959.
80 Moltke an seine Frau, 24. 8. 1940 (Moltke-Nachlaß, Vermont).
81 Vgl. Neuordnung im Widerstand, S. 305ff.; auch Kap. 9, Anm. 43.
82 Peter Hoffmann, S. 263ff.
83 Klemens von Klemperer, S. 315ff.
84 Mitarbeiter Goerdelers und Verfasser des Buches „Bis zum bitteren Ende“.
85 War an der Kreisauer Arbeit beteiligt gewesen; vgl. Neuordnung im Widerstand, S. 582ff.
86 Kannte Moltke und war einer der Gesprächspartner Trotts in der Schweiz; vgl. Neuordnung im Widerstand, S. 311ff.
87 Neuordnung im Widerstand, S. 317, 318ff.
88 Der Text wurde veröffentlicht in: Neuordnung im Widerstand, S. 582ff.
89 Vgl. Jürgen-Heideking/Christof Mauch, Das Herman-Dossier, in: VfZ, 40. (1992), S. 567ff.
90 Vgl. Ger Harmsen, Daan Goulooze, S. 58ff.
91 Vgl. Karl Heinz Biernat/Luise Kraushaar, Die Schulze-Boysen/Harnack-Organisation im antifaschistischen Kampf. Berlin 1970; Heinrich Scheel, Die „Rote Kapelle“ und der 20. Juli 1944, in: Zeitschrift für Geschichtswissenschaft, XXXIII. Jhrg. (1985), Heft 4.
92 Die diesbezügliche Mitteilung Kleists (Zwischen Hitler und Stalin, S. 242) wurde von anderen wiederum in Abrede gestellt. Vgl. auch Kap. 9, Anm. 43.
93 Zitiert nach Neuordnung im Widerstand, S. 511.

Zum Nachwort

1 Vgl. z.B. die Diskussion um den Begriff ‚nationalkonservativ' in: J. Schmädeke/P. Steinbach (Hrsg.), Der Widerstand gegen den Nationalsozialismus. München-Zürich 1985, S. 8ff., 25ff., 309f.

2 Siehe z.B. Dietrich Bonhoeffer, Widerstand und Ergebung. Erweiterte Ausgabe München 1970, S. 12; vgl. auch Hans Mommsen, in: J. Schmädeke/P. Steinbach, S. 7.

3 Julius Leber, Ein Mann geht seinen Weg, S. 187.

4 Neuordnung im Widerstand, S. 85.

5 Vgl. dazu den Beitrag ‚Widerstand und Menschenrechte' von dem damaligen Staatsminister Klaus von Dohnanyi. In: Die Zeit, 28. Juli 1978.

6 Zur Sicht der noch lebenden Kreisauer s. Ger van Roon, German Resistance to Hitler. London 1971, S. 281ff.

Personenregister

Abegg, Wilhelm 179
Abs, Hermann Josef 151
Adam, Wilhelm 163, 165, 169, 238
Adenauer, Konrad 21, 105, 112, 231
Albertz, Martin 97
Andreas-Friedrich, Ruth 32, 224
Asmussen, Hans 79, 139

Barth, Karl 14, 20, 86f., 93ff.
Bästlein, Bernhard 62
Battel, Albert 36, 239
Baum, Herbert 23, 47
Bavaud, Maurice 179
Beck, Ludwig 20, 29, 36, 126, 128ff., 132f., 135, 139, 157, 164, 166ff., 172, 175ff., 185, 187f., 192ff., 240
Becker, Bernhard 45
Becker, Carl Heinrich 149
Behrendt, Ewald 30
Bell, George 34, 83, 95, 209, 212f.
Berggrav, Eivind 36, 150, 205f.
Bernds, H. 230
Berning, Wilhelm 106
Bertholet, Hanna 208
Bertram, Adolf 103, 106ff., 119f.
Bismarck, Otto von 101, 134ff.
Blaskowitz, Johannes 21
Blessing, Karl 151
Blomberg, Werner von 125, 161ff., 166, 209
Blum, Léon 199
Blumenberg, Werner 68
Bock, Fedor von 172, 174
Bodelschwingh, Friedrich von 81, 83, 99
Böhm, Hans 97
Böhm-Tettelbach, Hans 211
Bollinger, Heinz 49
Bollinger, Willy 49
Bonhoeffer, Dietrich 16, 36, 82f., 85f., 95, 99, 139, 151, 169, 176, 186, 206, 213
Bonhoeffer, Julie, geb. Tafel 31
Bormann, Martin 119, 170
Bornewasser, Franz Rudolf 106
Borsig, Ernst von 151
Bosch, Robert 125f., 133
Brandt, Willy 39, 73f., 207
Brass, Otto 72
Brauchitsch, Walther von 166f., 169, 172f., 174, 182
Braun Otto 52f., 66
Brecht, Bertolt 198
Bredow, Ferdinand von 164
Breitenbach, Eberhard von 27, 179
Brentano, Lujo 150
Breslauer, Katharine 237
Brill, Hermann 72
Brink, Michael 49, 153
Brockdorff-Ahlefeld, Erich Graf 169
Brüning, Heinrich 105, 123f., 147, 149, 161, 166, 200, 214
Brunstädt, Friedrich 14
Bryans, J. Lonsdale 212
Buchberger, Michael 107, 109
Busenbaum, Hermann 15
Bussche, Axel Freiherr von dem 28, 179

Canaris, Wilhelm 37, 169f., 177, 186, 188
Chamberlain, Arthur Neville 211f.
Choltitz, Dietrich von 24
Christiansen-Weniger, Fritz 150

Churchill, Sir Winston Spencer 211 f.
Cohen, Isaac 31
Cole, G. D. H. 210
Conwell-Evans, Philip 212
Curtis, Sir Lionel 15, 208, 210
Curtius, Ernst Robert 146

Delp, Alfred 33, 35, 49, 144, 152 f., 158
Dibelius, Otto 83
Dietz, Johannes 153
Dietze, Constantin von 153
Dimitroff, Georgi 54
Dingeldey, Eduard 123
Dohnanyi, Christine von 176, 186, 225
Dohnanyi, Hans von 36, 82, 170, 172, 176, 186
Dulles, Allen Welsh 214

Ebeling, Hans 46
Ebert, Friedrich 112
Eckert (Pater) 108
Ehrenberg, Hans 81
Ehrenfried (Bischof) 106
Ehrenstrøm, Nils 206
Eichler, Willy 75 f.
Eidem, Erling 83
Einsiedel, Horst von 145, 148, 150
Elser, Georg 27, 179
Engert, Otto 62, 64
Erhard, Ludwig 131
Erler, Fritz 72
Esebeck, Hans-Karl Freiherr von 195

Falkenhausen, Alexander Freiherr von 158, 172, 175, 188, 196
Faulhaber, Michael von 15, 109, 111 f., 119 f., 153
Fellenz, Martin 225
Fellgiebel, Erich 192
Fimmen, Edo 76 f.
Frank, Karl 71 f.
Frankfurter, David 179
Freisler, Roland 197
Frick, Wilhelm 89
Fritsch, Werner Freiherr von 126, 132, 164 ff., 170
Fromm, Fritz 130, 175, 177, 179, 187, 192 ff.

Gablentz, Otto Heinrich von der 150, 209, 235
Galen, Clemens August Graf von 22, 48, 120
Galen, Franz Graf von 104 ff.
Gall, Willi 59
Galli, Hans von 144, 152
Gandhi, Mahatma 18
Gauger, Martin 24, 210
Gehre, Ludwig 175, 186
George, Stefan 180 ff.
Gerlich, Fritz 105 f., 114, 118 f.
Gersdorff, Rudolf Christoph Freiherr von 28, 176, 179
Gerstein, Kurt 25, 37
Gerstenmaier, Eugen 139, 152
Geyer, Curt 201
Geyer, Hermann 237
Gisevius, Hans Bernd 131, 166, 169, 172, 214
Goebbels, Josef 20, 193
Goerdeler, Carl 20, 29, 99 f., 123 ff., 166, 169, 172, 174 f., 177, 184, 187 ff., 205, 210 ff., 213
Göring, Hermann 35, 55, 109, 115, 126, 128, 133
Gollwitzer, Helmut 98 f., 230
Goulooze, Daan 59 f.
Graf, Willi 48 ff.
Gröber, Konrad 106, 108 f.
Groener, Wilhelm 161
Groscurth, Helmuth 36, 148, 170 ff.
Gross, Nikolaus 153
Grossmann, Otto 83
Grüber, Heinrich 34
Günther, Christian 207
Gürtner, Franz 120, 169

Guttenberg, Karl-Ludwig Freiherr von und zu 151

Habermann, Max 130
Haeften, Hans-Bernd von 33, 146, 151 f., 158, 184
Haeften, Werner von 184, 190 ff.
Haffner, Sebastian 201
Halder, Franz 126, 157, 165 f., 168 f., 171 f., 174, 183, 212
Halifax, Lord Edward 211 f.
Hammer, Walter 46
Hammerstein-Equord, Kurt Freiherr von 161, 164, 166, 172
Harnack, Arvid 61 f.
Harnack, Mildred 61
Hase, Paul von 166, 169
Hassell, Ulrich von 127 ff., 133, 135 ff., 139, 185, 212
Haubach, Theodor 143, 146, 151, 158
Heckel, Theodor 237
Heinemann, Gustav 85, 87, 95
Heinz, Friedrich Wilhelm 27, 169, 179
Helldorf, Wolf Graf 50, 169
Henderson, Sir Neville 211
Hespers, Theo 46
Heydrich, Reinhard 166
Heye, Helmut 161
Himmler, Heinrich 95, 166, 186, 189, 196, 211
Hindenburg, Paul von 24, 83, 108, 112, 124, 159, 164, 181
Hirsch, Helmuth 179
Hitler, Adolf 11, 13, 17, 19 ff., 23 f., 27 f., 50, 61, 79, 81, 83, 89 f., 93, 96, 98, 105, 107 ff., 117, 119, 124, 130, 132 ff., 161 ff., 164 ff., 170, 172 ff., 176, 178 f., 182, 184 f., 190 ff., 203, 209 ff., 216
Hochhuth, Rolf 37
Hoepner, Erich 169, 193 f.
Hofacker, Caesar von 195 f.
Hossenfelder, Joachim 81
Hromadtka, Josef 94, 97
Hübener, Helmuth 47 f.
Huber, Kurt 48 ff.
Hugenberg, Alfred 13, 66
Husen, Paulus van 15, 145, 152, 241

Jacob, Franz 62 f.
Jacobs, Helene 34
Jäger, August 83, 87 ff.
Jäger, Fritz 175 f.
Jägerstätter, Franz 25
Jahn, Hans 75 ff.
Jan, von (Pfarrer) 33
Jessen, Jens 128 f., 137, 139 f., 185, 235
Jung, Edgar 179, 225
Junghann, Otto 221, 223

Kaas, Ludwig 105, 107, 109, 129
Kaiser, Hermann 130 f., 174 f., 177, 223, 239 f.
Kaiser, Jakob 123, 129 f., 140
Kaiser, Ludwig 242
Kaller, Maximilian 106
Kapp, Wolfgang 133, 161, 233
Keitel, Wilhelm 193 ff., 195
Kennan, George F. 214
Kerr, Philip 210, 214
Kerrl, Hanns 93, 95, 97, 116
Kiep, Otto Karl 186
King, Martin Luther 18
Kirk, Alexander 214
Klausener, Erich 113
Klausing, Friedrich Karl 51
Klein, Caspar 108
Kleist, Ewald von 28, 179
Kleist-Schmenzin, Ewald von 211
Klepfer, Otto 200
Klühs, Franz 73
Kluge, Günther von 133, 175 f., 177, 196
Kluthe, Hans 200
Knöchel, Wilhelm 59 f.
Koch, Karl 84, 86
Koch, Werner 230

Kodré, Heinrich 195
König, Lother 144, 152
Kordt, Erich 27, 179
Kordt, Theo 212
Krause, Reinhold 85
Kreisky, Bruno 207
Kuczynski, Robert 203
Küstermeier, Rudolf 70
Kuhn, Joachim 26
Kummernuss, Adolf 76

Lange, Halvard 207
Leber, Julius 144, 151, 158,184, 188, 217
Leeb, Wilhelm Ritter von 171 f.
Leiber, Robert 212
Leibholz, Gerhard 82
Lemmer, Ernst 130
Letterhaus, Bernhard 106, 123, 153
Leuschner, Wilhelm 78, 123, 129 f., 137 f., 151, 153, 158
Levi, Paul 63
Lichtenberg, Bernhard 22, 33, 35, 108, 111
Liebmann, Curt 237
Livingstone (Miss) 34
Lochner, Louis P. 214
Löwe, Adolf 148
Löwenstein, Hubertus Prinz zu 203
Lucas, G. 209
Luckner, Gertrud 34 f.
Lukaschek, Hans 31, 35, 145, 149, 152
Luppe, Hermann 123
Luther, Martin 14, 97
Lutler, Kurt 179

Maass, Hermann 130, 151, 185
Maassen, Johannes 44, 115 f.
Mamlok, Eva 37
Mann, Heinrich 199
Mann, Thomas 20, 200 f., 203
Marahrens, August 90, 98
Mausbach, Josef 15
Mayer, Peter 210
Meinecke, Friedrich 130
Meisel, Hilde 208
Meiser, Hans 86, 89, 98
Mendelssohn-Bartholdy, Felix 20, 125
Mertz von Quirnheim, Albrecht 194
Messersmith, George 214
Metzger, Max Josef 121
Mewes, Karl 60
Mierendorff, Carlo 19, 143, 145 f., 151
Moltke, Freya Gräfin von 210
Moltke, Helmuth James Graf von 15 ff., 23, 36, 99, 139, 141, 145 ff., 159, 186, 206 f., 210, 214 f.
Mühler, Emil 111
Muhs, Hermann 95
Müller, Hermann 161
Müller, Josef 176, 186, 212
Müller, Ludwig 81, 84 ff.
Münzenberg, Willi 199 f.
Mylius, Helmuth 179
Myrdal, Gunnar 207

Naab, Ingbert 106, 118 f.
Naumann, Friedrich 150
Nelson, Leonhard 75
Neubauer, Theodor 62
Neurath, Konstantin Freiherr von 209
Niemöller, Martin 45, 81, 83 ff., 91, 93, 95 f., 97, 99
Niesel, Wilhelm 171

Olbricht, Friedrich 130, 133, 174 ff., 177, 179, 183, 189, 192 ff., 239
Oldenbroek, Jacobus 76
Oldenburg-Januschau, Elard von 164
Oldershausen, Eckbrecht Freiherr von 196, 242
Osborne, Sir Francis d'Arcy 212
Oster, Hans 25, 27, 36, 133, 166, 168 f., 170, 172, 176 f., 188

Paetel, Karl 46
Papen, Franz von 13, 53, 66f., 105ff., 124, 129, 149, 161
Patzig, Konrad 165
Perels, Friedrich Justus 34
Peters, Hans 149, 153
Pieck, Wilhelm 54, 201
Pius XI. 104, 109f., 116
Pius XII. 109, 118f., 152, 212, 232
Poelchau, Harald 34, 151
Popitz, Johannes 127ff., 137ff., 185
Poser, Magnus 62
Preysing, Konrad Graf von 21, 35, 106f., 109, 111, 118ff., 153
Pribilla, Max 105
Probst, Adalbert 44, 114
Probst, Christoph 48, 50

Quisling Vidkun 206

Rauschenplat, Helmut von 75
Rauschning, Hermann 20
Reichenau, Walther von 164
Reichwein, Adolf 143f., 148f., 153, 158, 188
Reimer, Karl-Heinrich 34
Reinisch, Franz 121
Remer, Otto 193
Reuter, Ernst 201
Römer, Beppo 62, 179
Rösch, Augustin 119ff., 144, 151f.
Rommel, Erwin 188
Rosenberg, Alfred 113
Rosenboom, A. 231
Rundstedt, Gerd von 172, 196

Sack, Karl 165
Saefkow, Anton 62f.
Sapieha, Prinz Adam Stefan 206
Sas, J. G. 25, 170
Sauerbruch, Ferdinand 185
Schaal, Ferdinand 195
Schacht, Hjalmar 124, 126f., 209
Scharf, Kurt 171
Schehr, John 54
Schiffer, Eugen 16, 147
Schirach, Baldur von 41, 44, 116
Schlabrendorff, Fabian von 28, 175f., 239f.
Schleicher, Kurt von 161, 164
Schmaus, Anton 41
Schmidt, Kurt 72
Schmölders, Günter 151, 234
Schmorell, Alexander 48, 50
Schneider, Reinhold 111
Schönfeld, Hans 213
Scholl, Hans 48, 50
Scholl, Sophie 48, 50
Schreiber, Christian 103
Schulenburg, Fritz-Dietlof Graf von der 139f., 146, 169, 175ff., 184
Schulte, Karl Joseph 109
Schulze-Boysen, Harro 61ff., 149, 214f.
Schulze-Gaevernitz, Gero von 214
Schumacher, Ernst 69
Schumacher, Kurt 123
Schumann, Georg 62
Schwerin von Krosigk, Lutz Graf 209
Schwerin von Schwanenfeld, Ulrich-Wilhelm Graf 140, 184
Seeckt, Hans von 160f.
Severing, Carl 52f.
Siegmund-Schultze, Friedrich 33, 209, 212
Sobottka, Gustav 65
Soden, Hans von 81f.
Solf, Hanna 121
Sommer, Margaretha 35
Sperr, Franz 153
Spiecker, Karl 200
Staehle, Wilhelm 31, 131, 188, 206
Staeven, Gertrud 34
Stalin, Josef 134, 200, 202
Stampfer, Friedrich 53
Staritz, Katharina 34
Stark, Jonathan 25

Stauffenberg, Alexander Schenk Graf von 180
Stauffenberg, Berthold Schenk Graf von 180, 183
Stauffenberg, Claus Schenk Graf von 28, 51, 131, 140, 158, 179 ff.
Stegerwald, Adam 105
Steil, Ludwig 81
Steinmetz, Melanie 34, 224, 230
Steltzer, Theodor 150 f., 156, 196, 206
Stieff, Helmuth 186
Stöger (Pater) 113
Stöhr, Martin 24
Streicher, Julius 88, 181
Stülpnagel, Karl-Heinrich von 173, 175, 177, 195 f., 240
Stülpnagel, Otto von 166, 169, 171, 173
Szokoll, Karl 195

Thälmann, Ernst 54
Thiele, Fritz 192
Thomas, Georg 126, 172
Thyssen, Fritz 13
Tillich, Paul 143, 151
Trepper, Leopold 59 f.
Tresckow, Henning von 28, 131, 173 ff., 176 f., 179, 184 f., 187 f., 240
Trotha, Carl Dietrich von 148
Trotha, Margarete von 232
Trott zu Solz, Adam von 139, 146, 151 f., 156, 158, 184, 206, 209 f., 213 ff.

Uhrig, Robert 62
Ulbricht, Walter 54, 56, 201

Vansittart, Lord Robert 212
Visser't Hooft, W. H. 207, 209, 213
Voss, Wilhelm 76 f.

Waetjen, Eduard 214
Waldersee, A. Graf 240
Walz, Hans 125
Wassermann, Oskar 108
Weber, August 200
Weizsäcker, Ernst Freiherr von 127, 169, 212
Wels, Otto 21, 68
Wenzel-Teutschental, Carl 131
Werner, Friedrich 96 f.
Westarp, Kuno Graf 221
Wienken, Heinrich 15
Wilhelm, Kronprinz von Preußen 13
Wilkens, J. 82, 229
Wirth, Joseph 212
Witzleben, Erwin von 166, 168 f., 176, 193, 239
Wühlisch, Heinz von 196
Wurm, Theophil 22, 86, 88 f., 93, 98 ff., 152 f.

Yorck von Wartenburg, Peter Graf 139, 147 f., 151, 153 f., 157 f., 184, 217

Zinn, Karl 70
Zoellner, Wilhelm 94, 96

Zur Herrschaft des Nationalsozialismus

Ute Benz (Hrsg.)
Frauen im Nationalsozialismus
Dokumente und Zeugnisse
1993. 247 Seiten. Paperback
Beck'sche Reihe Band 1038

Martin Broszat/Horst Müller (Hrsg.)
Das Dritte Reich
Herrschaftsstruktur und Geschichte
2., verbesserte Auflage 1985. 286 Seiten. Paperback
Beck'sche Reihe Band 280

Jürgen W. Falter
Hitlers Wähler
1991. 443 Seiten mit zahlreichen Tabellen und Schaubildern
Leinen

Fritz Fischer
Hitler war kein Betriebsunfall
Aufsätze
3., unveränderte Auflage 1993. 272 Seiten. Paperback
Beck'sche Reihe Band 459

Peter Longerich
Die braunen Bataillone
Geschichte der SA
1989. 285 Seiten mit 31 Abbildungen. Gebunden

Bernd Rüthers
Entartetes Recht
Rechtslehren und Kronjuristen im Dritten Reich
2., verbesserte Auflage 1989. 230 Seiten. Broschiert